Margaret L. Hammer

In dir wächst ein Wunder

Texte für Frauen,
die mit Leib und Seele Mutter werden

R. BROCKHAUS VERLAG WUPPERTAL

ABCteam-Bücher erscheinen in folgenden Verlagen:

Aussaat Verlag Neukirchen-Vluyn
R. Brockhaus Verlag Wuppertal
Brunnen Verlag Gießen und Basel
Christliches Verlagshaus Stuttgart
Oncken Verlag Wuppertal und Kassel

Die amerikanische Originalausgabe erschien
unter dem Titel A SPIRITUAL GUIDE THROUGH PREGNANCY
bei Augsburg Fortress, Minneapolis
© 1997 Augsburg Fortress

Deutsch von Barbara Trebing

Die Bibeltexte folgen der Lutherbibel, revidierter Text 1984,
mit freundlicher Genehmigung der Deutschen Bibelgesellschaft, Stuttgart

© 1999 der deutschen Ausgabe:
R. Brockhaus Verlag Wuppertal
Umschlaggestaltung: Dietmar Reichert, Dormagen
Umschlagfoto: VCL – Bavaria, Düsseldorf
Gesamtherstellung: Breklumer Druckerei Manfred Siegel KG
ISBN 3-417-11166-8
Bestell-Nr. 111 166

INHALT

Einleitung 5

1. Welch ein Geschenk! 9
2. Wer steht uns bei? 33
3. Ein neues Ich 52
4. Neue Beziehungen 72
5. Mitarbeit an einem Wunder 92
6. Gott ist mit uns 108
7. Schattenseiten 127
8. Vorbereitung auf den Geburts-Tag 145
9. Gebären ist Arbeit 164
10. Herzlichen Glückwunsch! 186

Dank 207
Literatur 208

Einleitung

Was heißt es, im eigenen Leib ein Kind zu tragen? Was bedeutet es für Sie und Ihr Leben, ein Kind zur Welt zu bringen?

Als ich schwanger war, verschlang ich förmlich jedes Buch über Fragen zur Schwangerschaft, das mir in die Hände kam. Ich wollte ganz genau wissen, was in mir vorging und worauf ich mich gefasst machen musste. Was geschah in diesen Wochen mit dem kleinen Gast in meinem Bauch? Was sollte ich essen, welche Gymnastik machen? Wo sollte die Geburt stattfinden, wer sollte mir dabei helfen? Würde es sehr weh tun? Wie konnte ich mich darauf vorbereiten? Den Geschichten von Freundinnen, die mir über ihre Geburten erzählten, hörte ich mit gemischten Gefühlen zu. Ich hing meinen Träumen nach. Und ich betete viel.

Die gemischten Gefühle, die Träume und die Gebete deuten darauf hin, dass Schwangerschaft und Geburt auch eine geistliche Dimension besitzen. Diese Lebensphase stellt für eine Frau nicht nur körperlich, sondern auch geistlich eine Herausforderung dar – schließlich sind wir mehr als nur ein kompliziertes System biologischer Prozesse. Die schwangere Frau erlebt dramatische Veränderungen in ihrem Stoffwechsel, an ihrem Körper, im Blick auf die bevorstehende Geburt wie auch auf all die Pflichten und die Verantwortung, die nun auf sie zukommen. Im Verlauf von ein paar wenigen Monaten muss sie das alles begreifen und verarbeiten. Kein Wunder, dass Frauen vor und nach der Geburt mehr Stimmungsschwankungen erleben als sonst!

Dennoch fand ich bei meiner Lektüre nur wenige Bücher, die speziell auf das geistliche Abenteuer von Schwangerschaft und Geburt eingingen. Seit damals habe ich selbst drei Kinder zur Welt gebracht. Ich habe bei meiner Arbeit als Pastorin mit vielen Frauen geredet und für mein Buch *Giving Birth: Reclaiming Biblical Metaphor for Pastoral Practice* (dt. etwa: Gebären: Biblische Bilder als Hilfe für die Seelsorge) umfangreiche Studien betrieben, und bin mehr denn je überzeugt, dass gerade die Zeit der Schwangerschaft eine hervorragende Gelegenheit bietet, geistlich zu wachsen. Die Frau, die diese Gelegenheit nicht nutzt, verhält sich so töricht, als würde sie während der Schwangerschaft nicht auf eine gesunde Ernährung achten.

Die Betrachtungen in diesem Buch sind Gedanken zu Texten aus der Bibel, die wir als Nahrung für die Seele bezeichnen können. Sie sind thematisch in zehn Kapitel aufgeteilt, die so angeordnet wurden, dass sie in etwa den neun Monaten der Schwangerschaft und dem ersten Monat nach der Geburt entsprechen. Sie können sie der Reihe nach, Monat für Monat, lesen, oder auch herumblättern und sich einen Abschnitt auswählen, der Sie gerade anspricht. Manche Frauen beginnen sich schon recht früh zu fragen, wie sie die Schmerzen bei der Geburt wohl aushalten werden. Wenn Sie dazu gehören, dann lesen Sie doch einige der Betrachtungen aus Kapitel sieben oder neun. Vielleicht wollen Sie sich einige Abschnitte aus Kapitel drei über die Gefühle, die Sie angesichts all der Veränderungen bewegen, für später aufheben. Ich habe dieses Kapitel ziemlich an den Anfang gesetzt, weil Sie vermutlich recht früh damit beginnen, die Veränderungen an Ihrem Körper zu beobachten. Diese Veränderungen werden sich allerdings durch die gesamten neun Monate hinweg fortsetzen, und deshalb kann es sein, dass die letzten Betrachtungen aus diesem Kapitel für Sie erst später wichtig werden. Nehmen Sie sich also die Freiheit, das Buch durchzublättern und die Abschnitte zu lesen, die Sie besonders ansprechen. Jedes Kapitel und auch jede einzelne Betrachtung ist in sich abgeschlossen.

Die Betrachtungen beginnen mit einem oder zwei Versen aus der Bibel und enden mit einem kurzen Gebet. Lesen Sie die Abschnitte als Teil Ihrer Stillen Zeit oder benutzen Sie sie als Anregung für eigene Überlegungen oder Ihr Tagebuch. Wenn Sie noch kein Tagebuch führen, dann wäre jetzt die Gelegenheit, damit anzufangen. Egal ob Sie ein Ringbuch nehmen oder sich ein schönes Album kaufen, nehmen Sie sich Zeit, Ihre Gedanken und Gefühle, Ihre Träume, Hoffnungen und Ängste aufzuschreiben. Versuchen Sie sich mit dem auseinanderzusetzen, was in Ihnen vorgeht, und in allem Gottes Wirken zu erkennen. Auch wenn Sie keine schöne Handschrift oder hier und da Probleme mit der Rechtschreibung haben, Ihr Tagebuch wird zu einer kostbaren Erinnerung an diesen besonderen Abschnitt in Ihrem Leben werden und kann Ihnen helfen, gewisse Gewohnheiten oder Gesetzmäßigkeiten zu entdecken, die Ihnen sonst womöglich nicht auffallen würden.

Wenn Sie Lust haben, können Sie sich mit Ihrem Mann oder einer Freundin über die Betrachtungen in diesem Buch und Ihre eigenen Gedanken dazu austauschen. Die Texte können auch als Diskussionsgrundlage für Gespräche mit schwangeren Freundinnen oder in einer Geburtsvorbereitungsgruppe dienen. (Am Ende des Buches finden Sie außerdem einige Literaturhinweise, wenn Sie zu bestimmten Themen noch weitere Fragen haben.)

Die Schwangerschaft ist für viele Frauen eine Zeit, in der sie einerseits das Gefühl haben, von der Biologie fremdbestimmt zu sein, andererseits aber besonders offen sind für die Geheimnisse des Lebens und ihren tieferen Sinn. Gerade die dramatischen Veränderungen unseres Körpers sind interessanterweise ein Auslöser, der uns offen machen kann für das Wirken des Geistes. Nutzen Sie diese Gelegenheit!

1. Welch ein Geschenk!

»Und Gott schuf den Menschen zu seinem Bilde, zum Bilde Gottes schuf er ihn; und er schuf sie als Mann und Weib. Und Gott segnete sie und sprach zu ihnen: Seid fruchtbar und mehret euch ...!« 1. Mose 1,27-28

Herzlichen Glückwunsch! Ihr Partner und Sie dürfen sich freuen! Ein Wunder hat in Ihnen seinen Anfang genommen. Abermillionen kleiner Samenfäden haben sich auf den Weg gemacht, um sich mit der klitzekleinen reifen Eizelle in Ihnen zu vereinigen. Und daraus entsteht nun ein völlig neuer Mensch. Als der kleine Keim sich in Ihrer Gebärmutter einnistete, da wussten Sie noch von nichts. Doch in den nächsten Monaten wird das kleine Pünktchen zu einem vollständigen Baby heranwachsen, das mehrere Pfund wiegt und auch außerhalb Ihres Leibes überleben kann. Was für ein Wunder!

Wenn wir uns verlieben und Kinder bekommen, dann übernehmen wir eine Rolle in der großen Schöpfungsgeschichte, die Gott vor vielen, vielen Generationen begonnen hat. Schon im ersten Kapitel der Bibel wird uns davon berichtet, wie er Vögel und Insekten, Blumen und Bäume, Fische und Säugetiere segnete. Sie alle erhielten von ihm die Fähigkeit, fruchtbar zu sein und sich zu vermehren. Danach wandte er sich den Menschen zu – und segnete auch sie! Gott hat uns das sexuelle Empfinden gegeben und uns so geschaffen, dass wir Kinder bekommen und die Erde füllen können. Was für eine Ehre, auf diese Art an seinem ständigen Wirken beteiligt sein zu dürfen!

Nicht jeder allerdings sieht im Kinderkriegen tatsächlich einen Segen. In manchen alten Mythologien werden Sex und Familie als Ketten bezeichnet, mit denen die Götter den Menschen versklaven, damit er nicht nach den Sternen greift. Selbst heute gibt es noch

Menschen, die eine Schwangerschaft als Strafe für das sexuelle Vergnügen betrachten. Andere fürchten die Ehe als eine Falle. Und sie wollen keine Kinder, die ihnen vielleicht das Leben vermiesen.

Denn Kinder verändern das Leben der Eltern. Ein Kind verlangt nach Liebe und Zuwendung. Windeln wechseln und »Guck-Guck-Spielen« sind nur der Anfang. Aber letztlich wiegt die Freude alle Opfer auf. Sie dürfen sich freuen auf das erste Lächeln Ihres Kindes, seine ersten Schritte und das erste Wort, und miterleben, wie sich seine Persönlichkeit entwickelt und entfaltet. Und es wird Ihnen gehen wie unseren drei Jüngsten, die kürzlich fast wie aus einem Munde riefen: »Was würdet ihr ohne uns bloß machen?«

Ja, was würden wir tun ohne unsere Kinder? Wir sind durch sie tatsächlich gesegnet. Die Bibel macht das von Anfang an deutlich. Die Fähigkeit, Kinder zu bekommen, ist ein ganz wichtiges Geschenk von Gott. Nachdem er auch den Menschen geschaffen hatte, betrachtete er seine neue, fruchtbare Welt und all die Geschöpfe, die sich vermehrten. Ohne auch nur einen Augenblick zu zögern, versah Gott das ganze mit seinem göttlichen Siegel: »Gut, sehr, sehr gut.«

Ja, Sie und Ihr Partner sind gesegnet. Welch ein Geschenk, dass Sie Leben an Ihre Kinder weitergeben dürfen! Welch ein Wunder, dass Ihre Liebe in einem ganz neuen Wesen Gestalt gewinnen darf! Welch eine Horizonterweiterung, dass Sie Ihr Leben mit diesem Kind der Liebe teilen dürfen!

Lieber Herr, ich danke dir, dass du uns die Fähigkeit geschenkt hast, Kinder zu bekommen. Danke, dass du uns so geschaffen hast, dass durch unsere Liebe ein neuer Mensch entstehen kann. Hilf uns, uns an diesem Geschenk zu freuen und gut für die Kinder zu sorgen, die du uns gibst. Amen

★ ★ ★

> »Gott segnete sie und sprach zu ihnen: Seid fruchtbar und mehret euch und füllet die Erde und machet sie euch untertan und herrschet über die Fische im Meer und über die Vögel unter dem Himmel und über das Vieh und über alles Getier, das auf Erden kriecht.«
>
> 1. Mose 1,28

»Du bist aber wirklich fruchtbar«, sagte meine Freundin. Ich hatte ihr gerade erzählt, dass wir unser drittes Kind erwarteten. Sollte das ein Kompliment sein oder eine Kritik oder ein bisschen von beidem?

Wenn Sie schon Kinder haben, dann werden auch Sie es vielleicht erleben, wie manche Leute die Brauen runzeln, wenn sie erfahren, dass Sie wieder schwanger sind. Zwar ist heute nicht mehr ganz so oft von der »Bevölkerungsexplosion« die Rede wie noch vor ein paar Jahren, aber wir alle wissen, dass die Welt, in der wir leben, nicht mehr so neu und leer ist, wie sie es einmal war. Ja, manche Leute behaupten sogar, Gottes Gebot, die Erde zu füllen, sei inzwischen überholt, und fürchten eher, sie sei schon viel zu voll.

Vielleicht haben Sie sich ja selbst über diese Dinge Gedanken gemacht, ehe Sie Ihr erstes Kind bekamen. Schließlich hat Gott nicht nur gesagt: »Füllet die Erde«, sondern weiter: »Macht sie euch untertan und herrscht über die Tiere.« Er hat uns also berufen, die Erde zu füllen *und* sie und ihre Geschöpfe weise zu verwalten. Dabei scheinen diese beiden Gebote heute mehr als je zuvor in zwei völlig gegensätzliche Richtungen zu zielen. So fallen in der Stadt, in der ich lebe, immer wieder große Bäume den Kettensägen zum Opfer. An ihrer Stelle sprießen dann Wohnblocks oder Einkaufszentren aus dem Boden. Wenn wir die Wälder abholzen, um Raum für uns selbst zu schaffen, dann vertreiben wir aber auch das Wild und die Vögel, die dort bislang zu Hause waren. Wir gewinnen vielleicht ein paar Arbeitsplätze, aber wir verlieren auch etwas, wenn wir die Tiere verjagen. Wir verlieren die gute Luft und die Schönheit der Wälder. Wir verlieren Orte, an denen unsere Kinder Baumhäuser bauen und Kaulquappen suchen können. Und vor allem verlieren wir die Beziehung zur Natur.

Ich kenne ein Ehepaar, das sich über all diese Dinge seine Gedanken gemacht und dann beschlossen hat, keine Kinder zu bekommen. Das war vor über fünfzehn Jahren, und sie sind ihrem Vorsatz und auch einander bis heute treu geblieben. Ich achte das Engagement und die Sorge dieses Paares um die Erde. Es stimmt mich aber auch traurig, dass die Erde nicht durch die Kinder, die sie hätten großziehen können, gesegnet wird. Denn gerade ihre Kinder hätten sich vielleicht in ganz besonderer Weise für die Erde und ihre Tiere eingesetzt und wären der Welt mit ihren Wertmaßstäben zu einem Segen geworden.

Kinder in diese kaputte Welt hineinzugebären, wird immer ein Akt der Hoffnung sein und eine Menge Mut erfordern. Genauso wie früher auch, denn das Leben auf dieser Erde war noch nie einfach. Jede Generation hat mit ihren eigenen Herausforderungen zu kämpfen. Aber in allen Problemen wollen wir nicht vergessen, dass wir dabei auch gesegnet sind. Gott hat Sie und Ihren Partner mit Fruchtbarkeit beschenkt und darüber hinaus mit Verstand, mit Händen und Herzen. Er hat Sie mit der Fähigkeit gesegnet, für diese Welt zu sorgen, und er schenkt Ihnen Gelegenheit, auch Ihren Kindern zu zeigen, wie man das tut. Möge der Segen, den Sie empfangen haben, Ströme des Segens an die nachfolgenden Generationen weitergeben.

Lieber Herr, ich danke dir, dass du uns Kinder schenkst, die wir lieben und lehren dürfen. Danke für die schöne Welt, in der wir leben, und für die Weisheit, die du uns gibst, damit wir sie recht pflegen und erhalten können. Hilf uns, so zu leben, dass du dabei geehrt wirst.

★ ★ ★

»Isaak aber bat den Herrn für seine Frau, denn sie war unfruchtbar. Und der Herr ließ sich erbitten, und Rebekka, seine Frau, ward schwanger.«   1. Mose 25,21

Haben Sie darum gebetet, schwanger zu werden? Vielleicht ging es so schnell, dass Sie gar keine Zeit dazu hatten. Oder Sie haben darum gebetet, nicht schwanger zu werden, und fühlen sich jetzt gewissermaßen hintergangen. Verlieren Sie deshalb nicht den Mut. Gott erhört unsere Gebete nicht immer so, wie wir uns das vorstellen – aber trotzdem hört er uns. Vielleicht sind Sie aber auch eine der vielen Frauen, die gern ein Kind hätten und dann erleben müssen, dass es einfach nicht klappt. Sie warten und beten und beten und warten.

Wie zynisch das Leben doch manchmal sein kann. Da betet man jahrelang, dass man nicht schwanger wird – zumindest jetzt noch nicht. Dann meint man irgendwann, nun sei der Zeitpunkt gekommen. Man hat die Ausbildung abgeschlossen oder sich vielleicht im Beruf etabliert. Man hat es sich in der Ehe eingerichtet und hat das Gefühl, nun sei auch ein Kind willkommen. Man setzt das Verhütungsmittel ab und ist froh, die Liebe endlich ohne Sorgen und Hintergedanken genießen zu können. Der sexuelle Akt gewinnt eine ganz neue, schöpferische Bedeutung durch die Hoffnung, dass aus der Liebe ein neues Lebewesen erwachsen wird.

Sie warten gespannt, und Sie beten. Ein Monat vergeht, dann ein zweiter und ein dritter. Die Periode kommt mit der Regelmäßigkeit eines Uhrwerks. Vier Monate verstreichen, sogar fünf. Noch nie schien ein Monat so lang. Natürlich bedeuten vier oder fünf Monate fruchtloser Versuche noch nicht, dass Sie unfruchtbar sind. Aber trotzdem, je mehr die Zeit sich dahinzieht, desto intensiver beten Sie und Ihr Mann vielleicht, während Sie gleichzeitig versuchen, die günstigsten Termine für sexuelle Kontakte auszurechnen.

Wenn Sie Gott um seine Hilfe bitten, dann folgen Sie dem Beispiel vieler Paare aus früheren Jahrhunderten. Isaak betete darum, dass seine geliebte Rebekka schwanger würde. Hanna, die spätere Mutter des Propheten Samuel, weinte und flehte so inbrünstig um ein Kind, dass der Hohepriester meinte, sie sei betrunken! (Die Geschichte von Hanna steht in 1. Samuel 1-2,21.) Die Monate des Wartens und Betens geben Ihnen eine kleine Ahnung davon, wie all jenen Menschen zumute ist, die jahrelang vergeblich versuchen, schwanger zu werden. Hoffnung und Enttäuschung wechseln sich ab; ein Gefühl der Hilflosigkeit mischt sich mit dem Versuch, herauszubekommen, was nicht stimmt, und das Problem zu lösen. Die Monate, in denen Sie warten, können Sie offen machen für das Leid solcher Paare, und Ihnen auch dazu helfen, Ihre Freude möglichst mitfühlend weiterzugeben.

Aber mehr noch. Die Monate des Wartens und Betens können auch dazu dienen, dass Sie Ihre Aufmerksamkeit auf Gott richten, den Herrn und Geber allen Lebens. Das Warten erinnert uns daran, dass wir über die Entstehung des Lebens in uns letztlich keine Macht haben. Wir wissen heute zwar recht gut, wie wir eine Schwangerschaft vermeiden, aber nicht unbedingt, wie wir sie herbeiführen können. Selbst die spektakulärsten und modernsten medizinischen Methoden können keine Empfängnis garantieren. Teure Hightech-Behandlungen funktionieren manchmal, aber nicht immer. Letztlich bleibt Gott der Geber des Lebens.

Die Geburtsgeschichten aus der Bibel unterstreichen das. Viele bedeutende Frauengestalten der Bibel litten jahrelang unter ihrer Unfruchtbarkeit. Sara, Rebekka, Rahel, ja sogar Lea – die vier Mütter Israels – waren alle eine Zeitlang unfruchtbar. Hanna, die Mutter von Simson und auch Elisabeth beteten lange und inständig darum, dass Gott ihren Leib doch öffnen möge. Wer ihre Geschichten liest, der wird daran erinnert, dass die Fruchtbarkeit unseres Leibes nicht selbstverständlich ist, auch wenn wir selbst vielleicht keine Probleme haben, schwanger zu werden.

Eine Schwangerschaft ist ein Geschenk Gottes – obwohl es Ihnen im Moment vielleicht schwer fällt, dem zuzustimmen, weil sie gar nicht schwanger werden wollten. Das Geschenk des Lebens weiterzureichen, ist aber trotzdem ein großes Vorrecht, auch dann, wenn die äußeren Umstände alles andere als ideal erscheinen. Das meinte auch Martin Luther. Er schrieb einmal, eine Frau im Kindbett könne sich rühmen, dass das, was sie tue, Gott gefällig sei – selbst wenn ihr Kind außerhalb der Ehe geboren werde. Ein starkes Wort – vor allem wenn man bedenkt, in welcher Zeit Luther lebte.

Jede Schwangerschaft ist ein Geschenk Gottes – ob wir dafür gebetet haben oder nicht, ob sie uns gelegen kommt oder nicht, ob wir dafür medizinische Hilfe in Anspruch genommen haben oder nicht.

Lieber Herr, ich danke dir, dass du unsere Gebete erhörst. Danke dass du uns gibst, was für uns gut ist, selbst wenn wir gar nicht wissen, worum wir bitten sollen. Danke für diese Schwangerschaft. Hilf mir, mich daran zu freuen. Sei mir in den nächsten Monaten ganz nahe, und schenk, dass mein Baby gesund und stark wird. Amen.

★ ★ ★

»Da sprach der Herr zu Abraham: Warum lacht Sara und spricht: Meinst du, dass es wahr sei, dass ich noch gebären werde, die ich doch alt bin?«   1. Mose 18,13

Können Sie es glauben? Sie sind wirklich schwanger! In den ersten Wochen der Schwangerschaft scheint sich oft so wenig zu verändern. Sie sehen nicht anders aus, und vielleicht fühlen Sie sich auch nicht viel anders als sonst. Die Periode lässt auf sich warten, aber das muss ja noch nichts heißen. Selbst wenn der Arzt bestätigt, dass der Schwangerschaftstest positiv war, kommt Ihnen das alles vielleicht noch ziemlich unwirklich vor. »Was? Ich? Schwanger?«

Die ersten Anzeichen sind tatsächlich so unscheinbar. Ihr Kopf und Ihr Herz brauchen Zeit, um zu begreifen, was Ihr Bauch bereits weiß. Als ich das erste Mal schwanger war, da freute ich mich, als mir beim Geruch von Kaffee übel wurde. Ich hatte einen Beweis dafür, dass das, was die Hebamme mir gesagt hatte, tatsächlich stimmte. Ich war schwanger! Ich muss allerdings gestehen, dass die Übelkeit bald ihren Reiz verlor, aber zum Glück ging sie auch schnell vorbei. Bis dahin ließ mich mein Körper schon auf verschiedene Weise spüren, dass die Schwangerschaft echt war. Meine Brüste wurden immer größer, der Taillenumfang nahm zu. Noch nie hatte ich meinen Körper so aufmerksam beobachtet.

Ob es sich um Ihre erste Schwangerschaft handelt oder ob Sie das alles schon einmal durchgemacht haben – wenn Sie Ihren Körper nun auf die verschiedenen Symptome hin beobachten, dann werden Sie die unterschiedlichsten Empfindungen bewegen. Im einen Augenblick möchten Sie vielleicht vor Freude und staunendem Unglauben lachen wie Sara. Im nächsten haben Sie Angst, sind traurig oder sogar wütend und wünschen sich Ihren alten, vertrauten Körper zurück.

Doch egal wie, versuchen Sie Ihre Gefühle zu akzeptieren und setzen Sie sich mit ihnen auseinander. »Warum lacht Sara?«, fragte der Herr. Eine dumme Frage, nicht wahr? Welche neunzigjährige Frau würde nicht lachen, wenn irgendein Fremder daherkäme und ihr sagte, sie würde bald ein Kind bekommen – vor allem, wenn sie ihr Leben lang unfruchtbar war. Abraham fiel sogar lachend auf sein Angesicht, als er die Neuigkeit erfuhr (1. Mose 17,17).

Trotzdem wollen wir uns einmal fragen, warum Sara lachte. Denn hier können wir etwas über die Hintergründe der menschlichen Seele erfahren. Dachte sie, der Fremde mache sich über sie lustig? Lachte sie aus Unglauben? Oder um sich vor einer weiteren Enttäuschung zu schützen? Lachte sie aus einer vielleicht absurden Hoffnung heraus, die in ihrem Herzen bereits Wurzel gefasst hatte? Als der Herr Sara fragte, warum sie gelacht habe, stritt sie alles ab. Sie traute sich nicht, sich und anderen die widerstreitenden Gefühle einzugestehen – den Unglauben, die Hoffnung und die Angst vor einer Enttäuschung. Aber Gott bestrafte Sara nicht – weder für den Unglauben noch für das Leugnen. Er korrigierte sie nur und half ihr damit zu einem besseren Selbstverständnis: »Es ist nicht so, du hast gelacht.«

Setzen Sie sich mit Ihren Gefühlen auseinander, den guten wie den schlechten. Bringen Sie sie im Gebet vor Gott. Sie schaffen damit in Ihrem Herzen und Ihrem Verstand Raum für das Kind, dessen Leben in Ihrem Leib bereits begonnen hat.

Freuen Sie sich an diesen ersten Wochen, in denen Ihr Bauch wächst und Ihnen den eindeutigen Beweis dafür liefert, dass Sie tatsächlich schwanger sind. Für mich sind diese Wochen, in denen man so gespannt beobachtet, was geschieht, ein treffendes Bild für das Leben als Christ. Wie Sara haben wir Christen von Gott die Verheißung empfangen, dass er uns über alles Begreifen hinaus segnen will. Wie Sara zweifeln und hoffen wir. Wir sehnen uns nach einem eindeutigen Beweis dafür, dass Gottes Versprechen in uns Wirklichkeit wird. Wie eine Frau in Erwartung nach Zeichen für ihre Schwangerschaft sucht, so suchen wir in unserem Leben nach Zeichen für die Gegenwart Gottes. Und in dem Maße, wie Christus in unserem Herzen wächst, wird auch unser geistliches Leben nach außen sichtbar.

O Herr, an manchen Tagen kann ich kaum glauben, was mit mir geschieht. Manchmal frage ich mich, ob da in mir auch alles richtig funktioniert. Ich staune über dieses Wunder und weiß gar nicht recht, wie mir zumute ist. Hilf mir, das, was da tief in meinem Inne-

ren vor sich geht, zu akzeptieren. Hilf mir, offen zu werden für das Kind, das sich in meinem Bauch bereits eingerichtet hat. Hilf mir, deiner Liebe und Fürsorge zu vertrauen. Amen.

★ ★ ★

»Nach diesen Tagen wurde seine Frau Elisabeth schwanger und hielt sich fünf Monate verborgen ... Maria aber machte sich auf in diesen Tagen und ging eilends in das Gebirge zu einer Stadt in Juda und kam in das Haus des Zacharias und begrüßte Elisabeth.«
Lukas 1,24+39-40

Sie haben gerade erfahren, dass in Ihnen ganz zart wie eine Knospe ein Kind heranreift. Wem wollen Sie davon erzählen, und wann?

Manche Frauen können es kaum erwarten, die große Neuigkeit weiterzusagen. Sofort ziehen sie ihren Mann und die Eltern, Freunde, Kollegen und Geschwister ins Vertrauen. Ich kenne eine Frau, die es so eilig hatte, ihrem Mann von dem großen Ereignis zu berichten, dass sie auf dem Heimweg vom Arzt sogar bei Rot über eine Kreuzung fuhr!

Andere behalten das Geheimnis eine Weile für sich. Vielleicht ist die Schwangerschaft zu einem unglücklichen Zeitpunkt eingetreten und sie wollen erst einen günstigen Moment abwarten, bevor sie dem werdenden Vater von seinem Kind berichten. Oder sie haben Angst, die Schwangerschaft könnte Auswirkungen auf ihren Arbeitsplatz haben, und schieben deshalb die Mitteilung hinaus. Wieder andere fühlen sich wohler, wenn die Nachricht zunächst nur im kleinen Kreis bekannt ist, bis sie die ersten kritischen Monate hinter sich haben.

Vielleicht können Sie beides ein wenig nachempfinden. Die

Nachricht, dass Sie schwanger sind, ist ja beides – schön, aber auch sehr persönlich. Sie können Ihrer Familie und guten Freunden davon erzählen, sobald Sie es wissen, und das Geheimnis im Alltag trotzdem für sich behalten und vor einer ahnungslosen Umgebung verbergen. Sie können sich einen Spaß daraus machen zu überlegen, wie Sie die Neuigkeit weitergeben wollen. Sie können sich aber auch einen Spaß daraus machen, einfach zu warten, wie lange es dauert, bis flüchtige Bekannte etwas merken. (Einer meiner weniger aufmerksamen Studienkollegen merkte überhaupt nicht, dass ich schwanger war. Er war völlig überrascht, als ich das neue Semester mit einem Baby auf dem Arm antrat!)

Die Art, wie Sie die Nachricht weitersagen oder für sich behalten, kann Ihnen außerdem Aufschluss über Ihre eigene Persönlichkeit und Ihre Gefühle geben. Überlegen Sie einmal, wem Sie es wann und wie gesagt haben. Wem haben Sie das Geheimnis als Erstes verraten, und wie haben Sie die Reaktionen Ihres Gegenübers empfunden? Wo haben Sie drauflos geredet, wo haben Sie sich zurückgehalten und warum?

Waren Sie so begeistert, dass Sie den Mund gar nicht halten konnten, selbst wenn Sie gewollt hätten? Wenn ja, dann können Sie Maria, die Mutter Jesu, wahrscheinlich gut verstehen. Als der Engel Gabriel ihr verkündet hatte, dass sie bald ein ganz besonderes Kind gebären würde, da blieb sie nicht lange sitzen, um zu grübeln. Stattdessen machte sie sich sofort auf den Weg und eilte über Hügel und durch Täler, um ihre Verwandte Elisabeth zu besuchen. (Ich frage mich immer wieder, was die junge Maria, die ja erst ein Teenager war, wohl ihren Eltern gesagt hat, als sie so plötzlich alles stehen und liegen ließ und sich auf die lange Reise machte.)

Die Schwangerschaft brachte Maria in eine äußerst schwierige Situation: Ein außereheliches Kind zu bekommen, wurde zu ihrer Zeit und in ihrem Alter mit dem Tode bestraft. Trotzdem war sie voller Freude, dass ein Erlöser geboren werden sollte. Sie brauchte Elisabeth nicht einmal zu erzählen, was der Engel ihr verkündet hatte. Sobald sie zur Tür hereinkam und Guten Tag gesagt hatte, begann das Kind in Elisabeths Bauch vor Freude zu strampeln. Im selben Moment wurde Elisabeth mit dem Heiligen Geist erfüllt und brach in lauten Jubel aus. Was für ein Gefühl muss das sein, wenn die eigene Schwangerschaft auf solche Weise bestätigt wird!

Nur wenige von uns werden Freude und Gefahr so extrem erleben wie Maria. Aber trotzdem, vielleicht geht es Ihnen wie ihr und Sie können die Begeisterung über das Wunder in Ihrem Bauch einfach nicht für sich behalten – auch wenn es unverhofft oder eher ungelegen kommt. Vielleicht aber fühlen Sie sich Elisabeth näher. Auch sie freute sich über ihre Schwangerschaft. Dennoch behielt sie ihr Geheimnis erst einmal monatelang für sich, bevor die Außenstehenden etwas ahnten. Elisabeth war über dem Warten auf ein Kind alt geworden. Sie hatte es gelernt, die unbedachten Bemerkungen der Nachbarinnen und ihr überhebliches Verhalten zu ignorieren. Die Jahre waren vergangen und sie hatte sich mit dem Schicksal abgefunden. Und dann wurde sie plötzlich doch noch schwanger! Welche Freude – aber auch welch ein Schock für ihr wohlgeordnetes Leben! Ihre ganze Welt und ihr Selbstbild wurden völlig umgekrempelt, und sie brauchte einige Zeit, um erst einmal selbst mit den neuen Umständen fertig zu werden, bevor sie sich den Fragen der Nachbarn aussetzen konnte.

Vielleicht brauchen auch Sie, wie Elisabeth, Zeit, um sich zunächst selbst an den Gedanken zu gewöhnen. Vielleicht sind Sie noch nicht bereit für die Aufmerksamkeit und all die gut gemeinten Ratschläge. Darum ist es vielleicht wirklich das Beste, das Geheimnis noch eine Weile für sich zu behalten. Elisabeths stille Freude ist für die Geschichte genauso wichtig wie die kaum zu unterdrückende, übersprudelnde Begeisterung von Maria.

Aber egal wie Sie Ihre Neuigkeit weitersagen, vergessen Sie nicht, dass Gott bei Ihnen ist. Er teilt Ihre Freude. Er gibt Ihnen Mut, wenn Sie ihn brauchen. Er schenkt Ihnen das nötige Feingefühl und den Takt, wenn Sie ihn darum bitten.

Lieber Herr, du kennst die Geheimnisse meiner Seele besser als ich selbst. Hilf mir, sie jeden Tag ein bisschen mehr zu verstehen. Schenk mir Mut und einen dankbaren Geist, damit ich den Segen, mit dem du mich überschüttest, erkenne und mich daran freue. Schenk mir die Weisheit und Gnade, meine Freude, meine Hoffnung und auch meine Ängste mit den Menschen zu teilen, die mich umgeben. Amen.

★ ★ ★

»Eli antwortete und sprach: Geh hin mit Frieden; der Gott Israels wird dir die Bitte erfüllen, die du an ihn gerichtet hast. Sie sprach: Lass deine Magd Gnade finden vor deinen Augen. Da ging sie [Hanna] ihres Weges und aß und sah nicht mehr so traurig drein.«

1. Samuel 1,17-18

Sobald ich das erste Mal schwanger war, kaufte ich mir ein Buch mit dem Titel *Alles über Schwangerschaft und Geburt*. Was habe ich darin geblättert! Mehr als einmal in der Woche schlug ich die Tabelle mit den Entwicklungsstufen des Babys auf. Über den Zeichnungen von der achten und neunten Woche konnte ich mich geradezu vergessen. Ungeduldig wartete ich zwischen der neunten und der zwölften, damit ich in der nächsten Abbildung endlich nachsehen konnte, wie mein Kind sich verändert hatte. Doch selbst ein Buch, das »alles« enthielt, konnte mir über mein Baby und das, was mit mir selbst vorging, nicht genug Auskunft geben.

Viele Frauen haben das Gefühl, die ersten Wochen der Schwangerschaft wollen überhaupt nicht vorbeigehen. Die Zeit zwischen den Besuchen bei Hebamme oder Arzt erscheint wie eine Ewigkeit. Würde sie doch nur etwas schneller vergehen!

Wir sind es gewohnt, im Eiltempo zu leben. Auf dem Weg zur Arbeit geraten wir in die »Rushhour«. Wir kaufen Fastfood oder schieben etwas in die Mikrowelle, wenn die Zeit zum Einkaufen und Kochen nicht reicht. Nachrichten aus der ganzen Welt flimmern in Sekundenschnelle über unseren Bildschirm. Eine Schwangerschaft aber lässt sich nicht beschleunigen. Und das aus gutem Grund. Gerade in diesen Wochen passiert so viel mit unserem Baby. In den ersten drei Wochen wächst das befruchtete Ei, das nicht viel größer als ein Staubkörnchen war, zur Größe eines Reiskorns heran. Zwei Wochen weiter, und es ist so groß wie eine Bohne. Und mehr noch, es hat jetzt auch bereits die Form eines menschlichen Wesens angenommen. Wenn Sie in Ihren Bauch hineinsehen könnten, dann würden Sie den Kopf, die Arme und Beine erkennen. Bis zur zwölften Woche haben sich kleine Fingerchen und Zehen gebildet, und alle inneren Organe sind an ihrem Platz. Das alles hat sich in Ihrem Inneren abgespielt – und Sie mussten überhaupt nichts dazu tun! Ihr Körper selbst hat – mit Gottes Hilfe – für alles gesorgt.

Auch in den nächsten paar Monaten müssen Sie sich keine Gedanken um Essen oder Kleider für Ihr Kind machen. Ihr Körper hat alles unter Kontrolle. Was wollen Sie also in dieser Zeit mit sich anfangen? Wenn Sie Ihr erstes Kind erwarten, dann wollen Sie vielleicht alles in Erfahrung bringen, was mit Geburt und Babys zu tun hat. Sie unterhalten sich mit Müttern aus Ihrer Familie und dem Freundeskreis und achten auch mehr auf die Babys anderer Leute. Wenn Sie schon Kinder haben, überlegen Sie vielleicht, wie Sie die Familie auf das neue Geschwisterchen vorbereiten und Platz für das neue Familienmitglied schaffen wollen.

Doch auch für Sie selbst können die nächsten Monate eine Zeit des Wachstums werden. Nehmen Sie sich Zeit, über das Wunder des Lebens, das da in Ihnen heranwächst, zu staunen. Nehmen Sie sich Zeit zum Beten: für Ihr Baby und alle Kinder dieser Erde; für

Sie selbst und Ihren Mann, mit dem Sie gemeinsam ein neues Kapitel Ihres Lebens aufschlagen; für die Kinder, die Sie bereits haben. Nehmen Sie sich Zeit, Ihren Träumen nachzuhängen, auch ihren nächtlichen Träumen. Gerade in der Schwangerschaft träumt man oft mehr als sonst. Schreiben Sie Ihre Träume auf und denken Sie darüber nach. Vielleicht erfahren Sie daraus etwas über Ihre Hoffnungen und Ängste, was im Trubel des Alltags sonst leicht übersehen wird.

Nehmen Sie sich auch Zeit, über Gottes Wort nachzudenken. Die Betrachtungen in diesem Buch können Ihnen dazu einen Anstoß geben. Versuchen Sie zur Ruhe zu kommen und Prioritäten zu setzen. Versuchen Sie, sich als Mutter vorzustellen. Sie brauchen Zeit, um sich nicht nur ganz praktisch, sondern auch innerlich auf die Ankunft Ihres Kindes vorzubereiten.

Und egal, was Ihnen sonst noch in den Sinn kommt, versuchen Sie diese Monate des Wartens und der Vorbereitung auf jeden Fall auszukosten. Wenn Ihnen die Zeit lang wird, dann denken Sie an Hanna. Sie hatte nur eine Verheißung, auf die sie sich stützen konnte. Sie hatte ihr Kind noch nicht einmal empfangen, und doch stand sie voller Frieden und freudiger Gewissheit von ihrem Gebet auf. Noch Minuten vorher hatte sie sich fast das Herz aus dem Leibe geschluchzt. Sie hatte darum gefleht, doch endlich schwanger zu werden, und geschworen, dass sie ihr Kind dem Herrn weihen würde – wenn sie nur eines hätte. Obwohl ihr Mann sehr verständnisvoll war, fühlte sie sich so jämmerlich, dass sie kaum mehr essen konnte. Hanna hatte jahrelang gewartet, und es lagen noch Monate vor ihr. Trotzdem ging sie in Frieden, wie der Prophet Eli es gesagt hatte. Sie verließ den Tempel als veränderte Frau. Sie kehrte nach Hause zurück, aß und trank mit ihrem Mann und war nicht mehr traurig. Darum gehen auch Sie in Frieden. Essen und trinken Sie mit Ihrem Mann, und seien Sie fröhlich! Freuen Sie sich an diesen Monaten des Wartens, freuen Sie sich auf das neue Leben!

Lieber Herr, schenk mir Geduld und Frieden. Hilf mir, in dieser Zeit des Wartens nicht die Freude zu verlieren. Hilf mir, diese Zeit mit meinem Kind zu schätzen und zu genießen. Amen.

★ ★ ★

»Da kam die Frau und sagte es ihrem Mann und sprach: Es kam ein Mann Gottes zu mir, und seine Gestalt war anzusehen wie der Engel Gottes, zum Erschrecken, so dass ich ihn nicht fragte, woher und wohin; und er sagte mir nicht, wie er hieß. Er sprach aber zu mir: Siehe, du wirst schwanger werden und einen Sohn gebären. So trinke nun keinen Wein oder starkes Getränk, und iss nichts Unreines; denn der Knabe soll ein Geweihter Gottes sein von Mutterleibe an bis zum Tag seines Todes.« Richter 13,6-7

Wahrscheinlich haben Sie schon viele Geschichten über die eigenartigen Essgewohnheiten schwangerer Frauen gehört. Eine meiner Bekannten entwickelte einen regelrechten Heißhunger auf Erdbeeren. (»Ich denke, es könnte schlimmer sein«, meinte sie, als sie sich wieder einmal einen Berg davon in ein Schälchen schöpfte. »Stell dir vor, es wären Pommes frites.«) Eine andere lechzte Tag und Nacht nach Gurkenbroten. Und dann gibt es da noch die Geschichte mit den Mixed Pickles und der Eiskrem ...

Vielleicht wissen Sie noch nichts von dem enormen Appetit, der einen in der Mitte der Schwangerschaft überfallen kann. Im Gegenteil, in den ersten Monaten haben Sie vielleicht sogar den Appetit verloren. Doch egal, in welcher Phase Sie sich befinden, es ist anzunehmen, dass Sie viel mehr darauf achten, was Sie essen und trinken. Wir wissen alle, dass die Ernährung Auswirkungen auf unsere Gesundheit hat. (»Ja, sicher, Brokkoli ist gut; ja, ja,

Schokolade ist schlecht für die Haut.«) Nun aber tragen Sie ein Baby in Ihrem Bauch, das darauf angewiesen ist, dass Sie sich richtig ernähren, damit es gesund zur Welt kommen kann. Auf einmal sind Milch und Obst gefragt, und Bier und Chips sind out.

Das kostbare und so verletzliche kleine Wesen, das in Ihnen heranwächst, gibt Ihnen vielleicht gerade den Anstoß, der noch nötig war, um ein paar ungesunde Gewohnheiten abzulegen. So ist zum Beispiel jetzt die Gelegenheit, mit dem Rauchen aufzuhören. Wenn Sie zu viel Alkohol und zu wenig Wasser trinken, können Sie sich jetzt umstellen. Wenn Sie zu viel sitzen, ist jetzt der Moment gekommen, den Kreislauf wieder in Schwung zu bringen – nehmen Sie sich Zeit für einen täglichen Spaziergang und ein paar Gymnastikübungen.

Wenn sich ein Sportler auf ein großes Rennen vorbereitet, dann achtet er sorgfältig auf seine Ernährung und hält sich gewissenhaft an seinen Trainingsplan. Die Wochen und Monate intensiver Vorbereitung sind oft von einer ganz speziellen Atmosphäre geprägt – der Wunsch, gut abzuschneiden, wirft ein Licht auf alle Bemühungen, die Muskeln, das Herz und die Lungen zu kräftigen.

Ein Kind zur Welt zu bringen ist natürlich kein Wettkampf. Aber auch Sie haben ein Ziel vor Augen, und das kann Ihr Bemühen, sich gesund zu ernähren und ausreichend zu bewegen, genauso überstrahlen. Und was für ein schönes Ziel liegt da vor Ihnen! Ja, Sie tragen es schon jetzt mit sich herum. In Ihnen wächst ein neues Lebewesen heran. In ein paar Monaten ist es groß genug, um außerhalb Ihres Bauchs zu überleben. Ihr Körper wird seine ganze Kraft aufbieten und das Kind in die Welt entlassen.

Die Bibel sagt nicht viel über die Ernährung während der Schwangerschaft. Einer Frau allerdings wurden ganz besondere Anweisungen gegeben, was sie während ihrer Schwangerschaft essen und trinken sollte. Und es ist vielleicht kein Zufall, dass gerade diese Frau die Mutter von Simson war, jenem Held, der für seine große Körperkraft bekannt wurde. Ein Engel sagte ihr, sie solle kein unreines Essen zu sich nehmen und keinen Wein oder andere starke Getränke anrühren. Ihr Sohn sollte ein heiliger Mensch sein. Simsons Mutter folgte den Anweisungen des Engels und weihte ihren Sohn damit schon vor seiner Geburt Gott. Solange er in ihrem Leib war, hielt sie sich selbst an die Anweisungen, die den Geweihten Gottes gegeben waren.

Kaum eine von uns wird von einem Engel Anweisungen zur Ernährung erhalten. Doch wenn wir in dieser Zeit besondere Sorgfalt auf Essen, Trinken und Bewegung legen, dann hat das nicht nur körperlich, sondern auch geistlich eine tiefere Bedeutung. Die Bibel sagt, unser Körper sei ein Tempel Gottes. Wenn wir essen und trinken, was gut ist, dann machen wir damit auch deutlich, dass dieser Tempel etwas Kostbares ist.

Genießen Sie die Zeit der Vorbereitung. Freuen Sie sich an Ihrem Essen, und machen Sie sich immer wieder bewusst, dass Sie damit nicht nur sich selbst, sondern auch Ihrem Kind etwas Gutes tun. Freuen Sie sich an jedem Glas Wasser, das Sie zusätzlich trinken – und stellen Sie sich dabei vor, wie das kühle, klare Wasser all die Verunreinigungen, die Ihr Körper durch seine zusätzliche Arbeit produziert, wegschwemmt. Auch diese einfachen, irdischen Dinge sind für Ihr Kind lebenswichtig.

Versuchen Sie Ihren Partner an Ihren Essgewohnheiten und an Ihren körperlichen Übungen teilhaben zu lassen. Das hilft Ihnen, bei Laune zu bleiben. Und es hilft Ihrem Mann, aktiv an dem Wunder teilzuhaben, das in Ihrer Familie geschieht. Er kann zwar nicht so für Ihr Kind essen, wie Sie es tun, aber er kann sich Ihren gesunden Gewohnheiten anschließen und Sie auf Ihren Spaziergängen begleiten. Manche Männer verzichten aus Solidarität zu ihrer schwangeren Frau in diesen Monaten ebenfalls auf den Genuss von Alkohol. Andere kochen häufiger, als sie das sonst tun. Genießen Sie diese Zeit gemeinsam – reden und planen Sie, atmen Sie die frische Luft und lachen Sie, dehnen Sie nicht nur Ihre Muskeln, sondern auch das Herz.

Lieber Herr, ich danke dir für meinen Körper, für Geschmacks- und Geruchssinn und dafür, dass ich mich an einem guten Essen freuen kann. Halte mich, wenn mir beim Gedanken ans Essen schlecht wird. Hilf mir, mich vernünftig zu ernähren, wenn der Appetit zurückkommt und mich der Heißhunger überfällt. Gib mir die Kraft, ungesunde Gewohnheiten aufzugeben, und hilf mir, an die Gesundheit meines Babys zu denken und mich um seinetwillen gut zu ernähren und genug zu bewegen. Amen.

★ ★ ★

»Als Rahel sah, dass sie Jakob kein Kind gebar, beneidete sie ihre Schwester und sprach zu Jakob: Schaffe mir Kinder, wenn nicht, so sterbe ich.« 1. Mose 30,1

»Mama, warum haben die meisten Leute zwei oder drei Kinder?«
Ich sah vom Unkrautjäten auf und blickte in die fragenden Augen meiner Achtjährigen. »Wahrscheinlich haben sie das Gefühl, zwei oder drei Kinder seien genau das Richtige für ihre Familie.«
»Meinst du, die Leute können einfach bestimmen, wie viele Kinder sie haben wollen?«
Viele sehen es heute als selbstverständlich an, eine Familie zu planen. Aber wenn wir einmal darüber nachdenken, dann ist das eigentlich doch eine eigenartige Sache. Eine Familie planen, bestimmen, wie viele Kinder man haben und wo man sie unterbringen will, das klingt doch alles sehr kühl und berechnend. Da steckt so viel Leidenschaft dahinter wie bei der Kontrolle der Bankauszüge. Natürlich ist es klug zu planen, und die Entscheidung, eine Familie zu gründen, sollte nicht auf die leichte Schulter genommen werden. Dennoch ist auch die sorgfältigst geplante Schwangerschaft immer genauso eine Sache von Herz und Seele

wie von Körper und Verstand. Der natürliche Ablauf der Dinge hat das in der Vergangenheit deutlich gezeigt: »Erst kommt die Liebe, dann die Hochzeit, und dann kommt Sally mit dem Kinderwagen«, sagte man früher in Amerika.

Liebe und Heirat führen heute jedoch nicht mehr so selbstverständlich zum Kinderkriegen wie bei unseren Großmüttern. Natürlich, der wirtschaftliche Vorteil, den Kinder einst verschafften, hat abgenommen. Viele behaupten sogar, Kinder seien heutzutage ein Luxus. Und trotzdem bekommen Paare auch heute noch Kinder. Und jene, die keine empfangen können, unternehmen alles Mögliche, um doch noch zu einem Kind zu kommen. Warum? Warum liegt uns so viel daran, ein Kind zu haben?

Natürlich gibt es viele Gründe. Wenn wir ein Kind in uns tragen und dann aufziehen, dann bekommt unser Land und die Welt einen neuen Bürger. Wir liefern einen neuen Mitarbeiter für das Reich Gottes. Unsere Eltern bekommen ein Enkelkind, das sie lieben können. Vielleicht wollen wir Kinder, weil alle unsere Freundinnen Kinder haben oder um mit unseren Geschwistern mitzuhalten. Oder weil wir die Gene, die Traditionen und den Namen unserer Familie an die nächste Generation weitergeben wollen. Vielleicht wollen wir ein Kind, weil wir alles ausprobieren wollen, was das Leben uns zu bieten hat; wir wollen sehen, ob wir es auch schaffen können. Oder Kinder sind für uns ein Zeichen der Hoffnung in einer schwierigen Welt. Vielleicht wollen wir auch nur ganz einfach das Leben weitergeben, das wir lieben.

Ich kenne viele Gründe, warum man Kinder haben möchte, aber keiner erscheint mir wirklich ausreichend. Vielleicht liegt das daran, dass Gott selbst den Wunsch, unser Leben und unsere Liebe weiterzugeben, tief in uns hineingelegt hat. Wenn man einen Bergsteiger fragt, warum er trainiert, vieles opfert und vielleicht sogar sein Leben aufs Spiel setzt, nur um einen Berg zu besteigen, dann erhält man oft die Antwort: »Ich wollte auf diesen Berg, weil es ihn gibt.« Ein Kind in diese Welt zu setzen ist ganz ähnlich. Der eigentliche Grund des Kinderwunsches liegt nicht in uns selbst, sondern anderswo.

Warum haben Sie sich für ein Kind entschieden? Bei den meisten Menschen kommt eine Vielzahl von Gründen zusammen – manche sind gut, manche nicht so sehr. Wir wollen uns selbst geben, wir wollen uns bestätigen, wir sind egoistisch.

Nehmen wir zum Beispiel Rahel. Sie hatte sicher eine Reihe guter Gründe, warum sie ein Kind wollte. Sie liebte ihren Mann von Herzen – und er sie – und sie sehnte sich danach, aus dieser Liebe ein Kind zu haben. Außerdem brauchte sie Kinder, die sie im Alter unterstützen konnten. Wie die meisten Frauen wollte sie vermutlich auch ihr Leben, ihre Liebe und ihren Glauben mit einem eigenen Kind teilen.

Gleichzeitig hatte ihr heftiger Wunsch nach einem Kind aber auch nicht ganz so edle Gründe. Sie war nämlich eifersüchtig auf ihre Schwester. Es reichte Rahel nicht, die Lieblingsfrau ihres Mannes zu sein. Sie wollte auch beim Kinderkriegen mit ihrer Schwester mithalten können. So schlug ihr intensiver Wunsch nach Kindern ins Gegenteil um. Ihr eigenes Leben war in ihren Augen nichts mehr wert. »Schaffe mir Kinder, wenn nicht, so sterbe ich«, jammerte sie. Ihr ständiges Kreisen um eine Schwangerschaft wurde für die bis dahin glückliche Beziehung zu ihrem Mann zur Belastung. Er wurde ärgerlich über ihre Forderung und ließ sie unmissverständlich wissen, dass er nicht die Schuld trug.

Rahel wurde dann doch noch schwanger. Aber erst nachdem sie gelernt hatte, mit ihrer Schwester auszukommen. Genauso will Gott auch uns helfen, unsere selbstsüchtigen und vielleicht sogar negativen Motive zu überwinden. Er will uns helfen, unsere Kinder um ihrer selbst willen zu lieben und nicht wegen der Vorteile, die sie uns vielleicht bringen. Gott will uns helfen, uns an den schöpferischen Kräften unseres Leibes und unserer Liebe zu freuen. Und er will uns helfen, uns auch an den Herausforderungen zu freuen, die ein Kind mit sich bringt, und mit ihnen fertig zu werden.

Lieber Herr, ich danke dir, dass wir einander lieben können. Danke, dass du in unsere Körper und Seelen hinein den Wunsch gelegt hast, schöpferisch zu werden. Hilf mir, die Gründe zu verstehen, warum ich so gern ein Kind wollte. Vergib alle falschen Motive, und hilf mir, die rechte Einstellung zu meinem Kind zu gewinnen. Amen.

★ ★ ★

»Maria aber sprach: Siehe, ich bin des Herrn Magd; mir geschehe, wie du gesagt hast. Und der Engel schied von ihr.« Lukas 1,38

»Wer seid ihr?«, fragte unser Pastor uns einmal in der Konfirmandenstunde. Ich war damals zwölf oder dreizehn Jahre alt und fand die Frage ziemlich seltsam. »Wer ich bin? Margaret Hammer.« Was war dazu sonst noch zu sagen?

Der Pastor erntete wohl eine Menge fragender Blicke, denn er fing an, uns etwas anzustacheln. »Ja, natürlich, ihr habt euren Namen. Das ist schon einmal ein guter Anfang. Aber ihr seid doch mehr als nur ein Name, oder nicht? Ihr seid das Kind von irgendjemand. Vielleicht seid ihr auch die Schwester oder der Bruder von jemand, oder der beste Freund. Vielleicht seid ihr ein Mathegenie oder ein Dichter oder eine gute Köchin. Vielleicht seid ihr ein Träumer oder ein Unterhaltungskünstler oder ein Organisierer. Ihr seid alle Schüler, sonst würdet ihr nicht hier sitzen, und ihr seid alle getauft und Kinder Gottes.«

Wer sind Sie? Meine Liste ist im Lauf der Jahre länger geworden, und sie hat sich auch verändert. Ich bin jetzt nicht mehr nur Kind und Freundin, sondern auch Frau und Mutter, Pastorin und Autorin. Manche Leute sagen, Mutter zu werden, sei der allerwichtigste Teil der Identitätsfindung einer Frau. Wenn Sie das auch meinen, dann kann die Schwangerschaft ebenso angenehm wie beängstigend sein. Einerseits wissen Sie, dass nur erwachsene Frauen schwanger werden können, deshalb erscheint Ihnen Ihr Zustand vielleicht als Eintritt ins Erwachsenenleben. Andererseits haben Sie vielleicht Angst vor den Konsequenzen der Mutterschaft. Werden Ihre eigenen Interessen und Leistungen in dem Trubel um das Kind und die Konzentration auf die Familie womöglich völlig untergehen?

Es ist normal, hier gemischte Gefühle zu haben. Doch sie müssen uns nicht daran hindern, eine gute Mutter zu sein. Eine meiner studierten Freundinnen hatte solche Angst, das Muttersein könnte ihr »Gehirn aufweichen«, dass sie eine lange Liste schwerer Lektüre aufstellte, um während des Stillens des Neugeborenen ihre »geistigen Muskeln« zu trainieren! Tapfer kämpfte sie sich durch einige Bücher hindurch, trat dann aber doch etwas kürzer, um sich mehr dem Kind zu widmen. Als sie feststellte, dass ihr Verstand dadurch nicht automatisch einrostete, fasste sie wieder Vertrauen und konnte alles etwas lockerer nehmen. Heute freut sie sich an ihrer Familie genauso wie an ihrer Arbeit.

Das Muttersein muss Sie nicht daran hindern, Ihre eigenen Talente und Interessen weiter zu verfolgen. Zwar ist es eine lebenslängliche Aufgabe, und am Anfang wird es tatsächlich einen großen Teil Ihrer Zeit beanspruchen. Diese arbeitsintensive Phase dauert aber nicht ewig. Das Leben geht weiter, und wir gehen mit. Der Gott, der uns unseren ganz speziellen Mix von Fähigkeiten gegeben hat, wird auch Gelegenheiten schenken, sie zu gebrauchen und weiterzuentwickeln. Was wir brauchen, sind die Vision, die Selbstdisziplin und den Mut, uns den jeweiligen Anforderungen zu stellen.

Wo aber bekommen wir die Vision, die Selbstdisziplin und den Mut her, um ein ausgeglichenes Leben zu führen und so zu werden, wie Gott es sich gedacht hat? Ich denke, Maria, die Mutter Jesu, kann uns hier einen Tipp geben.

»Bei Gott ist kein Ding unmöglich«, hatte der Engel gesagt, der ihr gerade die beunruhigende Botschaft brachte, sie würde Mutter werden. Maria nahm sich die Worte zu Herzen und erwiderte voller Mut und Glauben: »Siehe, ich bin des Herrn Magd; mir geschehe, wie du gesagt hast.« Maria akzeptierte Gottes Segen und auch die Verantwortung, die damit einherging. Sie akzeptierte alles – die Freude und die Sorgen, die Gefahren und das Schöne – all die Ungewissheiten, die nun vor ihr lagen. Dabei erkannte sie, wer sie war – eine Frau, die wie die Propheten vor ihr von Gott dazu ausersehen war, ihm zu dienen.

Die meisten von uns werden nicht ganz so dramatisch berufen. Und dennoch, wenn wir die Berufung annehmen, dann beginnen auch wir zu erkennen, wer wir sind und wer wir werden sollen. Wir finden Wege, unsere Begabungen einzusetzen und unsere Liebe weiterzugeben. Wir lernen es, die Zukunft mit allem, was sie an Ungewissem bringt, anzunehmen. Wir lernen, selbst in den banalsten Dingen des Alltags einen heiligen Sinn zu entdecken.

Lieber Herr, ich danke dir für die Gaben, die du in mich hineingelegt hast, und dass du mir nun dieses Kind schenkst, das ich mit meiner Liebe umgeben kann. Hilf mir, meine Gaben recht zu gebrauchen und meine Liebe gern weiterzugeben. Gib mir den rechten Blick und den Mut, die Aufgaben und Pflichten, die das Leben für mich noch bereithält, gern anzunehmen. Amen.

2. Wer steht uns bei?

».. . Unter dem Apfelbaum weckte ich dich, wo deine
Mutter mit dir in die Wehen kam, die dich gebar.«
Hoheslied 8,5

Welch ein romantisches Bild malt Salomo hier von der Liebe!
Stellen wir uns einmal vor, wie es wäre, in einem verborgenen
Obstgarten ein Kind zu gebären. Wir lagern uns im weichen Gras
im Schatten eines alten Apfelbaums, an einen Menschen gelehnt,
den wir lieben. Tief atmen wir die frische Luft ein, in der ein süßer
Duft von wilden Blumen, von Gras und Bäumen schwebt. Ein
sanfter Wind streichelt uns beim Pressen. Wir sind ganz eins mit
der Natur, und die Vögel zwitschern, während wir unser Kind zur
Welt bringen.

Allerdings sucht sich kaum jemand einen so urwüchsigen Ort
zum Gebären. Zwischen den Apfelblüten schwirren vielleicht die
Bienen, und unter das Zwitschern der Vögel mischt sich das
Summen der Stechmücken. Statt eines sanften Lufthauchs bedenkt
uns Mutter Natur womöglich mit einem Regenschauer. Außerdem
schenkt die Anwesenheit eines erfahrenen Arztes oder der
Hebamme normalerweise ein Gefühl der Ruhe, das unter irgendeinem Apfelbaum wohl nicht so leicht zu haben wäre.

Diese Ruhe versuchen heute die großen, modernen Kranken-
häuser zu vermitteln. Ihr medizinisches Personal wacht in Schich-
ten rund um die Uhr. Herzmonitoren überwachen den Fortschritt
der Wehen. Wenn Probleme auftauchen, stehen Notfallstationen
bereit. Die sauberen und effizient arbeitenden Geburtsabteilungen
stehen in krassem Kontrast zu dem weichen Gras unter einem
Apfelbaum.

Welche Art von Geburt reizt Sie am meisten? Manche Frauen
fühlen sich am sichersten, wenn sie von der modernsten medizini-

schen Technik umgeben sind. Andere meinen, sie könnten in einer entspannten, eher häuslichen Atmosphäre besser gebären. Je nachdem wo Sie wohnen, können Sie vielleicht verschiedene Möglichkeiten in Betracht ziehen. Haben Sie mehr Vertrauen zu einer großen Universitätsklinik oder zur persönlicheren Atmosphäre eines kleinen Privatspitals? Wenn Sie eher an den Nutzen einer häuslichen Umgebung glauben, dann können Sie sich unter Umständen nach einer freien Geburtseinrichtung in Ihrer Gegend umsehen oder sogar eine Hausgeburt planen. Überlegen Sie, was Ihnen am liebsten wäre. Fragen Sie Frauen, die vor kurzem geboren haben. Vielleicht wollen Sie auch verschiedene Kliniken und Einrichtungen ansehen, bevor Sie sich entscheiden, wohin Sie gehen wollen. Und denken Sie auch bei der Wahl des Arztes oder der Hebamme daran, was Ihnen am liebsten wäre. Nicht alle Ärzte werden bei einer Hausgeburt mitmachen und nicht alle Hebammen sind in den Krankenhäusern zugelassen. Wenn Sie zum Arzt oder einer Hebamme gehen, dann besprechen Sie mit ihnen Ihre Vorstellungen von dem Geburtsort. Je offener Sie über Ihre Wünsche und Vorstellungen reden, desto besser stehen die Chancen, das Passende zu finden.

Wenn Sie sich überlegen, wie Sie gebären wollen, dann denken Sie auch einmal darüber nach, was Ihre Wünsche über Sie selbst verraten. Worauf setzen Sie Ihre Hoffnung? Auf die medizinische Technik? Auf die natürlichen Kräfte Ihres Körpers? Auf fähige Mediziner? Können Sie erkennen, wie Gott in all diesen Dingen am Wirken ist? Ihre Vorstellungen verraten Ihnen auch etwas darüber, wo Sie am verletzlichsten sind. Wenn Sie Angst haben, dass Ihr Körper nicht mitmacht, dann suchen Sie sicher die Nähe zu medizinischer Hilfe. Wenn Sie sich von den fremden Abläufen in einem Krankenhaus bedroht fühlen und vor der Möglichkeit eines unerwünschten medizinischen Eingriffs fürchten, dann erscheint Ihnen vielleicht eine Hausgeburt wünschenswert.

Doch egal, wo Sie Ihr Kind schließlich zur Welt bringen, Sie dürfen gewiss sein, dass Gott bei Ihnen ist. Kein Apfelbaum ist zu abgeschieden, kein Krankenzimmer zu voll mit medizinischem Gerät, kein Taxi zu schnell, um Gott davon abzuhalten, sich um Sie und Ihr Kind zu kümmern.

Lieber Herr, ich danke dir, dass du mich und mein Kind mit deiner Liebe umgibst, ganz egal, wo wir sind. Hilf mir, für die Geburt den für uns beide besten Ort zu finden. Gib mir den Mut, mit dem Menschen, der mich während der Schwangerschaft und dann bei der Geburt betreuen wird, über meine Wünsche und auch über meine Sorgen zu reden. Halte mich, wenn die Angst mich überkommt. Lass mich im Vertrauen auf deine Hilfe vorwärts gehen. Amen.

★ ★ ★

»Und der König von Ägypten sprach zu den hebräischen Hebammen ...: Wenn ihr den hebräischen Frauen helft und bei der Geburt seht, dass es ein Sohn ist, so tötet ihn; ist's aber eine Tochter, so lasst sie leben. Aber die Hebammen fürchteten Gott und taten nicht, wie der König von Ägypten ihnen gesagt hatte, sondern ließen die Kinder leben.« 2. Mose 1,15-17

Die eine Freundin schwärmt von ihrem Frauenarzt. Die andere behauptet, ihre Hebamme sei die Beste. Eine dritte meint, es sei doch am vernünftigsten, sich an den Hausarzt zu halten. Die Vielzahl vorgeburtlicher Betreuungsangebote kann verwirren. Dabei haben sie alle ihre Stärken.

Gynäkologen sind Ärzte, die sich auf den weiblichen Körper und seine Funktionen spezialisiert haben. Sind sie gleichzeitig als Geburtshelfer zugelassen, dann haben sie meist auch Erfahrung mit komplizierten Schwangerschaften und können auch einen Kaiserschnitt durchführen, wenn es nötig sein sollte.

Auch Hebammen sind auf Geburten spezialisiert. Viele haben als examinierte Krankenschwester gearbeitet, bevor sie Geburtshilfekurse besuchten. Andere haben sich sofort auf die Geburtshilfe spezialisiert. Wieder andere haben sich in langen Jahren der Praxis die nötigen Fähigkeiten angeeignet. Die meisten Hebammen legen großen Wert darauf, eine Vertrauensbasis zu Ihnen herzustellen. Sie benutzen altbewährte Methoden, um medizinische Eingriffe auf ein Minimum zu beschränken. Eine Hebamme bleibt in der Regel während der gesamten Zeit der Wehen bei Ihnen. Allgemeinmediziner besitzen die notwendigen Kenntnisse, um Ihre ganze Familie zu behandeln, vom Erkennen der Blinddarmentzündung bis zu Knochenbrüchen, von den Masern bis zur Geburt. Das heißt eventuell sogar, dass Sie nach der Geburt nicht sofort einen Kinderarzt suchen müssen. Außerdem bedeutet es, dass Sie zu Ihrem Arzt eine ständige Beziehung aufbauen können. Je besser er Sie kennt, desto besser ist er in der Lage, Ihnen die geeignete Behandlung zu geben. Wenn Sie sich nicht zwischen Hausarzt und Gynäkologen ständig hin und her überweisen lassen wollen, verzichten Sie allerdings auf die bessere technische Ausstattung einer Facharztpraxis.

Worauf kommt es Ihnen bei den medizinischen Fachleuten, die Ihnen durch Schwangerschaft und Geburt helfen sollen, an? Das fachliche Wissen ist wichtig. Ich war natürlich froh, dass der Geburtshelfer, der mir den Kaiserschnitt machte, technisch auf dem Laufenden war. Auch die Erfahrung ist wichtig. Es war für mich beruhigend zu wissen, dass meine Hebamme in ihrem Dienst als Missionsschwester schon Hunderten von Babys auf die Welt geholfen hatte. Und auch die zwischenmenschlichen Beziehungen und eine gute Portion gesunder Menschenverstand sind ganz wesentlich. Der Betreuer oder die Betreuerin, die sich Zeit nehmen, um Sie und Ihre Vorstellungen kennen zu lernen, ist eher in der Lage, Ihnen zur richtigen Entscheidung zu verhelfen, falls es zu Problemen kommen sollte.

Und nicht zuletzt: Suchen Sie sich jemanden aus, der wirklich Respekt vor dem Leben hat. Bischof Peter Palladius, ein Mann, der im 16. Jahrhundert lebte, verfasste eine Anleitung für die Beurteilung von Hebammen, in der es unter anderem hieß, eine Hebamme solle »tüchtig, erleuchtet und gottesfürchtig« sein. Das klingt ja schön und gut, werden Sie nun vielleicht einwenden, aber woher soll ich wissen, ob meine medizinische Betreuung Gott fürchtet?

Die Geschichte von den hebräischen Hebammen in Ägypten kann uns da vielleicht weiterhelfen. Diese Frauen bewiesen durch ihren Mut und ihre Aufrichtigkeit Gottesfurcht. Trotz der todbringenden Mächte, die sie bedrohten, blieben sie ihrer Berufung, das Leben zu bejahen, treu. Soweit ich weiß, stehen Ärzte und Hebammen heute unter keiner vergleichbaren Bedrohung. Aber auch sie stehen unter Druck: dem Druck, die Krankenhauskosten möglichst niedrig zu halten; dem Druck, noch eine Untersuchung oder Behandlung durchzuführen, damit sie im Falle einer Klage genug Beweismittel in der Hand haben; dem Druck, schnell zu arbeiten, damit sie die nächste Patientin an die Reihe nehmen können. Deshalb wollen wir wissen, dass die Person, der wir uns mit unserem Baby anvertrauen, auch unter Druck gewissenhaft arbeitet. Wir wollen wissen, dass für sie oder ihn unser eigenes Wohlbefinden und das unseres Babys an erster Stelle stehen.

Wenn Sie längere Zeit in einer kleineren Stadt gewohnt haben, dann ist Ihnen die Einstellung der dort praktizierenden Ärzte und Hebammen vielleicht bekannt. Doch wenn Sie neu zugezogen sind oder in einer Großstadt leben, dann kann es sein, dass Sie Ihren Arzt oder die Hebamme vor der ersten Untersuchung noch nie gesehen haben. Wie können Sie da einen Eindruck vom Charakter und Können dieser Personen gewinnen?

Versuchen Sie wenn immer möglich mit anderen Frauen ins Gespräch zu kommen, die von Ihrem Arzt/Ihrer Ärztin betreut wurden. Hat die Person sich als vertrauenswürdig erwiesen? Hat er oder sie erklärt, was sie tut, und die Hintergründe erläutert? War sie erreichbar und höflich? War sie bei schwierigen Entscheidungen ehrlich und mutig?

Und hören Sie auch auf Ihre eigene Intuition. Nimmt sich die betreffende Person genug Zeit, um mit Ihnen zu reden, und geht sie auf Ihre Fragen und Sorgen ein? Fühlen Sie sich ermutigt, Fragen zu stellen? Wenn Sie etwas stört, dann versuchen Sie das zu klären, und suchen Sie so lange, bis Sie jemanden gefunden haben, dem Sie wirklich vertrauen. Die Zeit und Mühe, die Sie jetzt investieren, wird sich später bezahlt machen und dazu beitragen, dass Sie ganz ruhig an alles herangehen können.

Und schließlich – beten Sie über jeden Schritt. Bitten Sie Gott um seine Leitung. Und wenn Sie Ihre Entscheidung getroffen haben, dann beten Sie regelmäßig für Ihre Hebamme oder den Arzt. Er oder sie kann von Ihrer Unterstützung nur profitieren – so wie Sie von der seinen.

Lieber Herr, hilf mir, den richtigen Arzt und die richtige Hebamme für mich und mein Kind zu finden. Gib mir den Mut, die Fragen zu stellen, die mich bewegen. Schenk mir Weisheit, dass ich erkenne, mit was für einem Menschen ich es zu tun habe. Segne die Arbeit aller Geburtshelfer, Hebammen und Hausärzte. Gib, dass sie sich immer nach bestem Vermögen für die Menschen einsetzen und dich, den Geber allen Lebens, ehren. Amen.

★ ★ ★

»Da ihr aber die Geburt so schwer wurde, sprach die Wehmutter zu ihr: Fürchte dich nicht, denn auch diesmal wirst du einen Sohn haben.«   1. Mose 35,17

Wenn uns im Fernsehen eine Geburt gezeigt wird, dann sehen wir normalerweise eine Frau, die sich ein paar Minuten windet und stöhnt, und dann kommt bereits das Kind zum Vorschein. Dieses Bild gibt einen falschen Eindruck. Wirkliche Wehen sind nicht so schnell vorüber, wie es im Fernsehen scheint. Andererseits waren meine Wehen aber auch nie so schrecklich, wie es im Fernsehen dargestellt wird.

Am schlimmsten schien mir immer das Warten, bis die Presswehen dann endlich einsetzten. Aus irgendeinem Grund brach die Fruchtblase immer viel früher auf, als mein Körper bereit war. Das bedeutete, dass ich stunden-, ja tagelang die Gänge der Station auf und ablief und nicht wusste, ob man die Wehen künstlich herbeiführen würde oder ich sogar operiert werden musste.

In solchen Momenten sind die menschlichen Fähigkeiten Ihrer Betreuer neben der fachlichen Kompetenz sehr wichtig. Ich werde nie die Hebamme vergessen, die sah, wie mir zumute war, als das Infusionsgerät ins Zimmer gerollt wurde, meine Hand ergriff und mit mir betete. Nie werde ich auch jene weise, schon etwas ältere Ärztin vergessen, die sich spät in der Nacht an mein Bett setzte und mir erklärte, was gerade im Blick auf meine Beschwerden auf dem Gebiet der Forschung alles getan wurde, und die mir Mut machte, noch ein bisschen zu warten, ehe wir uns für einen Kaiserschnitt entschieden. Diese Frauen wussten nicht nur, was im Körper einer Gebärenden vorgeht, sie wussten auch, was den ganzen Menschen bewegt. Sie wussten, wie man Frauen vor einer Geburt ermutigt und stärkt.

Wir alle brauchen hin und wieder Ermutigung – vor allem aber dann, wenn wir an unsere Grenzen kommen oder vor einer neuen Situation stehen. »Fürchte dich nicht«, sagte die Hebamme zu Rahel, als ihr die Wehen zu schwer wurden. »Fürchte dich nicht«, sagte auch der Engel zu Maria, als er ihr die Geburt Jesu ankündigte. »Fürchtet euch nicht«, sagte er zu den Hirten, als er ihnen die Geburt des Messias verkündigte. Manchmal genügt es, wenn wir diese einfachen Worte hören: Fürchte dich nicht. Gottes Engel tragen nicht immer Flügel und glänzende Kleider. Ein Engel kann uns auch in der Gestalt eines ganz normalen Arztes begegnen, einer Schwester oder Hebamme, die uns Mut machen, wenn wir sie brauchen.

»Fürchte dich nicht«, sagte die Hebamme, »*denn auch diesmal wirst du einen Sohn haben.*« Suchen Sie sich jemanden, der Ihnen Mut macht und hilft, das ganze Bild zu sehen. Der Mensch kann eine Menge Schmerz ertragen, wenn er weiß, dass er bald vergeht. Der Mensch kann die größte Not erdulden, wenn er einen Auftrag hat. Denken Sie nur an die Probleme, welche die frühen Entdecker, Pioniere und Missionare auf sich nehmen mussten. Martin Luther hatte Recht, wenn er sagte, der beste Weg, eine gebärende Frau zu trösten und zu ermutigen, bestehe darin, sie daran zu erinnern, dass sie eine edle, Gott wohlgefällige Arbeit tue. Ein Arzt oder eine Hebamme, die Ihnen sagen, dass es am Ende des Tunnels schon wieder hell wird, sind ein Segen. Der Helfer, der Ihnen auf die eine oder andere Weise immer wieder bewusst macht, was für eine große, Leben spendende Arbeit Sie hier verrichten, kann Ihnen helfen, die Höhen und Tiefen der Schwangerschaft und die Herausforderungen der Geburt mit frohem Mut zu meistern.

Halten Sie Ausschau nach dem Engel in den Menschen, denen Sie sich anvertrauen, und beten Sie darum, dass dieser Engel noch vielen helfen kann. Beten Sie für alle, die sich um Sie kümmern – jene, die Sie bereits kennen, und jene, die Sie nur für ein paar Stunden zu Gesicht bekommen. Beten Sie darum, dass diese Menschen nicht nur fachlich kompetent, sondern auch menschlich einfühlsam sind. Beten Sie, dass sie den Frauen, denen sie helfen, Mut und Hoffnung geben können. Beten Sie, dass sie in der Geburt noch immer das Wunder erkennen, egal wie vielen Kindern sie schon in diese Welt geholfen haben.

Lieber Herr, hilf mir, einen Arzt oder eine Hebamme zu finden, denen ich vertrauen kann. Hilf mir, mit diesem Menschen über meine Hoffnungen und meine Ängste zu reden. Zeig ihm oder ihr, wie sie mich stärken und mir Mut machen können. Danke für die Weisheit und die heilenden Kräfte, die du Ärzten und Schwestern, Hebammen und Seelsorgern schenkst. Danke, dass du mir diese große Aufgabe anvertraut hast – ein Kind zur Welt zu bringen. Schenk mir die Gnade und den Mut, es recht zu tun. Amen.

★ ★ ★

»... und sie [Rut] gebar einen Sohn. Da sprachen die Frauen zu Noomi: Gelobt sei der Herr, der dir zu dieser Zeit einen Löser nicht versagt hat! Dessen Name werde gerühmt in Israel! Der wird dich erquicken und dein Alter versorgen. Denn deine Schwiegertochter, die dich geliebt hat, hat ihn geboren, die dir mehr wert ist als sieben Söhne.«   Rut 4,13-15

Als Rut ihren Sohn Obed gebar, lange vor Christi Geburt, da war anscheinend nicht nur ihre Schwiegermutter Noomi, sondern eine ganze Schar von Nachbarsfrauen dabei. In den 50er Jahren, als ich auf die Welt kam, durften nur die Angestellten des Krankenhauses die Kreißsäle und Gebärzimmer betreten. Mein Vater wurde nur bis ins Wartezimmer vorgelassen. Als ich in den 80er Jahren dann meine eigenen Kinder zur Welt brachte, schwang das Pendel bereits zur anderen Seite aus. Heute ist es in den meisten Krankenhäusern erlaubt, nahe Familienangehörige oder Freunde zur Geburt einzuladen. Auch die meisten Hebammen haben nichts dagegen.

Überlegen Sie sorgfältig, wen Sie dabei haben wollen, wenn sie gebären. Manche Frauen möchten, dass der Vater des Babys bei ihnen ist. Andere laden die Großeltern oder eine gute Freundin ein.

Manche lassen auch die älteren Kinder zusehen. Besprechen Sie diese Fragen früh genug mit Ihrem Mann. Vielleicht möchte er gern an der Geburt teilhaben. Nicht allen Männern ist allerdings beim Gedanken daran wohl. Darum seien Sie nicht allzu enttäuscht, wenn er zögert. Vielleicht wäre es Ihnen auch selbst lieber, wenn eine Verwandte oder Freundin Sie begleitet. Aber sprechen Sie auf jeden Fall mit Ihrem Mann darüber. Sagen Sie ihm, was Ihnen wichtig ist, und versuchen Sie herauszufinden, wie er empfindet. Wenn Sie ihn wirklich bei sich haben wollen und er noch immer zögert, dann machen Sie ihm Mut, mit anderen Vätern zu reden, die bei der Geburt ihrer Kinder dabei waren. Melden Sie sich zu einem Geburtsvorbereitungskurs an, und nehmen Sie Ihren Mann mit.

Doch auch wenn Ihr Mann nicht mitkommen möchte, sollten Sie während der Geburt zumindest eine Person in Ihrer Nähe haben, der Sie vertrauen. Das wird Ihnen in mancher Hinsicht eine Hilfe sein. Allein der Anblick eines vertrauten Gesichts und der Klang einer bekannten Stimme kann Ihnen Mut machen. Die Hand der Freundin gibt Ihnen neue Kraft. Kein Wunder, dass die Wehen bei Frauen, die während der gesamten Geburt eine vertraute Person bei sich haben, kürzer dauern und dass weniger Komplikationen auftreten! Und wenn es zu Komplikationen kommt, sind Sie ebenfalls froh, wenn jemand bei Ihnen ist, der Ihnen helfen kann, die richtigen Entscheidungen zu treffen. Und Sie werden es schätzen, wenn jemand mit Ihnen betet und Sie spüren lässt, dass Gott Sie auch jetzt nicht im Stich lässt. Und schließlich ist es auch schön, jemanden zu haben, der sich mit Ihnen freut, wenn das Baby endlich da ist!

Solche persönlichen Helfer erleichtern die Geburt, weil sie in einer unpersönlichen Umgebung ein Gefühl von Heimat vermitteln, von Glaube und Freundschaft. Sie können auch das Baby im Namen all der Menschen, denen an Ihnen liegt, die aber nicht in den Kreißsaal kommen konnten, willkommen heißen. Denken Sie nur daran, wie die Nachbarfrauen Rut und ihr Baby vor so vielen Jahren willkommen geheißen haben. Sie dankten Gott und malten sich vor Augen, welche Rolle der kleine Obed einmal spielen würde. Sie freuten sich über das starke Band der Liebe zwischen Rut und ihrer Schwiegermutter, und sie sprachen aus, was man sich im Dorf von dem Neugeborenen erhoffte.

Die Geburt Ihres Kindes ist auch im Leben Ihrer Gemeinde ein wichtiges Ereignis. Auch deshalb ist es gut, wenn Familienmitglieder oder Freunde dabei sind. Sie begrüßen das Neugeborene. Sie können Ihnen anerkennend auf die Schulter klopfen. Und wenn die Jahre ins Land gehen, können sie mit Ihnen in Erinnerungen an die Geburt schwelgen. Ich wohne inzwischen weit weg von den Hebammen, Ärzten und Schwestern, die mir bei der Geburt meiner Kinder halfen. Vielleicht erinnern sie sich nicht einmal mehr an mich oder die Umstände der Geburt. Mein Mann aber wird diese Augenblicke nie vergessen. Schon jetzt haben die Geburtsgeschichten einen speziellen Platz in unserer Familiengeschichte.

Suchen Sie sich also jemanden, der Ihnen bei der Geburt zur Seite stehen kann, damit Sie nicht nur von Fremden umgeben sind. Ob es sich dabei um Ihren Mann handelt, Ihre Schwester, Mutter oder eine Freundin, spielt letztlich keine Rolle. Fragen Sie die Person, die Ihnen am besten helfen kann. Bitten Sie sie, mit Ihnen den Gang auf und ab zu gehen, Ihre Hand zu halten, ein paar Geschichten zu erzählen, mit Ihnen zu beten, Sie mit ihrer Liebe zu umgeben und sich nach getaner Arbeit mit Ihnen zu freuen. Nutzen Sie die Gelegenheit, das Auf und Ab dieser schwierigen, Angst machenden, aber doch so wunderbaren Angelegenheit mit den Menschen zu teilen, die Sie lieben.

Lieber Herr, ich danke dir für alle Menschen, die mich und mein Baby lieben. Zeig mir, wen ich bitten kann, während der Geburt bei mir zu sein. Du kennst die Stärken und Schwächen der Menschen, die ich fragen könnte. Hilf mir, die richtige Person zu wählen. Und gib ihr oder ihnen den Mut und die Weisheit und die Anteilnahme, die sie brauchen. Segne uns. Du weißt, wie sehr wir uns auf die Geburt meines Kindes freuen. Segne uns, wenn die Wehen kommen. Und segne uns auch dann noch, wenn diese Tage schon lange hinter uns liegen. Amen.

★ ★ ★

»Und Maria blieb bei ihr etwa drei Monate; danach kehrte sie wieder heim. Und für Elisabeth kam die Zeit, dass sie gebären sollte.« Lukas 1,56-57

Vor über vierzehn Jahren wurden in meiner Umgebung im Abstand von nur wenigen Tagen zwei Mädchen geboren. Seit jener Zeit fühlen sie sich auf eine ganz besondere Art miteinander verbunden. Achtundzwanzig Geburtstage haben sie seitdem miteinander gefeiert, und keine hat je eine Feier der anderen verpasst. Die Mütter wohnten während der Schwangerschaft nah beieinander und verbrachten viel Zeit miteinander, redeten und gingen gemeinsam spazieren. Beide waren gespannt auf die Freuden und Aufgaben, die vor ihnen lagen.

Wenn Freundinnen zur gleichen Zeit schwanger sind, dann entsteht zwischen ihnen oft eine ganz besondere Verbundenheit. Da gibt es so viele Gemeinsamkeiten. Kein Wunder, dass auch Maria, die Mutter Jesu, die ersten Monate ihrer Schwangerschaft bei Elisabeth verbrachte, einer älteren Verwandten, die auch zum ersten Mal schwanger war. Es gab so viel zu bereden, und mit wem sollte sie sich sonst unterhalten? Mit Freunden oder Nachbarn über das zu sprechen, was sie bewegte, wird wohl kaum möglich gewesen sein. Beide steckten in einer ziemlich seltsamen Situation.

Ihre Schwangerschaft ist für die Menschen Ihrer Umgebung sicher nicht im selben Sinne unerwartet. Vielleicht leben Sie in ganz normalen und geregelten Umständen. Und trotzdem ist es Ihnen vielleicht am wohlsten, wenn Sie Ihre Gedanken, Ängste und Erwartungen mit jemandem besprechen können, der Ähnliches erlebt. Zwar werden sich in dieser Zeit auch Ihre nichtschwangeren Freundinnen ganz besonders nach Ihrem Ergehen erkundigen. Trotzdem hat das Interesse von Menschen, die nicht gerade schwanger sind, irgendwo seine Grenzen. Andererseits möchten Sie wahrscheinlich (vor allem beim ersten Mal) alles über Schwangerschaft und Geburt erfahren, was man nur erfahren kann.

Wenn Sie in Ihrem Bekanntenkreis keine Frauen in ähnlicher Situation kennen, dann versuchen Sie doch, mit jemandem in der Schwangerschaftsgymnastik ins Gespräch zu kommen. Vielleicht gibt es in Ihrer Gemeinde auch einen Kreis für werdende Eltern. Gerade in solchen Gruppen schließt man oft leicht Freundschaft. Es ist ein bisschen wie unter Jugendlichen, die ein gemeinsames Zeltlager planen oder wie bei Bergsteigern, die sich monatelang auf eine gemeinsame Tour vorbereiten.

Bei der Geburt selbst werden Ihre schwangeren Freundinnen vermutlich nicht dabei sein können. (Aber wer weiß, vielleicht begegnen Sie einander ja im Korridor!) Wenn bei Ihnen die Wehen einsetzen, haben einige die ersten hektischen Wochen mit dem neuen Baby bereits hinter sich. Andere schleppen sich dahin und warten, dass die Wehen endlich anfangen. Aber wenn diese Freundinnen auch nicht körperlich anwesend sein können, so können sie Sie doch mit ihren Gedanken und Gebeten begleiten.

So blieb auch Maria drei Monate bei ihrer schwangeren Freundin Elisabeth. Kurz bevor Elisabeth gebären sollte, kehrte sie jedoch nach Hause zurück. Ein paar intensive Monate lang hatten die beiden Frauen einander geholfen, sich ausgetauscht und Gedanken über die Zukunft gemacht. Dann ging jede wieder ihren eigenen Weg, gestärkt durch die gemeinsame Zeit und die Vertrautheit, die zwischen ihnen gewachsen war. Stellen wir uns einmal vor, wie diese beiden heiligen Frauen voneinander Abschied nahmen: Sicher haben sie sich gegenseitig versprochen, auch nach der Geburt ihrer Kinder füreinander zu beten.

Ähnlich kann die Verbindung, die Sie in dieser Zeit zu Freundinnen knüpfen, Ihnen Kraft geben, die Mühen der Schwangerschaft, der Geburt und Mutterschaft auf sich zu nehmen. Die Freundschaften, die hier entstehen, können noch lange halten. Denken Sie nur noch einmal an die beiden Mütter der Vierzehnjährigen, die ich eingangs erwähnte. In unserer mobilen Welt kann es zwar sein, dass Beruf oder Umzüge Sie trennen und gemeinsame Geburtstagsfeiern unmöglich werden. Wie Maria und Elisabeth erleben Sie vielleicht ein paar intensive gemeinsame Monate und sehen sich danach nur noch selten, wenn überhaupt.

Doch egal, was die Zukunft bringt, pflücken Sie die Blumen der Freundschaft, solange es möglich ist. Sie können Ihnen das Leben heute und in den turbulenten Wochen, die vor Ihnen liegen, ein wenig verschönern. Sie werden Ihnen Erinnerungen verschaffen, die Ihnen auch in Zukunft Mut machen können.

Lieber Herr, ich danke dir, dass es Freunde gibt. Danke für die Menschen, die mir zuhören und die verstehen, was ich durchmache. Danke für Menschen, die mit mir lachen und weinen, die mit mir träumen, mich herausfordern und mich trösten. Danke auch für alle Gelegenheiten, die du mir schenkst, meinen Freunden zu helfen. Zeige uns allen, wie wir füreinander da sein können, und lass es uns immer ein Anliegen sein, füreinander zu beten. Amen.

★ ★ ★

»Meine lieben Kinder, die ich abermals unter Wehen gebäre, bis Christus in euch Gestalt gewinne!«
Galater 4,19

»Sieh nur, Mama! Der Priester ist eine Frau!« Mit weit aufgerissenen Augen zupfte der kleine Junge seine Mutter am Rock und zeigte nach vorn. Mit seiner katholischen Familie hatte er gerade eine evangelische Kirche betreten, um an einer Hochzeit teilzunehmen. Man hatte ihm zwar erzählt, was ihn dort erwarten würde und wie er sich zu verhalten habe, aber niemand hatte daran gedacht zu erwähnen, dass der Pfarrer auch eine Frau sein konnte.

Nun, ich denke, was den kleinen Jungen erstaunt, ist nicht seltsamer als der Apostel Paulus, wenn er von sich selbst als einer gebärenden Frau spricht. Wie kann ein Mann eine Mutter sein? Trotzdem wählt Paulus dieses Bild. Warum? Wenn wir einmal darüber nachdenken, dann fällt uns wahrscheinlich auf, dass Christen sehr viele Begriffe aus der Familie gebrauchen. Manche sprechen von ihrer »Gemeindefamilie«. Andere nennen ihre Freunde »Brüder« und »Schwestern«. Kirchenleiter werden »heiliger Vater« oder »Mutter Oberin« genannt. Diese Begriffe erinnern uns daran, wie eng wir Christen in Jesus miteinander verbunden sind.

Paulus treibt diese Ausdrucksweise in seinem Brief an die Galater noch eine Stufe weiter. Seine Phantasie geht über die Grenzen seines männlichen Körpers hinaus. Wenn die Galater in ihre alten, schrecklichen Wege zurückfallen, so sagt er, dann bewegt ihn das so, wie die Wehen einer Mutter zu schaffen machen. Wie eine gebärende Frau kämpft er darum, sie in die Freiheit Christi hinauszustoßen.

Was für ein wunderbares, ausdrucksstarkes Bild für die Arbeit eines christlichen Verkündigers! Und die Geburtsarbeit geht weiter. Auch wir kämpfen, damit Christus in unseren Herzen geboren wird. Auch wir arbeiten, um einander zu lehren und zu ermutigen, bis Christus in jedem Herzen Gestalt gewinnen kann.

Suchen Sie sich jemanden, der Ihnen bei der geistlichen Geburtsarbeit helfen kann, besonders jetzt, wo sich so vieles in Ihrem Leben verändert. Vielleicht kann Ihr Pastor sich Ihre Freuden und Sorgen anhören und Ihnen helfen, die geistliche Dimension zu erkennen. Selbst wenn er ein Mann ist, mag er Verständnis für die Hochs und Tiefs haben, die eine schwangere Frau erlebt. Und er selbst freut sich vielleicht auch, etwas über dieses zutiefst Weibliche zu lernen.

Doch natürlich sind nicht nur Pastoren für die geistliche Begleitung da. Vielleicht ist es Ihnen wohler, wenn Sie Ihre Gedanken und Fragen mit einer Frau teilen können. Wenn Sie niemanden kennen, der Ihren Vorstellungen entsprechen könnte, dann fragen Sie doch in Ihrer Gemeinde herum. Vielleicht weiß jemand anders eine geeignete Person, die Sie gern besuchen und Sie durch Schwangerschaft, Geburt und die ersten Tage der Mutterschaft begleiten würde. Ältere Frauen wissen meist aus eigener Erfahrung, was Sie durchmachen, und haben vielleicht auch genug Zeit. Mehr noch, sie haben wahrscheinlich auch die Geduld, sich anzuhören, was Sie bewegt, und die Weisheit, Ihnen zu helfen, alles im Licht des Glaubens zu sehen.

Ob Ihr geistlicher Führer nun ein weiblicher Priester ist, ein Mann in Geburtswehen oder eine weise alte Frau, vergessen Sie auf jeden Fall nicht, ihn oder sie in Ihre Gebete einzuschließen. Die geistliche Seite der Schwangerschaft wird für die meisten Menschen ein neuer Aspekt sein. Ärzte und Hebammen haben gelernt, die Veränderungen Ihres Körpers zu beobachten. Sie benutzen Instrumente und Maschinen, um die körperliche Entwicklung zu messen und aufzuzeichnen, aber nur selten haben sie die Freiheit, Sie nach Ihrer geistlichen Gesundheit zu fragen. Pastoren andererseits haben gelernt, zu lehren und zu predigen. Sie wissen, was in seelischen Krisen zu tun ist und wie man Trauer verarbeitet, aber nur wenige haben sich mit den geistlichen Aspekten einer Schwangerschaft befasst. Ihr geistlicher Begleiter wird darum gemeinsam mit Ihnen Neuland betreten. Freuen Sie sich über diese Gelegenheit des geistlichen Wachstums, und genießen Sie den Austausch mit einer verständnisvollen Schwester.

Lieber Herr, ich danke dir, dass du mir Gedanken und Fragen, Gefühle und Träume, Humor und Ehrlichkeit schenkst. Hilf mir, die Veränderungen, die in mir und um mich herum vorgehen, zu begreifen. Hilf mir, einen Menschen zu finden, der mir zuhört und mir hilft, in dieser Zeit, in der mein Kind und mein Bauch immer weiter wachsen, auch geistlich weiterzukommen. Amen.

★ ★ ★

»Du hast mich aus meiner Mutter Leibe gezogen; du ließest mich geborgen sein an der Brust meiner Mutter. Auf dich bin ich geworfen von Mutterleib an, du bist mein Gott von meiner Mutter Schoß an. Sei nicht ferne von mir, denn Angst ist nahe; denn es ist hier kein Helfer.« Psalm 22,10-12

Die Fruchtblase platzt früher als erwartet und die Hebamme oder der Arzt sind noch in Urlaub. Sicher, sie haben Kollegen, die sie vertreten, aber Sie hatten so sehr gehofft, dass der Mensch, den Sie kennen und dem Sie vertrauen, da ist, um sich um Sie zu kümmern. Oder die Wehen setzen plötzlich ein und Ihr Mann steckt irgendwo im Stau. Egal, wie sorgfältig Sie die medizinische Betreuung ausgesucht und jedes Detail vorbereitet haben, noch in der letzten Minute kann sich alles ändern und Ihr Baby kommt in einer gänzlich anderen Umgebung zur Welt, als Sie sich das vorgestellt hatten.

Doch selbst wenn das geschieht und Sie Angst bekommen und sich allein gelassen fühlen, vergessen Sie nicht, dass der wichtigste Helfer auch im unglücklichsten Moment bei Ihnen ist. Der Psalmist schildert Gott als einen Geburtshelfer, der immer im Dienst ist. Gott war da, als Sie selbst geboren wurden, um Sie aus dem Leib Ihrer Mutter zu ziehen. Gott hat Sie an der Brust Ihrer Mutter behütet. Und seit jenen allerersten Tagen auf dieser Welt liegen Sie – im Bild gesprochen – an seiner Brust und sind in seinen Händen geborgen. Natürlich wird dieser Gott auch jetzt, wo Sie selbst ein Baby zur Welt bringen, mit Ihnen sein – und wenn sonst niemand da wäre, um Ihnen zu helfen!

Doch die Wahrscheinlichkeit ist eher groß, dass auch genug menschliche Helfer zur Verfügung stehen. Gott gebraucht die Herzen und Hände von uns Menschen, um sein heilendes Werk zu tun. Einige jener, die Ihnen im Namen Gottes während der Geburt zur Seite stehen, haben Sie vorher vielleicht nie gesehen. Ich werde nie den Anästhesisten vergessen, der irgendwie ein paar Fetzen des Gejammers, das ich in Dänisch über meinen Mann ergoss, verstand. Es gelang ihm, die sprachliche Barriere zu überwinden. Ich hatte gesagt, ich käme mir vor, als sei ich auf einem Kreuz ausgespannt. Und er verstand die Worte und bestätigte meine Gefühle. »Ja, Sie kommen sich vor, als seien Sie auf einem Kreuz ausgespannt«, wiederholte er. Er wusste, wovon er redete. Er hatte sich einmal selbst in allen Einzelheiten auf eine Operation vorbereiten lassen, nur um zu verstehen, was die Menschen, denen er helfen wollte, durchmachten.

Ich hatte den Mann vorher nie gesehen. Und wahrscheinlich werden wir einander nie wieder über den Weg laufen. Ich kenne nicht einmal seinen Namen. Und doch war er an jenem Tag eine von Gottes helfenden Händen – mit seinem Fachwissen und mit seinem Verständnis.

Andere Menschen, in denen uns Gott begegnet, kennen wir vielleicht sehr gut. Wenn Ihr Pastor weiß, dass Sie im Krankenhaus sind, schaut er vielleicht kurz herein, um mit Ihnen zu beten. Jahre nach der Geburt seines Kindes sagte ein junger Mann seinem Pastor, was der kurze Besuch im Krankenzimmer ihm und seiner Frau bedeutet hatten. »Ich werde es nie vergessen, wie Sie hereinkamen und mit uns beteten. Wir spürten beide, dass Gott auch im Krankenzimmer bei uns war.«

Lassen Sie Ihre Gemeinde wissen, wie es Ihnen geht. So können Gebetsgruppen für Sie beten, während Sie versuchen, mit Schwangerschaft und Geburt klarzukommen. Das Wissen, dass die Freunde aus der Gemeinde hinter Ihnen stehen, kann Ihnen echten Auftrieb geben, selbst wenn Sie die Gebete selbst nicht hören. Und mehr noch, das Gebet hat auch einen heilsamen Einfluss, selbst wenn Sie gar nichts davon wissen. Wissenschaftliche Studien zeigen inzwischen, was viele fromme Leute schon immer wussten: Beten hilft. Forscher haben die Auswirkungen des Gebets untersucht und dabei Experimente durchgeführt, die nach streng wissenschaftlichen Maßstäben ausgerichtet waren. Der Pastor und Journalist Tom Harpur schildert diese Studien in seinem Buch *The Uncommon Touch*. Die Studien zeigen tatsächlich, dass das Gebet einen bemerkenswerten, heilenden Effekt hat, selbst bei Menschen, die gar nicht wissen, dass für sie gebetet wird.

Halten Sie Ausschau nach Gottes helfenden Händen in Ihrer Umgebung. Sie können Ihnen während der Schwangerschaft, der Geburt und für Ihr ganzes weiteres Leben zum Segen werden. Gerade wenn wir Probleme haben, uns fürchten und allein sind, fällt es uns schwer, diese Hände zu sehen. Trotzdem sind wir von Gottes unsichtbarer Hand gehalten. Seine Arme umfangen und beschützen uns, sie segnen uns und bringen uns sicher nach Hause.

Lieber Herr, hilf mir, dir zu vertrauen und mich ganz auf dich zu verlassen. Du warst schon bei meiner Mutter, als ich selbst geboren wurde, und hast seitdem für mich gesorgt. Lass es mich spüren, dass du mein Kind und mich auch jetzt in deiner Hand hältst. Hilf mir, dich in all den Menschen, die sich um mich kümmern, am Werk zu sehen. Hilf mir, all meine Sorgen zu dir zu bringen und darauf zu vertrauen, dass du mein Baby sicher in diese Welt bringen wirst. Amen.

3. Ein neues Ich

> »Und Adam nannte sein Weib Eva; denn sie wurde die Mutter aller, die da leben.«   1. Mose 3,20

»Mami, wann wird aus einem Baby ein Kind?« Mit was für unmöglichen Fragen Kinder manchmal kommen! Aber wann ist ein Kind kein Baby mehr und gehört zu den »Großen«? Und wann wird ein Mädchen zur Frau? Wann wird man Mutter?

Viele Mädchen beginnen schon früh, in der einen oder anderen Weise die Mutterrolle einzuüben. Vielleicht haben Sie eine Puppe gefüttert und gewiegt. Vielleicht hatten Sie ein Haustier zu versorgen. Vielleicht mussten sie sich um jüngere Geschwister kümmern oder haben sich mit Babysitten ein wenig Taschengeld verdient. Und selbst wenn Sie kaum Erfahrungen mit kleinen Kindern gemacht haben, versuchen Sie vielleicht manchmal Ihren Mann oder irgendwelche Freunde zu bemuttern.

Vielleicht haben Sie aber auch kaum Übung in solchen Dingen. Dann sind Sie jetzt unter Umständen ein wenig nervös. Als große Familien noch die Regel waren, hatten Mädchen Gelegenheit genug, Erfahrung zu sammeln. Sie mussten die kleinen Schwestern und Brüder oder Neffen und Nichten wickeln und halten. Heute wissen viele Erwachsene nicht einmal, wie sie ein Baby auf den Arm nehmen müssen. Die Aussicht, ein Neugeborenes zu halten, lässt selbst Erwachsenen, die sonst ein Bild des Selbstvertrauens sind, die Knie zittern. Das kleine Bündel scheint so zerbrechlich, und man will es doch nicht fallen lassen oder ihm irgendwie weh tun. Kein Wunder, dass auch Sie sich manchmal fragen: »Ob ich überhaupt damit umgehen kann?«, oder: »Woher soll ich denn wissen, was ich tun soll?«

Es ist normal, sich unsicher zu fühlen. Schließlich haben Sie sich auf ein großes, wunderbares Abenteuer eingelassen. Und dabei gibt es viel zu lernen. Andererseits sollten Sie sich aber auch nicht zu viele schlaflose Nächte machen in Gedanken an all die Dinge, die Sie noch nicht wissen. Selbst völlig unerfahrene Frauen lernen schnell, wie man ein Baby halten muss. Sie werden schon in kürzester Zeit ein »Profi« sein. Außerdem werden sich auch Ihre Fähigkeiten in dem Maß entwickeln, wie die Bedürfnisse Ihres Babys sichtbar werden. Wann also wird man Mutter? Vielleicht, sobald man beginnt, einer anderen Person gegenüber eine mütterliche Rolle einzunehmen? Oder wenn man schwanger wird? Oder erst durch die Geburt?

Wann wird man Mutter? Meine Antwort lautet sowohl: »Schon jetzt«, wie auch: »Noch nicht.« Sie sind bereits Mutter, egal wie viel Erfahrung Sie haben. Schon lange bevor die erste Frau ein Kind gebar, so erzählt die Bibel, ja, lange bevor sie schwanger wurde, gab ihr Mann ihr einen Namen, der sie als die Mutter aller, die leben, ehrte. Er spürte bereits, dass sie zu Größerem berufen war. Sie war nicht nur seine Geliebte, sie war der Mensch, durch den das Leben sich fortsetzen sollte.

Darum wurden auch Sie mit der Fähigkeit zum Muttersein geboren, die es Ihnen ermöglicht, das Leben an die nächste Generation weiterzugeben. Jedes Mal, wenn Sie jemanden trösten oder anleiten, gebrauchen Sie diese Fähigkeit. Sie gebrauchen sie, wenn Sie jemanden füttern oder beschützen. Und im tiefsten Sinne des Wortes sind Sie auch jetzt schon Mutter, denn in Ihrem Körper tragen und schützen Sie ein Kind. Und Ihr Körper sorgt für alles, was es braucht.

Sie sind bereits Mutter – und doch haben Sie auch noch viel über das Muttersein zu lernen. Noch viele Aufgaben liegen vor Ihnen, viele Freuden sind zu entdecken. Egal, wie viele Kinder Sie bereits haben, wenn man Sie fragt, würden Sie sicher ohne weiteres zugeben, dass Sie noch immer nicht die vollkommene, überlegene, kluge Mutter sind, die wir alle so gern wären. Niemand ist es. Wir tun unser Bestes, und trotzdem geht oft vieles schief. Wir alle brauchen Gottes Hilfe und Vergebung. Wie eine Mutter mehrerer kleiner Kinder es einmal nach einem besonders anstrengenden Tag sagte: »Am Morgen habe ich mir vorgenommen, so nett und fröhlich wie Schneewittchen zu sein, aber am Abend klang ich wie die böse Schwiegermutter!«

Sie sind noch nicht die Mutter, die Sie einmal sein werden. Vergessen Sie das nicht an jenen Tagen, an denen Sie mutlos werden oder die Angst Sie packt. Schritt für Schritt werden Sie es lernen, Ihr Baby, das Kleinkind, das Schulkind und den Teenager zu bemuttern. Sie werden es lernen, die herrlich unmöglichen Fragen Ihrer Kinder zu beantworten und daraus selbst etwas zu lernen. Durch die Gnade Gottes werden Sie jeden Tag wachsen. Mit seiner Hilfe werden Sie Ihr Leben und Ihre Liebe an Ihre Kinder weitergeben.

Lieber Herr, ich danke dir für die Fähigkeit, andere zu bemuttern. Danke für all die Menschen, die mich auf die eine oder andere Weise bemuttert haben. Zeige auch mir, wie ich eine gute Mutter werden kann. Hilf mir, durch meine Liebe das Beste in meinem Kind zum Vorschein zu bringen. Vergib mir, wo ich versage, und gib mir, was ich brauche, um aufzustehen und es wieder neu zu versuchen. Amen.

★ ★ ★

»Und [Jakob] blieb allein zurück. Da rang ein Mann mit ihm, bis die Morgenröte anbrach.« 1. Mose 32,25

Haben Sie in letzter Zeit geträumt? Viele Frauen können sich während der Schwangerschaft viel besser an ihre Träume erinnern als sonst. Ja, manche träumen so intensiv, dass sie schon Angst bekommen, es sei etwas nicht in Ordnung!

Aber machen Sie sich keine Sorgen. Das Träumen ist völlig normal. Vielleicht sind es die hormonellen Veränderungen, die dafür sorgen, dass Sie sich besser an das Geträumte erinnern. Vielleicht kommen auch Ihre Gefühle angesichts all des Neuen einfach leichter an die Oberfläche, wenn Sie zur Ruhe kommen und versuchen zu schlafen. Egal, was die Gründe sind, freuen Sie sich an Ihren Träumen. Blicken Sie ruhig einmal durch das Fenster, das sich da öffnet, in Ihr Unterbewusstes hinein.

»Nun«, denken Sie vielleicht, »das ist leichter gesagt als getan. Viele meiner Träume machen mir eher Angst. Ich träume öfter davon, wie ich um mein Leben renne, als davon, dass ich mit einem niedlichen Baby spiele. Wer freut sich schon über so einen Traum?«

Wahrscheinlich erinnern wir uns tatsächlich eher an die beängstigenden Träume. Schließlich sind sie es, die uns aufwachen lassen! Aber auch diese Träume können uns etwas Wichtiges sagen. Sie zeigen zum Beispiel, dass wir in Sachen Schwangerschaft gemischte Gefühle haben, die wir uns im wachen Zustand nicht eingestehen wollen. Vielleicht zeigen sie, dass wir uns verletzlich fühlen, jetzt, wo wir einen so kostbaren Schatz in uns tragen.

Was können wir mit unseren Träumen anfangen? Am besten legen Sie sich einen Notizblock neben das Bett, damit sie alles aufschreiben können, bevor es sich wieder verflüchtigt. Versuchen Sie auch während des Tages darüber nachzudenken, und schreiben Sie auf, was Ihnen dazu durch den Kopf geht. Reden Sie mit Ihrem Mann oder einer Freundin darüber. Manche Träume sind vielleicht wirklich nur ein sinnloses Durcheinander. Andere kommen Ihnen bedeutsam vor. Folgen Sie den Zeichen und Ihrer eigenen Intuition. Achten Sie darauf, dass Sie den Träumen, die Sie beunruhigen oder Ihnen Angst machen, nicht ausweichen. Versuchen Sie sie zu ergründen. Was genau macht Ihnen Angst? Versuchen Sie herauszufinden, wie Sie damit umgehen können. Warum beunruhigt Sie ein bestimmtes Element? Vielleicht gibt Ihnen der Traum einen Hinweis auf Dinge, denen Sie am Tag aus dem Wege gehen. In Träume hinabzutauchen, kann ebenso spannend wie beunruhigend sein. Beten Sie darum, dass der Heilige Geist Ihnen hilft, die Traumbotschaften wahrzunehmen und zu deuten.

Die Deutung Ihrer Träume kann Ihnen Hinweise für Ihr waches Leben geben. Sie kann Ihnen auch den Blick auf eine andere, symbolische Welt öffnen. Nehmen wir nur einmal die biblische Geschichte von Jakob, der in der Nacht mit einem Fremden kämpfte. Viele schwangere Frauen träumen irgendwann davon, dass sie von einem Fremden angegriffen werden. Vielleicht liegt es daran, weil wir uns in dieser Zeit besonders verletzlich vorkommen. Je mehr unser Körper anwächst, je ungelenker kommen wir uns vor. Wir sind nicht mehr so leicht in der Lage, schnell davonzukommen. Gleichzeitig tragen wir einen kostbaren Schatz in uns, den wir beschützen wollen. Dazu kommt, dass auch dieser kostbare Schatz in unserem Bauch für uns ein Fremder ist. Er greift uns vielleicht nicht an, aber es kann sein, dass er uns in der Nacht bereits wach hält. Ob wegen des Sodbrennens zu Beginn der Schwangerschaft oder später, weil das Baby sich in uns regt und strampelt, wir haben in der Nacht mit einem Fremden zu kämpfen. Und das gilt auch für die geistliche Ebene. Was tut dieses fremde Wesen in meinem Leib mit meinem Körper? Was tut es mit meinem Leben? Bringt es alles durcheinander oder alles ins Lot – oder ein bisschen von beidem? Solche Überlegungen sind normal. Sie bedeuten nicht, dass wir unser Kind nicht gern haben. Aber wir kennen es ja noch gar nicht. Im Moment ist es ein verborgener Schatz und ein naher Fremder. Es wird seine Zeit brauchen, bis wir uns an das neue Wesen in unserem Leben gewöhnt haben.

Unsere Träume zu analysieren, kann uns helfen, aus diesem inneren Kampf den größten Nutzen zu ziehen. Wir stellen uns Dingen, die wir sonst gar nicht zugeben würden. Bitten Sie Gott um Kraft, der Sie besser kennt als Sie sich selbst. Er wird Sie halten und Ihnen helfen, so wie er es bei Jakob getan hat.

Jakob kämpfte die ganze Nacht mit dem Fremden und überlebte. Beim Morgengrauen gab ihm der Fremde einen neuen Namen und einen Segen. Darum bleiben auch Sie dran. Auch Sie werden überleben! Und bald werden auch Sie einen neuen Namen erhalten. »Mama« ist zwar kein Ersatz für Ihren richtigen Namen, aber es ist der Beginn eines neuen Kapitels in Ihrem Leben. Jakob ging als Gesegneter aus dem Kampf hervor, bereit, ein neues Kapitel seines Lebens aufzuschlagen. Auch Sie werden gesegnet werden. Der Gott, der Sie in der Nacht hält, wird Sie segnen und bewahren in allem, was das Leben Ihnen bringt.

Lieber Herr, ich danke dir, dass du mir Träume schenkst. Hilf mir, die Gefühle, die mich jetzt bewegen, anzunehmen und mich auf das neue Kapitel in meinem Leben zu freuen. Hilf mir, den Dingen, die mir Angst machen, nicht auszuweichen, und mich an dem Leben, das du mir geschenkt hast, zu freuen. Hilf mir, meine Träume und mich selbst zu verstehen. Amen.

★ ★ ★

»Siehe, meine Freundin, du bist schön! Siehe, schön bist du! Deine Augen sind wie Taubenaugen hinter deinem Schleier. Dein Haar ist wie eine Herde Ziegen, die herabsteigen vom Gebirge Gilead ... Dein Hals ist wie der Turm Davids, mit Brustwehr gebaut, an der tausend Schilde hangen, lauter Schilde der Starken.«

Hoheslied 4,1+4

»Siehe, meine Freundin, du bist schön! Siehe, schön bist du!« Es tut uns gut, hin und wieder ein Kompliment zu bekommen. Wir alle wollen schön sein, zumindest in den Augen derer, die uns kennen und mögen. Zwar erreichen nur wenige die Schönheit der

Models auf dem Laufsteg oder in der Werbung. Trotzdem kann jede Frau in der ihr eigenen Schönheit erstrahlen.

Das gilt nie mehr als während der Schwangerschaft. Sonst eher normale Züge blühen auf in der Freude über das Wunder. Tränensäcke unter den Augen oder Probleme mit dem Teint verblassen, und wir sind von einem neuen Glanz umgeben. Tragen Sie Ihren wachsenden Bauch als ein Ehrenzeichen. Sie dürfen den Kopf hochhalten und selbstbewusst auftreten. Ihr Leibesumfang soll für alle, die Sie sehen, ein Zeichen des Segens bedeuten.

Vielleicht sind Sie nicht ganz überzeugt, dass eine Schwangerschaft, was die körperliche Schönheit angeht, wirklich ein Vorteil ist. Vielleicht kommen Sie sich eher vor wie ein unbewegliches Schlachtschiff. Und der Mann in Ihrem Leben scheint von Ihrer neuen Figur auch nicht gerade begeistert. Dann ist es jetzt an der Zeit, sich einmal damit zu befassen, was Schönheit eigentlich ist.

Nicht immer waren Twiggy-ähnliche Gestalten das Ideal. Holen Sie sich in der Bibliothek einmal ein paar Bücher über Kunstgeschichte, und schlagen Sie auf, was Sie von Peter Paul Rubens, den Maler aus dem siebzehnten Jahrhundert, finden. Seine Frauengestalten waren schön und rund, üppig und sinnlich. Sie strotzten geradezu vor Fruchtbarkeit. Und nun überlegen Sie einmal, was Ihnen an schönen, runden Formen einfällt – der goldene Schwung eines saftig reifen Pfirsichs, das feste purpurne Oval einer köstlichen Pflaume, die flockig weißen Wogen einer wunderschönen Wolke, die sanften Kurven einer Madonnenbrust, der goldene Reif, den die Künstler um den Kopf der Heiligen gemalt haben. Auch Ihre sich rundenden Formen sind ein Ausdruck von Fruchtbarkeit, sie sind schön und bewundernswert.

Unsere Vorstellung von Schönheit kann noch eine ganz neue Dimension gewinnen, wenn wir uns den Auszug aus einem Liebesgedicht, der am Anfang unserer Betrachtung steht, einmal genauer ansehen. Welche Bilder gebraucht Salomo, um die Schönheit einer Frau zu beschreiben? »Dein Haar ist wie eine Herde Ziegen! Dein Hals ist wie ein Turm!« Sind das Komplimente? Für Sie und mich wahrscheinlich nicht, aber für Salomo müssen sie das weiche, volle Haar der Geliebten und den edlen, juwelengeschmückten Hals treffend beschrieben haben. Er bezeichnet auch ihre Zähne als eine Herde frisch gewaschener und geschorener Schafe, die alle gesunde Zwillinge haben! Die Schönheit liegt im Auge des Betrachters, sagt eine Redewendung.

Wenn Sie in den Spiegel sehen, dann suchen Sie also auch nach Schönheit. Üben Sie Ihre Augen darin, die Schönheit in Ihrem Körper und Ihrer Seele und auch in den Menschen Ihrer Umgebung zu erkennen. Sie *sind* schön! Darum achten Sie nun auch ganz besonders auf sich selbst. Versuchen Sie so oft wie möglich zu ruhen. Achten Sie auf Haar und Make-up. Ziehen Sie etwas Hübsches an. Natürlich beschränkt sich Schönheit nicht auf Äußerlichkeiten. Darum sorgen Sie dafür, dass auch die Schönheit Ihrer Seele zum Ausdruck kommt. Machen Sie ein fröhliches Gesicht, das zu Ihrem gepflegten Äußeren passt. Lassen Sie andere an Ihrer Freude teilhaben. Begegnen Sie ihnen mit Liebe und Freundlichkeit. Geben Sie Ihren Worten und Ihrem Tun ein würdiges, anmutiges Kleid. Kurz, strahlen Sie durch Ihr ganzes Wesen etwas von der inneren Schönheit und der großen Aufgabe aus, die Sie im Moment bewegt. »Siehe, meine Freundin, du bist schön! Siehe, schön bist du!«

Lieber Herr, du weißt, dass ich mir nicht immer besonders schön vorkomme. Vergib mir, dass ich mit dem Körper, den du mir geschenkt hast, immer wieder unzufrieden bin. Hilf mir, mich auf gesunde Weise zu mögen. Hilf mir zu sehen, wie schön der Mensch ist, als den du mich gedacht hast. Schenk es, dass alles, was ich sage oder tue, etwas von dieser Schönheit zum Ausdruck bringt. In Jesu Namen. Amen.

★ ★ ★

> »... Wunderbar sind deine Werke; das erkennt meine Seele. Es war dir mein Gebein nicht verborgen, als ich im Verborgenen gemacht wurde, als ich gebildet wurde unten in der Erde. Deine Augen sahen mich, als ich noch nicht bereitet war, und alle Tage waren in dein Buch geschrieben, die noch werden sollten und von denen keiner da war.« Psalm 139,14-16

Sind Sie schon in die Achterbahn eingestiegen? Im einen Moment könnten Sie vor Glück fast zerspringen und Sie bersten vor Leben. Und kurz darauf haben Sie das Gefühl, man würde Ihnen den Boden unter den Füßen fortziehen. Sie möchten am liebsten in Tränen ausbrechen, weil jemand Sie so seltsam angesehen hat. Vielleicht fangen Sie sogar tatsächlich an zu weinen.

Viele Menschen werden hin und wieder von Trübsinn gepackt, selbst wenn sie nicht schwanger sind. In der Schwangerschaft scheinen diese Stimmungsschwankungen allerdings heftiger auszuschlagen als sonst. Vielleicht liegt es an den Hormonen. Vielleicht hat es mit all den Veränderungen zu tun, die wir durchmachen. Vielleicht hängt es aber auch mit dieser Ur-Erfahrung zusammen, die uns aufrüttelt und unsere Aufmerksamkeit auf das Leben in all seiner brutalen Schönheit lenkt.

Das Auf und Ab und die unverhofften Stimmungsschwankungen während der Schwangerschaft sind vielleicht nicht gerade das, was Sie erwartet haben. Manche Frauen sind geradezu schockiert von den eigenen unberechenbaren Reaktionen. Sie haben Angst davor, Ihre Gefühle nicht mehr im Griff zu haben. Aber machen Sie sich deswegen keine allzu großen Sorgen. Sie sind nicht die Einzige, der es so ergeht. Viele Frauen erleben solche Schwankungen. Hören Sie sich nur einmal etwas bei anderen Schwangeren oder jungen Müttern um. Sie haben vielleicht noch viel Dramatischeres zu erzählen. Und oft tut es auch einfach gut zu erfahren, wie es anderen ergangen ist. Wer weiß, vielleicht gelingt es Ihnen dadurch sogar, dem Ganzen eine lustige Seite abzugewinnen. Außerdem macht Achterbahn fahren viel mehr Spaß, wenn man nicht allein ist! Reden Sie darum auch mit Ihrem Mann über Ihr emotionales Auf und Ab. Wenn er weiß, dass solche Schwankungen während der Schwangerschaft nichts Ungewöhnliches sind und in der Regel wieder abflauen, sobald das Baby da ist und Sie sich an das neue Leben als Mutter gewöhnt haben, wird auch er besser damit umgehen können.

Vergessen Sie bei all dem nicht, dass Ihre extreme Empfindsamkeit ein Spiegelbild für die geistlichen Veränderungen ist, die in diesen Monaten in Ihnen vorgehen. Darum versuchen Sie sie dankbar anzunehmen. Diese Zeit wird schnell genug zu Ende sein. In gewissem Sinne geht es Ihnen wie einem Dichter: Sie sehen zwar dieselben Dinge wie andere Leute, aber Sie sehen sie in einem gänzlich neuen Licht. Manches, was Ihnen vor ein paar Monaten vielleicht nicht einmal aufgefallen wäre, erscheint Ihnen plötzlich unendlich kostbar. Dinge, die Sie früher kaum aufgeregt hätten, kommen Ihnen jetzt gefährlich oder herzlos vor. Die Vögel trillern schöner denn je. Knubbelige Kinderfingerchen, die über eine runzlige Wange streichen, rühren Sie bis ins Mark. Eine achtlos zertrampelte Blume geht Ihnen mehr zu Herzen als je zuvor.

Halten Sie diese Eindrücke in Ihrem Tagebuch fest. Gehen Sie ihnen nach, spielen Sie damit und suchen Sie nach dem tieferen Sinn. Reden Sie mit Ihren Freundinnen darüber oder mit jemandem, der Ihnen ein geistliches Vorbild ist. Es gehört eine gehörige Portion Mut dazu, die Geheimnisse des eigenen Inneren und des Lebens, das Sie gerade jetzt so besonders anrührt, zu ergründen, aber vergessen Sie nicht, dass Gott in allem bei Ihnen ist. Er kennt Sie, seit Sie selbst das kleine Wesen waren, das da im Verborgenen entstand. Gott hat Ihre Tage bereits in sein Tagebuch eingetragen, als es noch keinen davon gab. Er interessiert sich für Sie, er kennt und liebt Sie. Er wird Ihnen helfen, die wilden Gefühle und die vielen Fragen richtig einzuordnen. Er wird Ihnen helfen zu erkennen, welche Rolle er Ihnen in seinem Plan zugedacht hat, und Ihnen zeigen, wie Sie sie leben können. Freuen Sie sich über die Achterbahn mit all dem Nervenkitzel. Gott weiß, wie Sie beschaffen sind. Er weiß, wie viel Aufregung Sie vertragen. Darum seien Sie guten Muts – denn, so sagt der Psalmist, wunderbar sind Gottes Werke. Das wissen auch wir sehr gut!

Lieber Herr, du weißt, wie es ist, wenn die Gefühle in einem widerstreiten. Hilf mir, damit zu leben. Du weißt auch um all das Schöne und die Ängste, die das Leben zu bieten hat. Bewahre mich davor, Schönheit als selbstverständlich hinzunehmen, und lass mich spüren, dass du mir zur Seite stehst, wenn die Angst mich überkommt. Hilf mir, an der Achterbahn Spaß zu finden, im Vertrauen auf deine Liebe und deine Kraft. Danke, dass du da bist. Amen.

★ ★ ★

»Gastfrei zu sein, vergesst nicht; denn dadurch haben einige ohne ihr Wissen Engel beherbergt.« Hebräer 13,2

»Frau Pfarrer, ich habe gerade die Ergebnisse der Fruchtwasseruntersuchung erhalten.« Lisa war um die Vierzig und erwartete ihr erstes Kind. »Mein Arzt hat mir dazu geraten, weil ich schon ›so alt‹ bin. Das Risiko, ein mongoloides Kind zu bekommen, ist in meinem Alter höher als sonst. – Es ist alles in Ordnung«, fügte sie schnell hinzu, als sie meinen besorgten Blick sah. »Aber ich kam mir ein bisschen wie ein Verräter vor, dass ich die Untersuchung überhaupt habe machen lassen. Ich meine, wozu soll man sich untersuchen lassen, wenn man doch nichts unternehmen will? Wie hätten wir reagiert, wenn das Kind behindert wäre? Ich weiß es wirklich nicht. Aber nun ist ja alles gut.« Wie reagieren Sie, wenn man Ihnen anbietet, eine Untersuchung vorzunehmen, bei der Sie einen ersten Blick auf Ihr Kind bekommen können? Manche Frauen sind ganz aus dem Häuschen beim Gedanken, ein Ultraschallbild des kleinen Wesens in ihrem Leib zu sehen. Besonders zu Beginn der Schwangerschaft kann ein Blick auf das Baby, selbst wenn er noch so verschwommen ist, uns eine Hilfe sein. Wir hören im Hintergrund seinen Herzschlag und wissen nun, dass es wirklich wahr ist. Andere Frauen wollen ihr Kind nicht unnötig mit Ultraschallwellen bombardieren. Manche fühlen sich erst dann sicher, wenn sie alle Möglichkeiten ausgeschöpft haben. Und wieder andere wollen sich die Sorgen und Zweifel, die ergebnislose oder irreführende Tests mit sich bringen, erst gar nicht antun.

Die vielen Untersuchungen, die uns heute zur Verfügung stehen, stellen uns vor moralische Fragen, von denen unsere Großmütter noch gar nichts wussten. Sie mussten nicht abwägen zwischen dem Vorteil, das Baby zu sehen und mehr über sein Ergehen zu erfahren, und der trotz allem vorhandenen Möglichkeit, dem Kind durch zu viele Untersuchungen Schaden zuzufügen. Sie mussten nie überlegen, wie sie reagieren wollten, wenn sich bei einer Fruchtwasseruntersuchung herausstellen sollte, dass ihr Baby wahrscheinlich mit ernsten gesundheitlichen Problemen zur Welt kommen würde.

Wo stehen Sie? Vielleicht fällt Ihnen die Entscheidung nicht schwer, weil Sie entschlossen sind, keinen Eingriff vornehmen zu lassen, egal, was die Ergebnisse zeigen. Vielleicht geht es Ihnen aber auch genau andersherum. Sie haben solche Angst davor, mit einem behinderten Kind nicht umgehen zu können, dass für Sie feststeht: Wenn die Ergebnisse negativ sind, breche ich die Schwangerschaft ab. Oder es geht Ihnen wie Lisa. Sie machen den Test, weil er Ihnen eine gewisse Sicherheit verspricht, und beten, dass Sie damit nicht vor eine Entscheidung gestellt werden, die Sie lieber vermeiden würden.

Darum reden Sie mit Gott über Ihre Entscheidung genauso, wie Sie für die Gesundheit Ihres Babys beten. Nach der gültigen

Gesetzgebung kann man Sie weder zwingen, eine Fruchtwasseruntersuchung vornehmen zu lassen, noch ein unerwünschtes Baby auszutragen. Dennoch müssen Sie die Last dieser Fragen, die über Tod und Leben entscheiden, nicht allein tragen. Sprechen Sie mit Ihrem Mann, einer guten Freundin, Ihrem Pastor. Die Unterstützung und die Lebensweisheit, die Ihnen in der Gemeinde zur Verfügung steht, kann Ihnen Mut machen und helfen, die Entscheidung zu treffen, die für Sie und Ihr Kind wirklich am Besten ist.

Bei allem Beten vergessen Sie aber nicht, dass Sie nicht mit einem vollkommenen Kind rechnen können, selbst wenn die Untersuchungsergebnisse positiv sind. Manche Kinder haben schlechte Augen, andere krumme Zähne. Manche haben Probleme, die Muskeln zu koordinieren; bei wieder anderen ist es das Temperament, das Schwierigkeiten macht. Wir haben alle unsere Schwächen, und unsere Kinder sind da nicht ausgenommen. Deshalb müssen wir auch Kinder mit Behinderungen nicht in eine besondere Schublade schieben. Sie sind genauso Menschen wie wir alle, mit ihrer ganz eigenen Kombination von Stärken und Schwächen, Gaben und Problemen.

Trotzdem verlangt natürlich ein behindertes Kind ganz besondere Pflege. Der Stress, den es mit sich bringt, kann das Familienleben strapazieren. Andererseits weiß ich aus Erfahrung, dass ein solches Kind mit Gottes Hilfe eine Familie auch zusammenschweißen kann. Meine jüngere Schwester Sonja kam mit gesundheitlichen Problemen auf die Welt, die für meine Mutter viel Mehrarbeit und unzählige Fahrten zum Krankenhaus mit sich brachten. Aber durch Sonja wurde unsere gesamte Familie auch reich gesegnet.

Sonja war ein Engel. Nein, sie war nicht immer lieb und nett und hatte auch ihre schwarzen Tage. Aber trotzdem war sie ein Engel – ein Engel, der uns lehrte, das Leben zu lieben, auch mit all unseren Begrenzungen. An sie muss ich denken, wenn ich im Hebräerbrief den Aufruf lese, Fremden gegenüber gastfrei zu sein

– Fremden, die vielleicht ein Engel sind. Manche Fremde können wir sehen und einschätzen, wenn sie an unsere Türe klopfen. Andere kommen von innen in unser Leben. Schon jetzt gewähren Sie in Ihrem Bauch einem kleinen Fremden Gastfreundschaft. Vielleicht wird er ein so kluger Kopf, dass Sie kaum wissen, wie Sie damit umgehen sollen. Vielleicht ist Sein Körper aber auch so schwach, dass er die zarte Seele kaum beherbergen kann. Oder seine Stärken und Schwächen sind ganz anders verteilt. Wer weiß, vielleicht ist ja auch der kleine Fremde in Ihrem Bauch ein Engel, der Ihnen unverhofften Segen bringt!

Lieber Herr, ich danke dir dafür, dass du mir das Wissen und die Fähigkeiten schenkst, Entscheidungen zu treffen. Danke, dass du mir Menschen zur Seite stellst, mit denen ich alles besprechen kann. Hilf mir, so zu entscheiden, wie es für mich und mein Kind gut ist. Schenk uns beiden Gesundheit, und gib uns die Kraft, mit unseren Schwächen zu leben. Hilf mir, die Tage so zu nehmen, wie sie kommen, im Vertrauen darauf, dass du auch in Schwierigkeiten bei mir bist. Amen.

★ ★ ★

»Und als er [der Mann, der mit Jakob rang] sah, dass er ihn nicht übermochte, schlug er ihn auf das Gelenk seiner Hüfte, und das Gelenk der Hüfte Jakobs wurde über dem Ringen mit ihm verrenkt. Und er sprach: Lass mich gehen, denn die Morgenröte bricht an. Aber Jakob antwortete: Ich lasse dich nicht, du segnest mich denn ... Er sprach: Du sollst nicht mehr Jakob heißen, sondern Israel; denn du hast mit Gott und mit Menschen gekämpft und hast gewonnen.«   1. Mose 32,26-29

Ich versuche, jeden Tag einen Spaziergang zu machen. Normalerweise verlasse ich das Haus mit schnellen, zielgerichteten Schritten. Mein Begleiter, unsere kleine Hündin Pilli, kann es kaum erwarten, loszugehen. Sie zerrt an der Leine und reißt mich mit. Vom Herumtrödeln oder irgendwelchen Ablenkungen hält sie nichts, nur vorwärts! So laufen wir los, bis der Drang, eigene Spuren zu hinterlassen, dann doch stärker wird als die Lust am Rennen.

Auf unserem Weg durch die Nachbarschaft begegnen wir den verschiedensten Laufstilen. Mütter schieben den Kinderwagen gemütlich vor sich her und passen sich dem Tempo ihrer kleinen Kinder an. Teenager bewegen sich ein paar Schritte voran, bleiben stehen, albern herum und schlendern dann weiter. Jogger in neonfarbenem Outfit eilen vorbei. Ältere Frauen, von Kopf bis Fuß in lange Gewänder und Tücher gehüllt, wiegen sich vor und zurück und bahnen sich schwerfällig einen Weg.

Wozu gehören Sie? Kommen Sie noch leicht und geschwind voran? Oder hat die neue Körperform Sie schon etwas langsamer gemacht? Vielleicht watscheln Sie sogar ein wenig. Je weiter die Schwangerschaft voranschreitet, desto mehr lockern sich unsere Bänder und Gelenke als Vorbereitung auf die Geburt. Selbst etwas so Gewöhnliches wie das Laufen kann da zu einer ganz neuen Erfahrung werden.

Was empfinden Sie angesichts Ihres sich verändernden Körpers? Ich kannte einmal eine junge Frau, die so stolz darauf war, schwanger zu sein, dass sie den Bauch schon herausstreckte, als noch gar nichts zum Herausstrecken da war. Sie strahlte, dass sie allen ihren Zustand zeigen konnte. Eine andere zog den Bauch solange ein, wie es nur ging. Ihr ganzer Stolz war es, nichts zu zeigen. So verschiedene Reaktionen auf die Veränderungen des Körpers – und trotzdem waren beide glücklich über ihre Schwangerschaft.

Vielleicht genießen Sie es, Ihren Körper einfach machen zu lassen. Wenigstens einmal im Leben brauchen Sie sich nicht aufzuregen, wenn der Knopf an der Jeans nicht mehr zugeht! Andererseits können Ihnen die raschen Veränderungen auch zusetzen. Der dicke Bauch stört Sie, vor allem wenn Sie gar nicht vorhatten, schwanger zu werden. Und auch im anderen Fall finden Sie es vielleicht unangenehm, dass Ihr Körper das Sagen hat. Oder Sie empfinden ein wenig von beidem – Stolz auf Ihre Fruchtbarkeit, und gleichzeitig etwas Peinlichkeit, weil Sie die Folge Ihres Sexuallebens so sichtbar mit sich herumtragen.

Lassen Sie sich von diesen gemischten Gefühlen jedoch nicht allzu sehr beunruhigen. Sie zeigen, was für eine wichtige Rolle der Körper für unser Selbstverständnis spielt. Denken wir noch einmal an die Teenager, die die Straße entlang schlendern. Ihre Hormone spielen verrückt, und sie müssen es lernen, sich in all den Veränderungen selbst zu finden. Die Pubertät stellt sie vor eine große Herausforderung – aber die Anpassungen gehen doch recht allmählich vor sich, verglichen mit dem Tempo einer Schwangerschaft. Kein Wunder, dass auch Ihre Gefühle da manchmal verrückt spielen!

An manchen Tagen kommen Sie sich vielleicht vor wie eine watschelnde Ente. An anderen haben Sie das Gefühl, Sie würden wie ein Schiff unter vollem Segel würdevoll und majestätisch dahingleiten. Und dann wieder können Sie bei einem Blick in den Spiegel nur verwundert fragen: »Was, das bin ich!?«

Gehen Sie den Gefühlen und Bildern, die Ihnen in den Sinn kommen, nach. Ihre neue Gestalt kann Ihnen zu ganz unverhofften Erkenntnissen verhelfen. Sie kommen sich vor wie Daisy Duck? Nun, Ihr schwangerer Körper kann Ihnen bewusst machen, wie eng verwandt wir mit Gottes gesamter Schöpfung sind. Sie fühlen sich wie ein Segelschiff? Ihr ausladender Leib kann zum Sinnbild werden für die Eleganz, die Gott in seine Schöpfung hineingelegt hat.

Doch was Sie auch empfinden, bitten Sie Gott um seine Hilfe, damit Sie die Veränderungen Ihres Körpers als Teil Ihres Selbstbildes annehmen können. Versuchen Sie sich damit anzufreunden, darüber zu staunen, Geduld zu haben. Es mag Tage geben, an denen es Ihnen schwer fällt, Ihre neue Gestalt und die Veränderungen, die sie für Ihr Leben bringt, zu akzeptieren. Aber das ist nicht weiter schlimm. Bitten Sie Gott, an Ihren Gefühlen zu wachsen, den guten wie den schlechten. Denken wir nur an Jakob, der in der Nacht mit einem unbekannten Gegner zu kämpfen hatte. Er lief nicht davon, und er gab auch nicht auf, er kämpfte bis zum Morgen. Zwar musste er seitdem humpeln, aber er hatte auch eine neue Identität erhalten, einen neuen Namen: »Israel«, der mit Gott kämpft. Jakob wusste es nicht, aber er hatte mit Gott gekämpft. Und auch Sie kämpfen mit Gott, wenn Sie versuchen, sich an Ihren veränderten Körper zu gewöhnen. Gott ist es, der sie mit all Ihren Fähigkeiten und Begrenzungen geschaffen hat. Ihr Körper zeigt bereits, wie belastbar er ist, während ihr Wille sich noch dagegen auflehnt, dass ihm die Entscheidung plötzlich aus der Hand genommen ist. Aber Gott hält Sie fest und lässt Ihnen Zeit, Vertrauen zu üben, flexibel zu sein und ein Ja dazu zu finden, dass die Natur ihren Lauf nimmt.

Dieser Kampf wird Sie prägen, aber er wird Ihnen auch zum Segen werden. Die meisten Veränderungen, die während der Schwangerschaft vor sich gehen, sind nicht von Dauer. Sie werden nicht immer wie eine Ente herumwatscheln. Andere Dinge werden bleiben. Die Dehnungsstreifen werden verblassen, aber nicht ganz verschwinden. Und auch die »Dehnungsstreifen« auf Ihrer Seele werden bleiben. Sie wissen nun für alle Zeiten, was für wunderbare Dinge Ihr Körper tun kann. Er kann sich dehnen und Leben umhüllen, er kann nähren und schützen. Die silbrigen Schwangerschaftsstreifen werden Sie daran erinnern, dass auch Ihr Geist und Ihre Seele gekämpft haben und dass Sie schließlich eine neue Identität erhielten: Sie wurden Mutter.

Lieber Herr, ich danke dir, dass du mir einen Körper gegeben hast, der so wunderbare Dinge kann! Hilf mir, mich daran zu freuen und gut auf ihn zu achten. Hilf mir, die Veränderungen meines Körpers bereitwillig anzunehmen. Gib mir Geduld, wenn ich langsamer werde. Gib mir Mut, den Dingen entgegenzusehen, die mir Angst machen. Gib mir Augen, die all diese Veränderungen als ein Zeichen deiner Gnade und Güte erkennen. Hilf mir, innerlich zu wachsen, so wie mein Kind in mir heranwächst. Amen.

★ ★ ★

»Denn ihr alle, die ihr auf Christus getauft seid, habt Christus angezogen . . . Jesus Christus gestern und heute und derselbe auch in Ewigkeit.«
Galater 3,27 und Hebräer 13,8

Umstandsmode auszusuchen, kann richtig Spaß machen. Auf einmal müssen Sie wirklich etwas Neues zum Anziehen haben! Vielleicht haben Sie von Freundinnen schon ein paar abgelegte geräumige Blusen oder Röcke bekommen. Vielleicht haben Sie in der Abteilung für werdende Mütter im Kaufhaus oder in einem Secondhand-Shop schon ein paar Sachen probiert. Oder Sie haben meterweise Stoff gekauft und angefangen, ein paar schöne Sachen zu nähen.

Der große Vorteil an der Umstandsmode ist, dass Sie kaum darauf zu achten brauchen, ob die Sachen auch wirklich sitzen. Früher oder später passen sie alle mehr oder minder genau. Die meisten sind sogar so weit geschnitten, dass Sie es sich, wenn Sie sie am Beginn ihrer Schwangerschaft anprobieren, kaum vorstellen können, jemals so viel Platz zu brauchen! Wenn Sie ohnehin lieber locker sitzende Kleidung tragen, dann brauchen Sie in den ersten Monaten vielleicht gar keine besondere Umstandsmode. Wenn Sie es andererseits gewohnt sind, auf Figur geschnittene

Kleider zu tragen, dann werden Sie sich schon früh etwas weitere Teile anschaffen müssen, auch wenn es Ihnen schwer fällt, sich in diesen riesigen Dingern zu sehen.

Aber nehmen Sie sich auf jeden Fall genug Zeit, Kleider auszusuchen, die Ihnen wirklich gefallen. Und Sie werden es merken: Sobald Sie diese wogenden Gewänder oder die Hosen mit dem seltsamen Stretcheinsatz tragen, kommt Ihnen auch die Schwangerschaft viel wirklicher vor. Auch die Umgebung nimmt Sie in der Umstandsmode jetzt als werdende Mutter wahr. Darum versuchen Sie Kleidungsstücke zu finden, in denen Sie sich wohl fühlen und am Beginn dieses neuen Lebensabschnitts so gut aussehen wie nur möglich.

Auch wenn Ihnen der Gedanken nicht gefällt und die neue Kleidung Ihnen am Anfang viel zu riesig vorkommt – Sie brauchen Platz zum Wachsen. In dieser Hinsicht ähnelt die Umstandsmode einem Taufkleid. Denken Sie nur an die langen weißen Kleidchen, die die kleinen Kinder früher zur Taufe trugen. Oft wurden sie in der Familie über Generationen hinweg von einem Kind zum nächsten weitergegeben. Sie passten dem schmächtigen kleinen Baby genauso wie dem runden, pausbackigen. Jedes hatte unter den weiten Falten genug Platz für ein dickes Windelpaket und Beine, die strampeln wollen. Und auch die weißen Taufkleider, die Erwachsene bei der Taufe tragen, sind so weit, dass sie allen passen, genauso wie der Talar der Pastoren.

Die Umstandskleider, die uns Platz zum Wachsen lassen, sind aber viel mehr noch ein Sinnbild für die geistlichen Kleider, die wir in der Taufe anlegen. Der Apostel Paulus erinnert uns daran, dass wir in der Taufe Christus anziehen. Wir bekommen ein geistliches Kleid – rein und strahlend schön, fließend und weit genug, dass wir ein Leben lang hineinwachsen können. Dieses Kleid ist natürlich nicht sofort sichtbar, aber das Auge, das vom Geist geöffnet wird, kann es sehen. Und es verrät etwas ganz Wichtiges über uns. Genauso wie die Umstandsmode der Welt zeigt, dass wir

Mutter werden, so zeigt das geistliche Kleid, dass wir zu Christus gehören und mit jedem Tag unsere neue Identität mehr annehmen.

Vieles in Ihrem Leben wird in diesen Monaten anders. Ihr Körper verändert sich so sehr, dass sie einen halben Schrank voll neuer Kleider brauchen. Ihr Appetit verändert sich. Vielleicht auch Ihr Sexualleben. Ihr Selbstbild weitet sich, und Sie lernen, sich als Mutter mit Kind zu sehen. Ihre Gedanken und Gefühle und Ihre Prioritäten geraten durcheinander, wenn Sie versuchen vorauszudenken und sich die neue Rolle, die neuen Pflichten vorzustellen, die auf Sie warten. Vielleicht muss sich auch in Ihrem Berufsleben etwas ändern oder an der Wohnsituation. Sie müssen Platz schaffen für den Neuankömmling.

Doch bei all diesen Veränderungen dürfen Sie wissen, dass manche Dinge sich niemals ändern. Jesus Christus ist derselbe, gestern, heute und für immer. Das geistliche Kleid, das Sie bei Ihrer Taufe übergestreift haben, kleidet und schützt Sie noch immer, egal wie sehr Ihr Körper sich verändert. Dieses Kleid ist ein Zeugnis dafür, dass Sie eine neue Identität bekommen haben, die Ihnen durch keinen Rollenwechsel, durch keine Furcht einflößenden Aufgaben genommen werden kann. Sie haben Christus angezogen, und sein Heiliger Geist wird Ihnen helfen, den Anforderungen des Lebens gerecht zu werden. Er wird Ihnen helfen, Tag für Tag in das neue Leben in Christus hineinzuwachsen.

O Herr, ich danke dir, dass du in allen Veränderungen des Lebens bei mir bist. Schenk mir Frieden, wenn ich versuche, mit all dem Neuen fertig zu werden. Hilf mir, mich in jedem Augenblick am Leben zu freuen – an den Veränderungen, am Warten, an den neuen Aufgaben, an allem Schönen. Lehre mich, so zu lieben, wie du es tust. Hilf mir, dir immer ähnlicher zu werden. Amen.

4. Neue Beziehungen

> »Als er [Zacharias] herauskam, konnte er nicht mit ihnen reden; und sie merkten, dass er eine Erscheinung gehabt hatte im Tempel. Und er winkte ihnen und blieb stumm.«
>
> Lukas 1,22

Walt Disney erzählt in seiner bekannten Geschichte *Susi und Strolch*, wie es einer niedlichen kleinen Hündin namens Susi ergeht, als ihre Herrchen, Darling und Jim, ein Baby bekommen. Schon bevor es geboren ist, merkt Susi, wie die beiden sich verändern. Jim spielt nicht mehr mit ihr wie früher, und Darling sitzt nur noch im Haus und strickt und schaut Löcher in die Luft.

Vielleicht ertappen auch Sie sich dabei, wie Sie öfter als sonst vor sich hinstarren. Und womöglich hat sich auch Ihr Mann verändert. Er hält Ihnen öfter die Tür auf als früher und nimmt Ihnen die schwere Tasche ab, oder er achtet mehr darauf, was Sie essen, und erkundigt sich häufiger nach Ihrem Befinden als sonst. Es kann aber auch sein, dass er stiller ist als sonst, und Sie fragen sich, was wohl in ihm vorgehen mag. Freut er sich auf das Kind? Hat er Angst vor der neuen Verantwortung? Oder versucht er einfach zu ergründen, wie er sich angesichts der neuen Situation verhalten soll?

Wie Susi feststellen musste, wird das Familienleben, wenn sich ein Baby angekündigt hat, für eine Weile tatsächlich völlig umgekrempelt. Die Monate der Schwangerschaft lassen Ihrem Mann und Ihnen jedoch genug Zeit, sich ganz allmählich auf die chaotischen, aber schönen Tage vorzubereiten. Sie brauchen die Stunden, in denen sie tagträumen. Und er braucht Zeit, um das Ganze für sich zu durchdenken.

Manchmal werden Sie sich allerdings auch ziemlich allein gelassen vorkommen. Sie sind sich nicht sicher, ob Ihr Mann Ihnen wirklich eine Hilfe sein wird, und Sie trauen sich nicht, ihn direkt zu fragen. Vielleicht hätten Sie es gern, wenn Ihre Eltern Sie ein wenig mehr bemuttern – oder Sie mit ihrer Fürsorge nicht so sehr ersticken – würden, und wissen nicht, wie Sie es ihnen beibringen sollen.

Und Sie kommen sich vor wie Zacharias, der Vater von Johannes dem Täufer – zum Schweigen verurteilt. Als der Engel kam und ihm sagte, dass er und seine schon ältere Frau Elisabeth noch ein Kind bekommen sollten, da konnte Zacharias es nicht glauben. Zum Beweis, dass seine Botschaft wahr sei, ließ der Engel ihn daraufhin stumm werden. Nun, Ihr Mund und Ihre Stimmbänder funktionieren noch immer ganz normal, und Ihre Familie und Freunde wissen, dass Sie schwanger sind. Aber es fällt Ihnen vielleicht trotzdem schwer, offen über die Veränderungen, die in Ihnen vorgehen, zu sprechen. Und Sie machen es wie Zacharias. Sie versuchen sich schweigend mit dem verheißenen Segen und Ihrer Reaktion auseinanderzusetzen. Zweifel oder Bedenken, die Sie bislang nicht auszusprechen wagten, bahnen sich einen Weg in Ihre Gedanken und verlangen nach Aufmerksamkeit, und es fällt Ihnen schwer, die Freude über das Wunder, das sich in Ihnen entfalten will, aufrechtzuerhalten.

Ihr Mann kann sich wahrscheinlich genauso mit Zacharias identifizieren. Auch in seinem Leben stehen Veränderungen bevor, die er nicht sofort in ihrer ganzen Tragweite erfassen kann. Vielleicht fällt es ihm schwer, seine Gefühle in Worte zu fassen. Viele Männer lernen es eher, ihre Gefühle zu verbergen, als sie zum Ausdruck zu bringen. Oder er möchte Sie gerade jetzt besonders beschützen und nicht mit seinen eigenen Sorgen belästigen. Vielleicht braucht er auch einfach Zeit, um wirklich zu begreifen und verarbeiten, dass Sie schwanger sind. Er erlebt die Konsequenzen einer Schwangerschaft nicht am eigenen Körper wie Sie, ja, am Anfang wird er sie so gut wie gar nicht wahrnehmen. Sie selbst können sich ganz auf die körperlichen Reaktionen konzentrieren und versuchen, die ersten Bewegungen Ihres Babys zu spüren. Ihr Mann muss warten, bis das Baby groß genug ist, dass er seine Bewegungen durch Ihre Bauchdecke fühlen kann.

Versuchen Sie, Ihre Sprachlosigkeit als ein Zeichen zu begreifen – ein Zeichen dafür, dass Ihre Schwangerschaft für Sie genauso wie für Ihren Mann auch ein geistliches Erleben ist; ein Zeichen dafür, dass Gott uns segnet, auch wenn wir es nicht richtig sehen oder glauben können. Geistliches Wachstum beginnt da, wo wir in der Stille versuchen, die Segnungen und die Aufgaben, die Gott uns schickt, zu verstehen und anzunehmen. Seien Sie darum nicht zu streng mit sich selbst, wenn Sie oder Ihr Mann sich mehr als sonst in Schweigen hüllen. Denken Sie an den Priester Zacharias, der gewiss keine geistliche Niete war. Im Gegenteil, die Bibel betont ausdrücklich, dass er wie seine Frau ein frommer und untadeliger Mensch war. Trotzdem konnte er die Botschaft des Engels nicht sofort begreifen, musste verstummen und sich mehrere Monate lang in der Stille damit auseinander setzen. Aber schließlich wurde das Schweigen wieder gebrochen. Und dann lobte er Gott und wurde vom Heiligen Geist erfüllt!

Wir wollen auch bedenken, dass sich Elisabeth und Zacharias in dieser Zeit trotzdem irgendwie verständigten. Als das Baby zur Welt kam, wusste Elisabeth jedenfalls, dass es Johannes heißen sollte. Nehmen Sie darum Rücksicht aufeinander. Sie brauchen beide Zeit und Stille, um alles zu durchdenken. Suchen Sie daneben aber auch nach Wegen, gerade an diesem Wendepunkt Ihres Lebens über Ihre Hoffnungen und Ängste zu reden. Beten Sie füreinander, und beten Sie nach Möglichkeit auch miteinander. Tun Sie alles, um Ihre Beziehung jetzt zu stärken, damit Sie den kommenden Anforderungen gemeinsam gerecht werden können.

Lieber Herr, ich danke dir, dass du uns einander geschenkt hast. Danke für das Baby, das in mir wächst. Danke für die Menschen, die mich gern haben. Leite mich, wenn ich still werde und versu-

che, allein mit mir und meinem Leben zurecht zu kommen. Gib mir Mut und Weisheit und auch die richtigen Worte, um mich den Menschen gegenüber, die sich um mich sorgen, zu öffnen. Hilf mir, die persönlichen Beziehungen nicht zu vernachlässigen, um meinetwie um des Babys willen. Amen.

★ ★ ★

»Ich wollte dich führen und in meiner Mutter Haus bringen, in die Kammer derer, die mich gebar.«
Hoheslied 8,2
»Kann auch ein Weib ihres Kindleins vergessen, dass sie sich nicht erbarme über den Sohn ihres Leibes? Und ob sie seiner vergäße, so will ich doch deiner nicht vergessen.«
Jesaja 49,15

»Wie ist es, wenn man Mutter ist?«, fragte unsere Siebenjährige, als sie sich zu mir unter die Decke kuschelte.

»Meistens ganz gut – besonders wenn die kleine Tochter zu einem unter die Decke kriecht und ein bisschen kuscheln und reden will, ehe es ans Aufstehen geht«, erwiderte ich.

Wie ist es, wenn man Mutter ist? Oder, wenn Sie schon Kinder haben: Wie ist einem zumute, wenn noch ein Kind dazukommt? Das haben Sie sich sicher schon öfter gefragt, seit Sie von Ihrer Schwangerschaft erfahren haben. Vielleicht haben Sie sich auch bei Ihrer Mutter erkundigt: Wie fühlt man sich? Wie war es damals bei dir?

Und auch wenn Sie nicht direkt mit ihr gesprochen haben, denken Sie wahrscheinlich häufiger an Ihre eigene Mutter, als Sie es normalerweise tun. Sie denken daran, wie Sie selbst erzogen wurden – an all die Sachen, die Sie genauso gut machen wollen wie Ihre Mutter, und die vielen, die Sie bei Ihren eigenen Kindern hoffentlich ganz anders machen. Vielleicht kommen alte Wunden und Wünsche zum Vorschein. Manche Frauen wünschen sich gerade jetzt, ihre Mütter würden sie etwas mehr bemuttern und ernst nehmen. Andere möchten im Gegenteil, dass die Mutter sich zurückhält und sie endlich auf eigenen Füßen stehen lässt. Gleichzeitig spüren Sie eine neue Vertrautheit mit Ihrer Mutter. Sie sehen in ihr fast eine Schwester. Und Sie beginnen das, was Sie geleistet hat, plötzlich viel mehr zu schätzen, weil Sie Ihre Kindheit auf einmal aus der Perspektive Ihrer Mutter sehen können.

Die Bibel hat zum Verhältnis zwischen Müttern und Töchtern nicht gerade viel zu sagen. Salomo weist aber indirekt darauf hin, dass die Liebe und das Gebären im Leben einer Tochter Momente sind, in denen sie sich unwillkürlich zu ihrer Mutter hingezogen fühlt. Die Frau im eingangs zitierten Liebesgedicht möchte den Geliebten in das Zimmer ihrer Mutter ziehen. Ein paar Verse weiter singt er davon, wie er sie unter dem Apfelbaum aufweckte, an dem ihre Mutter sie geboren hat. Alles scheint sich im Zimmer der Mutter zu konzentrieren. Der Lebenskreis schließt sich und findet gleichzeitig seine Fortsetzung. Die Liebenden werden zusammengeschweißt – miteinander, mit den Generationen vor ihnen und mit den zukünftigen Generationen.

Genauso lädt auch Ihre Schwangerschaft Sie in das Zimmer Ihrer Mutter ein. Sie gibt Ihnen die Chance, Ihr Leben einmal aus ihrer Perspektive zu sehen. Sie gibt Ihnen Gelegenheit, ihr alle Fehler zu vergeben und ihre Gaben neu schätzen zu lernen, ihren Erziehungsstil dankbar anzuerkennen und dann einen eigenen zu entwickeln.

Nutzen Sie die Gelegenheit, die Beziehung zu Ihrer Mutter zu pflegen. Erzählen Sie ihr von Ihren Freuden und Ängsten, und hören Sie auf das, was Ihre Mutter von den ihren berichtet. Fragen Sie, wie es bei Ihrer eigenen Geburt war. Viele Erwachsene wissen gar nichts von den Umständen ihrer Geburt. Ihre Schwangerschaft bietet nun eine ganz natürliche Gelegenheit, mehr über Ihre eigenen Anfänge zu erfahren, und auf einmal sehen Sie Ihre Mutter als Schwester, die vielleicht dieselben Probleme hatte wie Sie jetzt.

Vielleicht können Sie nichts über Ihre Geburt in Erfahrung bringen. Ihre Mutter ist schon gestorben oder Sie haben keinen Kontakt mehr zu ihr. Vielleicht wurden Sie sogar zur Adoption freigegeben, und die Frau, die Sie großgezogen hat, weiß selbst nicht viel über die Umstände Ihrer Geburt. Da kann es sein, dass durch die Schwangerschaft viele unbeantwortete Fragen und Sorgen an die Oberfläche drängen. Bitten Sie Gott, Ihnen zu helfen, damit Sie die Dinge annehmen können, an denen nichts zu ändern ist. Bitten Sie ihn, die Wunden zu heilen, die Sie noch immer quälen.

Es kann auch sein, dass Sie mit Ihrer Mutter zwar reden könnten, es Ihnen aber aus irgendwelchen Gründen schwer fällt. Wenn Sie das Gefühl haben, in Ihrer Beziehung müsste sich etwas ändern, dann beten Sie darüber. Und dann versuchen Sie, so ehrlich und zartfühlend wie nur möglich über die Dinge zu reden, die Sie beschäftigen. Sagen Sie Ihrer Mutter, dass Sie Freiraum brauchen, falls sie sich zu sehr einmischen will. Oder bitten Sie sie um ihre Hilfe, wenn Sie meinen, Sie könnten Unterstützung brauchen. Und beten Sie um Vergebung und Heilung.

Wir alle brauchen angesichts dieser großen Aufgabe viel Gnade und Vergebung. Wir versuchen unser Bestes zu geben, aber selbst die vollkommenste Mutter hat ihre Fehler und blinden Flecken. Auch die stärkste Mutterliebe, so sagt der Prophet Jesaja, kann versagen – die Liebe Gottes aber lässt uns nie im Stich. Dieser starke Gott, der uns wie eine Mutter liebt, denkt an uns und hilft uns auch in der Beziehung zu unserer Mutter. Und er hilft uns, unseren eigenen Kindern eine gute Mutter zu werden.

Wir alle orientieren uns bewusst oder unbewusst am Vorbild der eigenen Mutter. Meine kleine Tochter schaut zuerst auf mich, wenn sie versucht herauszufinden, was eine Mutter ausmacht. Aber niemand muss sich ins Zimmer der Mutter einsperren lassen. Jede Generation gibt dem Mutterbild, das sie übernommen hat, mehr oder weniger klar eine neue Gestalt. Wir bringen unsere eigene Persönlichkeit zum Ausdruck. Wir teilen unser Leben mit neuen Menschen und den Traditionen und erzieherischen Vorbildern, die sie uns bieten. Unsere Welt verändert sich von Generation zu Generation. Mit Gottes Hilfe können Sie die guten und hilfreichen Dinge, die Sie bei Ihrer Mutter gelernt haben, an Ihre eigenen Kinder weitergeben. Er kann Ihnen helfen, ihrer Mutter die Fehler, die sie gemacht hat, zu verzeihen und sich selbst die eigenen.

Lieber Herr, ich danke dir für meine Familie. Für alles, was sie für mich getan hat, und alles, was sie mir heute bedeutet. Hilf mir, die Beziehung zu meiner Mutter zu pflegen. Hilf uns, uns als Erwachsene zu begegnen und zu respektieren. Hilf mir, selbst eine gute Mutter zu werden. Schenk mir Weisheit und Humor, stärke mich im Vertrauen darauf, dass du an mich denkst und mir helfen willst. Amen.

★ ★ ★

»Darum wird ein Mann seinen Vater und seine Mutter verlassen und seinem Weibe anhangen, und sie werden sein ein Fleisch.« 1. Mose 2,24
»Und Lea ward schwanger und gebar einen Sohn; den nannte sie Ruben und sprach: Der Herr hat angesehen mein Elend; nun wird mich mein Mann lieb haben.«
1. Mose 29,32

In der Mitte meiner ersten Schwangerschaft sagte mir ein Freund, er habe sich erst richtig verheiratet gefühlt, als die Kinder kamen. Die Bemerkung hat mich damals irritiert. Mein Mann und ich hatten schon einige Jahre früher den Bund der Ehe geschlossen, und ich kam mir eigentlich »ziemlich verheiratet« vor. »Ehe wir Kinder hatten«, sagte er, »war unsere Beziehung nicht viel anders als früher, als wir einfach miteinander ausgingen. Sicher, wir wohnten jetzt zusammen, eine große Sache. Aber an unserem Lebensstil hatte das nicht viel geändert. Erst als unser Sohn geboren wurde, wurde alles anders. Plötzlich hatten wir noch für jemand anders Verantwortung zu übernehmen. Wir konnten nicht aus einer Augenblickslaune heraus ins Kino gehen wie früher. Judy und ich wurden ein Team, wie wir es vorher nicht hatten sein müssen.«

Ein gemeinsames Baby kann Sie und den Vater tatsächlich mehr zu einem Team zusammenschweißen. Ich glaube, das meint die Bibel auch, wenn sie davon spricht, dass Mann und Frau ein Fleisch werden. Das Kind, das in Ihrem Bauch heranwächst, ist so etwas wie ein Stück Fleisch gewordener Einheit. Ab jetzt verbinden sich Ihre eigenen und die Gene Ihres Mannes in einem neuen Menschen. Egal, was die Zukunft bringt, in diesem Kind, das aus Ihrer Vereinigung entstanden ist, haben Sie beide etwas Gemeinsames. Für die meisten Paare ist ein gemeinsames Kind darum auch ein besonderer Anreiz, zusammenzubleiben. Vielleicht ist das auch einer der Gründe, weshalb viele Paare, die bereits längere Zeit zusammengelebt haben, auf einmal heiraten, wenn ein Kind unterwegs ist.

Die Verantwortung und die Freuden des Elternseins können Paare näher zusammenbringen. Gemeinsam bereiten Sie den Platz für Ihr Baby vor. Ihr Mann hält während der Geburt Ihre Hand. Sie strahlen sich an, wenn Ihr Kind die ersten Schritte tut und das erste Wort hervorbringt. Zusammen beraten Sie, was wichtig ist und was nicht. Ihre Partnerschaft bekommt ein neues Ziel und neue Freuden.

Natürlich muss das nicht immer und automatisch der Fall sein. Lea brachte ein Kind nach dem anderen zur Welt in der Hoffnung, sie könnte dadurch die Liebe ihres Mannes gewinnen. Aber offensichtlich funktionierte es nicht. Babys sind etwas Wunderbares, aber sie sind kein Kitt. Sie werden eine wacklige Beziehung nicht wie durch ein Wunder stabilisieren. Die Anforderungen, die ein Baby an die Eltern stellt, können sogar einen Keil zwischen die beiden treiben. Achten Sie darauf, soweit es in Ihrer Macht steht, dass das bei Ihnen nicht passiert!

Bemühen Sie sich, gerade jetzt die Beziehung zu Ihrem Mann besonders zu pflegen. Sie stehen beide vor neuen Herausforderungen. Machen Sie es sich zum Vorsatz, offen über alles zu reden. Ihr Mann fragt sich vielleicht, wie Sie sich das Kind überhaupt leisten können und ob er ein guter Vater sein wird. Vielleicht macht er sich Sorgen um Sie und fragt sich, ob es dem Baby schadet, wenn er mit Ihnen schläft. Oder er kommt sich überflüssig vor und schämt sich dann wieder, weil er eifersüchtig ist auf das ungeborene Kind. Nehmen Sie sich die Mühe und hören Sie ihm zu – und erzählen Sie ihm auch, was Sie bewegt und beschäftigt. Gibt es eine bessere Zeit, das Zuhören und Rücksichtnehmen zu üben?!

Die gemeinsam erlebte Schwangerschaft ist eine gute Gelegenheit, sich näher zu kommen. Aber denken Sie nun nicht, Sie dürften keine anderen Vertrauten haben. Ihrem Mann kann es gut tun, jemanden zu haben, mit dem er von Mann zu Mann über Schwangerschaft und Vaterwerden reden kann. Genauso wie Sie aus einem Gespräch von Frau zu Frau neuen Auftrieb und ein paar praktische Tipps gewinnen. Wenn Ihre Freunde sich nicht in die Freuden und Ängste einer Schwangerschaft einfühlen können, dann schauen Sie sich doch einmal nach einer Elterngruppe um. Vielleicht gibt es in Ihrer Gemeinde oder Ihrem Ort Kurse für werdende Eltern. Wenn nicht, ergreifen Sie selbst die Initiative. Auch in öffentlich geförderten Einrichtungen können Sie Freundschaften knüpfen und moralische Unterstützung finden.

Und schließlich vergessen Sie nicht, dass »ein Fleisch werden«

mehr bedeutet, als nur zusammen ein Baby zu machen. Die Liebe zu Ihrem Mann entstand schon lange vor Ihrem Kind. Mit Gottes Hilfe und genügend Engagement von Ihnen selbst und Ihrem Mann wird sie auch dann noch weiter bestehen, wenn das jüngste Kind schon lange groß und aus dem Nest geflogen ist. Überlegen Sie nur einmal, auf wie viele verschiedene Weisen Sie im Laufe Ihres Lebens Ihre Liebe zeigen können. Eine unverhoffte Freundlichkeit hier, eine Entschuldigung da – kleine Dinge können oft so viel bewirken. Und im Moment bringen Sie Ihre Liebe zu Ihrem Partner dadurch zum Ausdruck, dass Sie sein Kind in sich tragen.

Sehen Sie in Ihrer Schwangerschaft darum auch eine Gelegenheit zu überlegen, wie Sie Ihre Liebe zum Ausdruck bringen können. Wenn Ihnen oft übel ist, dann ist Ihnen Kuscheln und Streicheln vielleicht lieber als Geschlechtsverkehr. Aber haben Sie keine Hemmungen, den Sex so zu genießen, wie es Ihnen gefällt; Ihr Baby wird nicht darunter leiden. Es ist in Ihrem Fruchtwasser sicher und geborgen, und die Öffnung des Muttermunds ist bis zur Geburt mit einem Schleimpfropfen fest verschlossen. Vielleicht macht es Ihnen ja sogar Spaß, Neues auszuprobieren, bei dem Ihr wachsender Bauch nicht im Wege ist! Zeigen Sie sich auf jeden Fall nicht nur mit Worten und Taten, sondern auch mit Ihrem Körper, dass Sie einander lieben.

Lieber Herr, hab Dank, dass wir einander lieben dürfen und dass du uns so viele Möglichkeiten geschenkt hast, unsere Liebe zum Ausdruck zu bringen. Hilf uns, dass wir es jeden Tag lernen, einander noch besser zu lieben. Hilf uns, zueinander zu stehen und den Veränderungen des Lebens mit Humor und Gelassenheit entgegenzusehen. Amen.

★ ★ ★

»Und der Engel des Herrn sprach zu ihr [Hagar]: Kehre wieder um zu deiner Herrin und demütige dich unter ihre Hand. Und der Engel des Herrn sprach zu ihr: Ich will deine Nachkommen so mehren, dass sie der großen Menge wegen nicht gezählt werden können.« 1. Mose 16,9-10

»Nun reicht's«, sagte Veronika und schaltete den Fernseher aus. »Wenn ich noch ein Wort davon höre, dass irgendwelche Perversen kleine Kinder missbrauchen oder Babys mit Aids geboren werden, dann drehe ich durch.« Sie fing an zu weinen: »Was ist das bloß für eine Welt, in die wir unsere Kinder setzen?«

Manche Wohlfühlexperten werden Ihnen sagen, es könnte Ihrer Gesundheit schaden, die Abendnachrichten anzusehen. All diese negativen Berichte können uns ja tatsächlich ein völlig verzerrtes Bild der Wirklichkeit vermitteln. Wir lassen uns deprimieren und verlieren den Schwung. Wir leben in einer schwierigen Welt. (Obwohl sie nicht ganz so schlimm ist, wie wir es aufgrund der Nachrichten vermuten könnten.) In dieser Welt Kinder großzuziehen, erfordert eine Menge Mut und Weisheit. Aber wir stehen mit dieser Aufgabe nicht allein. Egal, wie schwierig alles ist, egal, wie chaotisch es in unserem eigenen Leben aussehen mag, Gott hat uns versprochen, bei uns zu sein und uns zu helfen.

An Tagen, an denen Sie meinen, die Probleme wollten über Ihnen zusammenschlagen, denken Sie an Hagar. (Sie können die Geschichte in 1. Mose 16,1-11 und 21,8-21 nachlesen.) Hagar war eine Sklavin und vielleicht die erste nachweisliche Leihmutter. Ihre Herrin, Abrams Frau Sarai, sehnte sich so verzweifelt nach einem Kind, dass sie Hagar quasi als ihre Stellvertreterin zu Abram ins Bett schickte. Der Plan schien aufzugehen. Hagar wurde schwanger. Sarais Problem war damit allerdings nicht gelöst. Hagar war ein Mensch mit Gefühlen, nicht einfach eine babyproduzierende Maschine. Sie begann sich etwas darauf einzubilden, dass sie geschafft hatte, was ihrer Herrin nicht gelungen war.

Schließlich konnte Sarai es nicht mehr ertragen. Sie klagte Abram ihre Schwierigkeiten, und er entgegnete: »Nun, sie ist deine Sklavin. Du kannst mit ihr machen, was du willst.« Und so ließ Sarai all ihren Groll und Ärger an Hagar aus – bis die einfach davonlief.

Was für eine Situation: Schwangere Sklavin geflohen und allein in der Wüste. Wie sollte sie überleben? Die Sache sah nicht gut aus. Doch genau an diesem trüben Punkt in Hagars Leben griff Gott ein; er redete ihr zu und segnete sie. Hagar musste sich Gottes Hilfe nicht verdienen. Die Bibel berichtet nicht einmal, dass sie gebetet hätte. Sie war Ägypterin, also hat sie bei dem Gott Abrams und Sarais wahrscheinlich gar keine Zuflucht gesucht. Trotzdem sah Gott sie in ihrer Not und kam ihr zu Hilfe.

Die Geschichte hat allerdings kein Happyend. Gott schickte keinen Traumprinzen vorbei, der Hagar geheiratet und sie zur Prinzessin gemacht hätte. Stattdessen half er ihr, sich selbst zu erkennen. Hagar war wie ein Stück Eigentum behandelt worden, Gottes Engel dagegen begegnete ihr mit Respekt. Er sprach sie mit Namen an und half ihr zu erkennen, dass sie bei Gott etwas wert war. Dann fragte er sie, wo sie herkomme und wo sie hin wolle. Damit half er ihr, die Verhältnisse zu betrachten, aus denen sie davongelaufen war, und zu überlegen, was die Zukunft ihr wohl bringen könnte. Gott half ihr, ihre Möglichkeiten zu erwägen, und befahl ihr dann, lieber ein Leben unter einer schwierigen Herrin zu wählen als den Tod in der Wüste. Doch mehr noch – er gab ihr sein Versprechen, dass er ihr auch in den vor ihr liegenden schweren Zeiten helfen würde. Durch ihr Kind würde sie so viele Nachkommen erhalten, dass sie keiner würde zählen können.

Hagar kehrte in ihr altes Leben mit seinen Problemen zurück – doch sie selbst war ein neuer Mensch geworden. Sie kam mit neuer Selbstachtung und Hoffnung und einer neuen Beziehung zu Gott. Sie kehrte in das komplizierte Beziehungsgeflecht zurück, gestärkt durch die Verheißung Gottes, dass ihr Kind leben und gedeihen würde. Wir wissen nicht, ob Hagar danach immer glücklich war. Wir wissen auch nicht, wie gut sie mit Sarai zurechtkam. Die Bibel berichtet uns aber, dass Sarais Eifersucht Hagar und ihren Sohn Ismael vierzehn Jahre später tatsächlich dazu brachte, für immer in die Wüste zu gehen. Sie berichtet uns auch, dass Ismael der Vater eines großen Volkes wurde. Zum Glück leben nur wenige von uns in solch schwierigen Verhältnissen. Selbst wenn die Beziehungen in Ihrer Familie nicht allzu gut sind oder Sie finanzielle Probleme haben, wir leben in einer Gesellschaft, in der Hilfe geboten wird. Nehmen Sie die Angebote wahr, um Ihres Babys und um Ihrer selbst willen. Regierungsprogramme bieten finanziellen Beistand. Kirchen, Beratungsstellen, Familie und Freunde können Ihnen in Beziehungskrisen helfen.

Doch auch wenn nur wenige von uns sich in einer so kritischen Lage befinden wie Hagar, wir alle brauchen Hilfe, um unsere Kinder in dieser schwierigen Welt großzuziehen. Und selbst wenn Sie mit einer relativ gesunden Ehe und stabilen finanziellen Verhältnissen gesegnet sind, gibt es vielleicht Tage, an denen Sie sich fragen, wie Sie alles schaffen sollen. Nutzen Sie diese Gelegenheit, um Ihr Beziehungsnetz zu stärken. Die Liebe, der Rat und die Unterstützung von Familie, Freunden und Gemeinde werden nicht nur Ihnen, sondern auch Ihrem Kind von Nutzen sein. Sicher, keine dieser Beziehungen ist vollkommen. Dennoch kann Gott sie gebrauchen, um uns zu helfen und zu leiten. Überdenken Sie Ihre Situation, wie Hagar es tat. Von welchen Beziehungen haben Sie den meisten Gewinn; welche hätten etwas mehr Aufmerksamkeit verdient? Auf welchem Weg sind Sie? Überlegen Sie, was Gott alles für Sie tut. Bitten Sie den Heiligen Geist, Beziehungen, die Ihnen Probleme bereiten, zu heilen und mit Hoffnung zu erfüllen. Gott schenkte Hagar den Mut und die Weisheit, das Beste aus ihrer Situation zu machen, und er will auch Ihnen dabei helfen.

Lieber Herr, ich danke dir, dass du durch dick und dünn zu mir stehst. Hilf mir, kluge Entscheidungen zu treffen und meinem Kind einen guten Start ins Leben zu ermöglichen. Richte mich auf, wenn ich niedergeschlagen bin, und gib mir den Mut, mich Problemen zu stellen. Hilf mir, in meiner Umgebung eine Atmosphäre von Liebe und Frieden zu verbreiten. Amen.

★ ★ ★

»Wem eine tüchtige Frau beschert ist, die ist viel edler als die köstlichsten Perlen.«   Sprüche 31,10

Arbeiten oder nicht – das ist die Frage. Oder nicht? Alle Mütter arbeiten, auch wenn sie nicht alle dafür bezahlt werden. Wenn Sie bis jetzt außer Haus gearbeitet haben, dann überlegen Sie vielleicht, ob Sie die Stelle auch nach der Geburt des Babys behalten wollen. Eine meiner Bekannten hatte überhaupt keine Probleme mit der Entscheidung: »Ich wusste genau, wenn ich nicht wenigstens ein paar Stunden pro Tag aus dem Haus könnte, würde ich die Wände hochgehen.« Eine andere wäre viel lieber zu Hause geblieben, solange die Kinder noch klein waren. Aber sie sah keine Möglichkeit, wie die Familie allein mit dem Lohn ihres Mannes durchkommen könnte. Eine dritte beschloss, es zu riskieren und den Job für ein paar Jahre aufzugeben, auch wenn sie dafür zurückstecken und sorgfältig rechnen musste.

Ich kenne keine Patentantwort. Wer versuchen muss, Arbeitszeiten, Kinderbetreuung, Zeit für sich selbst und für den Ehemann unter einen Hut zu bringen, der kann sich manchmal vorkommen wie ein Zirkusdirektor in einem Zirkus mit drei Arenen. Der Ausstieg aus dem Berufsleben bedeutet auf der anderen Seite eine radikale Veränderung des bisherigen Lebensrhythmus. Der Kontakt mit den Kollegen kann Ihnen ebenso fehlen wie der Lohn. Vielleicht vermissen Sie die Achtung, die eine bezahlte Arbeit einbringt, auch wenn Sie es genießen, den Tag jetzt selbst einteilen zu können.

Es mag nicht einfach sein, hier ein gesundes Gleichgewicht zu finden, aber es ist möglich. Durch die Jahrhunderte hindurch haben die Frauen es immer wieder geschafft, die entlohnte Arbeit mit ihren hausfraulichen Verpflichtungen, Kontakten und dem Dienst an der Allgemeinheit in Einklang zu bringen. Wenn Sie daran Zweifel haben, dann lesen Sie einmal die Beschreibung der tüchtigen Frau in Sprüche 31. Diese Frau wählt Rohmaterialien aus und verarbeitet sie zu Nahrung und Kleidung. Sie hat Angestellte. Sie betreibt Immobilienhandel und produziert Gewinn bringende Ware. Sie hilft den Armen und dient dem Herrn, und wenn sie redet, dann klug und freundlich. Im Dorf wird sie geachtet, von der Familie geliebt. Was mehr könnte frau sich wünschen?

Lassen Sie sich von dieser begabten Frau inspirieren, wenn Sie Ihre eigenen Prioritäten, Gaben und Bedürfnisse gegeneinander abwägen. Schreiben Sie einmal auf, was im Haus und im Beruf zu tun ist. Vielleicht sind Sie selbst überrascht, wie lang die Liste wird! Notieren Sie die neuen Aufgaben, die mit der Geburt des Kindes auf Sie zukommen werden, im Blick auf die Zeit ebenso wie im Blick auf die Finanzen. Was ist von all diesen Dingen am wichtigsten? Was können Sie am besten, was macht Ihnen die meiste Freude? Welche Aufgaben könnten Sie unter Ihrem Mann und den älteren Kinder aufteilen? Wenn die Arbeitsstelle Ihnen sehr wichtig ist, dann besprechen Sie mit Ihrem Arbeitgeber die Möglichkeiten einer Weiterbeschäftigung, und klären Sie ab, wie die Kinderbetreuung aussehen könnte. Wenn Sie den Job aufgeben wollen, dann beginnen Sie bereits jetzt, sich nach neuen Kontakten und Freundschaften umzusehen.

Beten Sie über Ihren Listen und allen Plänen und Fragen. Bitten Sie Gott, dass er Ihnen hilft, sich selbst zu erkennen – Ihre Fähigkeiten und Grenzen, Ihre Wertvorstellungen und das, was Ihnen Freude macht. Je besser Sie sich selbst kennen, umso eher werden Sie zu einem Gleichgewicht finden, das Ihnen zusagt. Besprechen Sie diese Fragen in aller Ruhe mit Ihrem Mann, und beten Sie auch gemeinsam mit ihm. Bitten Sie Gott, Ihnen beiden zu helfen, für sich selbst und die ganze Familie gesunde Prioritäten zu setzen. Überlegen Sie gemeinsam, wie Sie die neuen Pflichten und Freuden am besten aufteilen können. Vergessen Sie nicht, auch Freiräume zu lassen. Sie brauchen Zeit, um einmal Luft zu holen. Sie brauchen Zeit, die Sie gemeinsam als Ehepaar verbringen, und Sie brauchen die Zeit für Kirche und Gemeinde genauso wie die Zeit zum Tischdecken.

Wenn Sie Ihre Entscheidung sorgfältig durchdenken und darüber beten, dann werden Sie merken, wie auch das Vertrauen wächst, dass Sie die vor Ihnen liegenden Herausforderungen meistern werden. Wenn Sie sich dafür entscheiden, zu Hause bei den Kindern zu bleiben, dann kann Ihnen die Vorbereitung im Gebet helfen, das mit Stolz zu tun. Sie stufen sich damit nicht zur »Nur-Hausfrau« herab. Vielmehr haben Sie selbst sich dafür entschieden, Ihre Talente im Haushalt und als Mutter einzusetzen. Wenn sie andererseits Ihren Beruf behalten wollen, dann hilft Ihnen die Vorbereitung im Gebet, nicht in die »Superfrau«-Falle zu geraten. Diskutieren Sie darüber, wie Sie die Hausarbeit aufteilen wollen – und dann halten Sie sich bei den Aufgaben, die Ihr Mann übernehmen will, auch zurück. Wenn Sie keinen Mann haben, der Ihnen zur Seite stehen kann, dann kann die Vorbereitung im Gebet Ihnen helfen, einen Tag nach dem anderen anzugehen. Sie haben vielleicht keinen Partner, aber Gott wird Ihnen helfen, Wege zu finden, um die Last zu tragen. Und schließlich: Vergessen Sie nicht, dass Sie ein ganzes Leben lang Zeit haben, um so zu werden, wie Gott es möchte. Sie müssen nicht alles auf einmal schaffen. Nutzen Sie die Gelegenheit, um herauszufinden, was gerade jetzt für Sie und Ihre Familie am wichtigsten ist. Und dann machen Sie sich an die Arbeit, Schritt für Schritt. Die ersten Monate nach der Geburt Ihres Kindes werden sicher sehr chaotisch verlaufen, ganz egal, was Sie sich jetzt vornehmen. Verlieren Sie nicht den Mut. Sie werden die turbulenten Tage und Nächte überstehen. Ja, mehr noch, gerade diese turbulenten Tage lehren uns, das Wichtigste zuerst zu tun – das Füttern und Beruhigen eines hungrigen Kindes steht ganz zuoberst auf der Liste. Alles andere kann und muss warten.

Gewohnte Vorstellungen in Frage stellen und Prioritäten neu setzen ist eine äußerst gesunde geistliche Übung. Man könnte sagen, sie mache beim Menschen den Unterschied zwischen einem Rohdiamanten und einem funkelnden Edelstein aus. Der funkelnde Diamant fängt das Licht und spiegelt es, weil das minderwertige Material sorgfältig entfernt und die Oberfläche geschliffen und in viele Facetten poliert wurde. Nutzen Sie dieses neue Kapitel in Ihrem Leben als eine Gelegenheit, Bilanz zu ziehen, die weniger wichtigen Dinge aus Ihrem Terminkalender zu streichen und bei sich selbst neue Facetten zu entdecken.

Lieber Herr, hilf mir, mich so zu sehen, wie du es tust. Danke, dass du mir Gaben und Möglichkeiten gegeben hast, und hilf mir, meine Grenzen zu sehen. Leite mich bei allen Entscheidungen, und hilf mir, zwischen den neuen Freuden und Aufgaben, die auf mich zukommen, ein Gleichgewicht zu finden. Zeig mir, wie ich zu dem Diamanten werden kann, den du aus mir machen möchtest. Amen.

★ ★ ★

»Ihre Söhne stehen auf und preisen sie, ihr Mann lobt sie: Es sind wohl viele tüchtige Frauen, du aber übertriffst sie alle.«　　　　　　　　　Sprüche 31,28-29

Als ich das erste Mal feststellte, dass ich schwanger war, begannen mein Mann und ich, unsere Briefe mit *Jörgen und Margaret (+)* zu unterschreiben. Bald nannten wir das ungeborene Kind »Plus«. »Plus« erschien uns als der perfekte »Arbeitstitel« für das neue

Wesen, das wir erwarteten. Ich hatte noch nicht einmal sein Strampeln in mir gespürt, als wir schon diesen Namen benutzten. Wir wussten nicht, ob es ein Mädchen oder ein Junge würde. Nur, dass da ein Plus in unser Leben kam.

Vielleicht haben auch Sie schon einen Kosenamen für Ihr Kind. Irgendwie macht ein Name, auch wenn er nur etwas Vorläufiges ist, aus dem unbekannten Wesen, das sich in uns verbirgt, eine greifbare Person. Mit jemandem, der einen Namen hat, können wir reden, auch wenn wir ihn oder sie nicht sehen. Vielleicht nennen Sie Ihr Kind auch einfach »Baby« oder »Kleines«. Auf jeden Fall aber haben Sie damit bereits eine Beziehung begonnen, die ein Leben lang andauern wird.

Diese Beziehung zu einem unsichtbaren Gegenüber ist ein Spiegelbild für unsere Beziehung zu Gott. Gott und Ihr Baby sind im Moment beide verborgen, aber von beidem sehen wir Beweise. Ihr wachsender Umfang zeigt Ihnen, dass das Baby wächst. Das tägliche Brot auf dem Tisch, Freundschaften und Erfahrungen der Gnade sind Zeichen von Gottes Segen. Sie können mit dem verborgenen Gott genauso reden wie mit dem unsichtbaren Kind in Ihrem Bauch. Und irgendwann werden Sie beide von Angesicht sehen. In ein paar Monaten werden Sie Ihr Baby im Arm halten, und von Gott schreibt der Apostel Paulus: »Wir sehen jetzt durch einen Spiegel ein dunkles Bild; dann aber von Angesicht zu Angesicht« (1. Korinther 13,12).

Ein Spiegel zeigt uns ein Bild, das identisch, aber seitenverkehrt ist. Die Beziehung zwischen Ihnen und Ihrem unsichtbaren Baby ist ein Spiegelbild für die Beziehung zwischen Ihnen und unserem unsichtbaren Gott – doch mit einem wesentlichen Unterschied: Sie wissen um Ihr Baby, Sie sorgen für es, Sie pflegen es und reden mit ihm, noch bevor es mit Ihnen sprechen kann. Mit Gott aber ist es genau umgekehrt – Gott kennt Sie, er sorgt für Sie und hat sich Ihnen zugewandt, noch bevor Sie ihn überhaupt um Hilfe gebeten haben.

Ihre Beziehung zu Gott wird ein Leben lang andauern und mit Ihnen wachsen. Genauso wird auch die Beziehung zu Ihrem Kind wachsen und sich im Lauf der Zeit verändern. Bald werden Sie Ihr Kind sehen. Sie werden einen endgültigen Namen aussuchen und es in einem öffentlichen Register eintragen lassen. Auch die Unterhaltungen werden bald keine Monologe mehr sein. Sie werden die Stimme Ihres Kindes hören – die ungeduldigen Schreie und das zufriedene Glucksen. Ein paar Monate später werden Sie die ersten Versuche, Ihren Namen auszusprechen, bewundern, und die Hand ausstrecken, um Ihrem Kind bei den ersten unsicheren Schritten zu helfen. Und ehe Sie sich versehen, erzählt es Ihnen die neuesten Witze und bittet Sie um Hilfe bei den Hausaufgaben.

Schritt für Schritt werden unsere Kinder größer und versuchen, auf eigenen Beinen zu stehen. Wir wissen vorher nicht, wie sie sein werden. Ernsthaft oder verspielt? Ein Angeber oder eher schüchtern? Sportlich oder musikalisch? Wissbegierig oder unternehmungslustig? Wird ihnen alles leicht fallen oder werden sie sich mühsam durchsetzen müssen? Es macht mir Spaß zu beobachten, wie sich die Begabungen und Persönlichkeiten unserer Kinder auf geheimnisvolle Weise entfalten – auch wenn die Eigenarten, die dabei zutage treten, unser elterliches Geschick und unsere Weisheit oft auf eine harte Probe stellen!

Eltern können ihre Kinder beeinflussen und anleiten, aber letztlich nicht über ihr Leben bestimmen. Wir erschaffen sie nicht; wir stehen in einer Beziehung zu ihnen. Wir tun unser Bestes, um für ihr Wohl zu sorgen, sie zu lehren und anzuleiten und ihnen zu zeigen, dass wir sie gern haben. Wir hoffen, dass sie zu starken, liebenswürdigen, gottesfürchtigen Menschen heranwachsen. Und dabei wachsen und reifen auch wir. Wir lernen Windeln zu wechseln und Wehwehchen wegzupusten. Wir lernen neu das Staunen darüber, wie aus einer Kaulquappe ein Frosch und aus einer Löwenzahnblüte eine Pusteblume wird. Wir lernen, vernünftige Grenzen zu setzen und zuzuhören, wir lernen, wann wir helfen und wann wir uns zurückhalten sollen. Wir lernen Geduld und Bescheidenheit und die Freude an harmlosen Vergnügen. Wir sind dabei nicht mehr oder weniger erfolgreich als unsere Kinder. Und wenn wir auch sonst nichts lernen, dann doch auf jeden Fall das: wie wichtig es ist, vergeben zu können! Mit Gottes Hilfe tun wir beides, leben und lernen, geben und vergeben, segnen und uns segnen lassen.

Und nach allen Mühen hoffen wir, dass unsere Kinder uns dann auch einmal als Bereicherung ihres Lebens zu schätzen wissen. Wir hoffen, dass aus der Beziehung, die in so völliger Abhängigkeit begann, eine reife Liebe wird, dass freiwilliger Respekt und Freundschaft wachsen. Manchmal fragen wir uns, wie das alles gelingen soll. Aber wir vertrauen darauf, dass der verborgene Gott uns hilft. Wir können das, weil wir wissen, dass die Kinder, die unser Leben so sehr bereichern, nicht uns allein gehören. Sie sind uns nur geliehen, durch die Gnade Gottes. Wir lieben und erziehen sie und freuen uns an ihnen; aber letztlich gehören sie Gott, genauso wie wir selbst.

Lieber Herr, ich danke dir, dass du mir hilfst, an dich zu glauben, auch wenn ich dich nicht sehen kann. Danke für das Kind, das in meinem Leib verborgen ist. Hilf mir, meine Kinder als Fleisch von meinem Fleisch zu lieben und sie dennoch als Persönlichkeiten zu achten, die letztlich dir gehören. Amen.

5. Mitarbeit an einem Wunder

> »Und Adam erkannte sein Weib Eva, und sie ward schwanger und gebar den Kain und sprach: Ich habe einen Mann gewonnen mit Hilfe des Herrn.«
>
> 1. Mose 4,1

Ich liebe diesen Bibelvers. In einem einzigen Satz wird hier zusammengefasst, was nach biblischem Verständnis die Geburt ausmacht. Sie selbst haben im Moment ewa die Hälfte des Weges hinter sich gebracht – Sie sind schwanger, aber die Geburt liegt noch vor Ihnen. Gerade diese mittlere Phase kann besonders reizvoll sein. Die Übelkeit der ersten Monate ist abgeklungen. Ihr Bauch wächst, behindert Sie aber noch nicht zu sehr. Ihr Baby hat die ersten, kritischen Monate gut überstanden. Diese Zeit des friedlichen Wachstums bietet eine gute Gelegenheit, einmal etwas intensiver über die kreative Arbeit, die Sie gerade leisten, nachzudenken.

Beim Kinderkriegen, so heißt es in der Bibel, werden Sie (und Ihr Mann) zum kreativen Partner Gottes. Eva sagt: »Ich habe einen Mann gewonnen mit Hilfe des Herrn.« Man spürt förmlich die Genugtuung darüber, dass sie aus ihrem eigenen Leib ein Kind hervorgebracht hat. Doch genauso wichtig ist der andere Aspekt: Sie freut sich, dass sie dieses Wunder zusammen mit Gott »geschafft« hat. Sie weiß, dass er mit ihr war und die ganze Zeit geholfen hat.

Für Eva war die Geburt ein geistliches Erleben. Ein Kind zu bekommen, bestätigte ihr, dass Gott in ihrem Leben noch immer am Werk war. Denken wir nur einmal, wie wichtig diese Gewissheit der Nähe Gottes für sie und ihren Mann gewesen sein muss. Sie waren noch immer dabei, sich mit der rauen Wirklichkeit eines Lebens außerhalb von Eden zu arrangieren. Ja, der Abschnitt, der von der ersten Geburt auf dieser Erde überhaupt berichtet, steht direkt nach der Geschichte der Vertreibung aus dem Paradies.

Auf die ihm eigene, zurückhaltende Weise zeichnet dieser Vers ein bewegendes Bild der beiden Menschen. Man sieht geradezu, wie sie sich in der Wildnis aneinander schmiegen. Wehmütig denken sie an das sorglose Leben zurück, das sie sich verscherzt haben, und weinen über die eigene Dummheit. Sie fragen sich, ob der Kontakt zu Gott nun für immer verloren ist, und versuchen einander zu trösten. Ihre Umarmung führt dazu, dass sie einander »erkennen«, wie die Bibel die sexuelle Beziehung taktvoll und tiefsinnig umschreibt. Ein paar Monate später wird ihr erstes Kind geboren. Eva hat Gott in der Zwischenzeit auf eine ganz neue Art kennen gelernt. Sie weiß, dass Gottes Hilfe auch über das Paradies hinausreicht. Adam und sie dürfen auch weiterhin mit ihm rechnen.

Nehmen Sie sich einmal Zeit, darüber nachzudenken, wie Gott an Ihnen in dieser Schwangerschaft gearbeitet hat. Vielleicht sehen Sie sein Wirken in Ihrer Familie und bei den Freunden, die Ihnen helfen, sich auf das Baby vorzubereiten. Vielleicht sehen Sie ihn in Ihrer Hebamme oder Ihrem Arzt. Vielleicht sind die Gebete Ihrer Gemeinde ein besonderes Geschenk. Oder Sie empfinden es als unglaublichen Segen, dass Sie ein neues Leben in sich tragen dürfen.

Vielleicht wird Ihnen auch jetzt erst so richtig bewusst, was für einen wunderbaren Körper Sie haben. Die meisten Frauen konzentrieren sich während einer Schwangerschaft viel mehr auf ihren Körper als sonst. Dabei lernen wir erstaunliche Dinge. Ich erinnere mich noch, wie uns während eines Geburtsvorbereitungskurses einmal erklärt wurde, wie die Muskeln in unserem Bauch sich in die verschiedensten Richtungen dehnen, um für das Baby Platz zu schaffen. Und dann, wenn wir meinen, nun seien sie bald überdehnt, ziehen sie sich zusammen und schieben das Baby hinaus in die Welt. Es ist ein Wunder, dass unser Leib sich so dehnen kann.

Und es ist ein Wunder, dass diese gedehnten Muskeln noch immer die Kraft haben, sich so mächtig zusammenzuziehen. Die Gummibänder in der Kleidung, die ich allzu lange trug, bevor ich endlich auf Umstandsmode umstieg, haben sich nie so zurückgebildet!

Zyniker könnten behaupten, die Einzelheiten der menschlichen Fortpflanzung seien weder neu noch besonders wunderbar. In jedem Sexualkundebuch können wir etwas darüber nachlesen. Aber wird dieser Einwand dem Erleben selbst wirklich gerecht?

Der Schreiber des ersten Mosebuchs wusste ganz offensichtlich, wie Babys entstehen. Da ist keine Rede von irgendwelchen übernatürlichen Eingriffen, auch nicht bei dieser allerersten Geburt. Sie begann wie alle anderen Geburten in den Generationen danach – mit einem altmodischen und ganz konkreten sexuellen Akt. Ein Mann schlief mit seiner Frau. Sie wurde schwanger und brachte ein Kind zur Welt. Eine äußerst nüchterne Schilderung. Kein Wunder, dass die Menschen in der Zeit, bevor in aller Öffentlichkeit über Sex geredet wurde, ihre Aufklärung gern aus der Bibel bezogen!

Der Schreiber des ersten Mosebuchs gebraucht keine beschönigenden Worte – und doch sieht er die Geburt als ein Wunder, ein Zeichen, dass Gott mit und an seinem Volk wirkt. Schwanger werden und gebären ist eine sehr erdgebundene Angelegenheit. Und doch spüren auch wir, dass es noch immer ein Wunder ist. Meine Kolleginnen auf der Station führten mir das bei einer Abschiedsparty, die sie für mich gaben, ganz deutlich vor Augen. Die meisten von ihnen wussten, dass ich schon ein paar Monate schwanger war, und sie schenkten mir zwei T-Shirts. Das eine war riesengroß. Auf der Vorderseite stand in riesigen Buchstaben: »Das Wunder von ›Prince of Peace‹« (so hieß das Krankenhaus, in dem ich arbeitete). Das zweite war winzig klein, gerade richtig für ein Baby. Darauf befanden sich ein silbernes Fragezeichen und die Worte: »Das Wunder«!

Auch Sie schaffen mit Gott zusammen ein Wunder. Freuen Sie sich daran! Genießen Sie es! Und erkennen Sie darin die Hand

Gottes, die heute und an jedem Tag in Ihrem Leben Wunder wirken kann.

Lieber Herr, ich danke dir, dass du mir einen so wunderbaren, kreativen Körper gegeben hast. Hilf mir, deine Hand in meinem Leben zu erkennen und darauf zu vertrauen, dass du durch dick und dünn zu mir halten wirst. Amen.

★ ★ ★

»Und es begab sich, als Elisabeth den Gruß Marias hörte, hüpfte das Kind in ihrem Leibe. Und Elisabeth wurde vom heiligen Geist erfüllt ...« Lukas 1,41

Wie war Ihnen zumute, als Sie das erste Mal spürten, wie sich Ihr Baby bewegte? Ich war mir beim ersten Mal gar nicht sicher, ob das seltsame Gefühl im Magen wirklich von meinem Kind kam. Vielleicht war es eine Luftblase. Vielleicht bildete ich mir nur etwas ein. Aber schon bald konnte es keinen Zweifel mehr geben. Das Kitzeln, das ich da in meinem Bauch spürte, kam von meinem strampelnden Kind. Beim Gedanken daran musste ich einfach glücklich lächeln.

Elisabeth war gerade im sechsten Monat, als Maria zu ihr kam. Sie hatte ihr Baby also vermutlich schon oft gespürt und wusste, wie sie die verschiedenen Bewegungen zu deuten hatte. Wenn ihr Baby so war wie meine, dann döste es wahrscheinlich ruhig vor sich hin, solange sie ihren alltäglichen Beschäftigungen nachging und es dabei sanft wiegte. Aber sobald sie sich hinlegte, wurde es munter! Vielleicht hatte sie auch schon angefangen, mit dem lang ersehnten Kind zu reden. Auf jeden Fall konnte das Ungeborene ihre Stimme hören, wenn sie sich mit anderen unterhielt oder beim Arbeiten leise vor sich hin sang.

Doch dann geschah etwas Ungewöhnliches. Elisabeth bekam unerwartet Besuch, eine junge Verwandte, Maria. Und Maria hatte noch kaum Guten Tag gesagt, als das Baby in Elisabeths Bauch hüpfte. Ein ungeborenes Kind war das erste menschliche Wesen, das auf das Kind, das Maria unter ihrem Herzen trug, reagierte! Eine schwangere Frau war die erste, die seine Reaktion in Worte fasste. Elisabeth wurde mit dem Heiligen Geist erfüllt, und Segenssprüche kamen über ihre Lippen. Sie scheute sich nicht, die Bewegung des Kindes als einen Freudensprung über die nahe Geburt des Messias zu deuten.

Wir müssen nicht Elisabeth oder Maria heißen, um während unserer Schwangerschaft den Geist Gottes zu spüren. Viele Frauen haben den Eindruck, gerade in dieser Zeit in einem ganz besonderen Zustand zu leben. Und warum auch nicht? Schließlich spielen wir die Hauptrolle in einem Wunder. Die Stöße und Püffe unseres Babys erinnern uns täglich (und nächtlich) daran, dass wir ein ganz neues menschliches Wesen in uns tragen! Natürlich ist es mir genauso wichtig wie irgendjemand sonst, dass ich nachts gut schlafen kann. Trotzdem erschienen mir die nächtlichen Störungen ein kleiner Preis für die wunderbaren Gefühle.

Wir haben kaum begonnen zu begreifen und zu erfassen, was für eine Gnade es ist, schwanger zu sein. Vielleicht nehmen wir unseren Zustand als ganz selbstverständlich hin. Trotzdem umgibt und erfüllt uns in dieser Zeit eine ganz besondere, positive Ausstrahlung. Psychologen haben festgestellt, dass schwangere Frauen trotz tendenziell häufigeren Stimmungsschwankungen einen unsichtbaren Schutz gegen Selbstmordgedanken in sich tragen.

Und selbst Frauen, die durch die Schwangerschaft vor ganz konkrete, praktische Probleme gestellt werden, sind trotz aller Schwierigkeiten hoffnungsvoll. Ich denke an eine junge Frau namens Maya Angelou, die über ihre Erfahrungen ein Buch geschrieben hat. Sie berichtet darin, wie sie im Alter von sechzehn Jahren ungewollt schwanger wurde. Verängstigt und beschämt gelang es ihr, ihren Zustand bis zum Abschluss der Schule geheim zu halten. Da war sie im achten Monat! Und während sie versuchte, die Rolle eines sorglosen Teenagers zu spielen, begriff sie etwas davon, »was Teenagerlaunen sind . . . Die Schule gewann ihren verlorenen Zauber wieder. Zum ersten Mal seit langer Zeit war das Gelernte um seiner selbst willen interessant.« Wieso? »Obwohl es eine durchaus schwierige Phase war, verlor ich nie die Hoffnung.«

Kennen Sie das Gefühl, durch die Schwangerschaft besonders gesegnet zu sein? Vielleicht genießen Sie das herrliche Gefühl, dass sich in Ihnen Leben regt. Vielleicht gibt Ihnen die Hoffnung, die in dem neuen Wesen ihren Ausdruck findet, neuen Auftrieb. Vielleicht finden Sie Spaß daran, die Hand Ihres Mannes über Ihren Bauch zu führen, damit auch er das Strampeln und Treten spürt. Vielleicht genießen Sie auch das neue Gemeinschaftsgefühl – selbst völlig fremde Menschen meinen oft, sie hätten Anteil an einem ungeborenen Kind. Es hat mich manchmal genervt, wenn Leute mir über den Bauch strichen oder mir ungefragt ihre Ratschläge erteilten. Meistens aber habe ich mich darüber gefreut, wenn sie den Panzer, der uns normalerweise voneinander trennt, durchbrachen.

Genießen Sie diese Zeit und geben Sie ihr einen Raum in Ihrem Herzen. Halten Sie in Ihrem Gebetstagebuch fest, was Ihnen besonders nahe gegangen ist, damit Sie in schwierigen Zeiten darauf zurückgreifen können. Wenn es Ihnen schwer fällt, sich über die Unruhe Ihres Babys zu freuen und die Veränderung, die es in Ihrem Leben in zunehmendem Maße verursacht, dann bringen Sie auch das im Gebet vor Gott. Auch wenn Sorgen und Nöte die Freude überschatten, Gottes Geist können sie nicht vertreiben.

Die gute Nachricht, die das ungeborene Kind in Elisabeths Bauch hüpfen ließ, galt nicht nur damals, sondern noch heute – in jedem Augenblick und für uns alle. Der Christus, der in Maria menschliche Gestalt annahm, hält Sie in allem, was das Leben Ihnen bringt – den Anfechtungen ebenso wie den Freuden.

O Herr, ich danke dir, dass du von einer irdischen Mutter geboren wurdest, genauso wie wir alle. Danke, dass du dich um mich kümmerst und mir zur Seite stehst. Danke, dass du mit mir lachst, wenn ich glücklich bin, und mit mir weinst, wenn es mir nicht gut geht. Danke, dass du deinen Geist gesandt hast, damit er mich aufrichtet und mir neuen Mut schenkt. Hilf mir, mich an den lebhaften Bewegungen meines Kindes zu freuen. Hilf mir, mich an das Glück dieser Augenblicke zu erinnern, wenn Schwierigkeiten kommen. Amen.

★ ★ ★

»Gleichwie du nicht weißt, wie die Gebeine im Mutterleibe bereitet werden, so kannst du auch Gottes Tun nicht wissen, der alles wirkt.« Prediger 11,5

Wie wachsen die Gebeine im Bauch einer Mutter? Wir können über die vorgeburtliche Entwicklung eines Kindes allerhand nachlesen und uns vorstellen, wie unser Kind in dieser Phase der Schwangerschaft aussieht. Wir können uns klug geben und schätzen, welche inneren Organe bereits entwickelt sind. Aber wer kann wirklich erklären, wie das Leben in die Knochen kommt? Wer kann erklären, was genau es wirklich ist, das diesen komplizierten Prozess in Gang setzt?

Schon immer haben Schwangerschaft und Geburt die Menschen fasziniert. Die frühen Völker hatten die unterschiedlichsten Theorien über die Vorgänge im Mutterleib. Manche sahen darin ein rein weibliches Geschehen und machten den Mondzyklus verantwortlich für die Schwangerschaft. Andere sahen eher die männliche Seite. Sie teilten der Frau eine passive Rolle zu und sahen sie als ein Feld, in das der Mann seinen Samen streut.

Auch die Bibel versucht dem Geheimnis von Schwangerschaft

und Geburt auf die Spur zu kommen. In Hiob 10,8-11 finden wir eine Kurzfassung der biblischen Sicht. In dem kurzen Abschnitt vergleicht Hiob Gott mit einem Töpfer, der den Menschen aus Lehm erschafft; mit einem Milchmädchen, das Milch ausgießt und sie gerinnen lässt, und mit einem Schneider, der Knochen und Sehnen zusammenfügt und den Embryo mit Fleisch und Haut überzieht.

Hiob versucht hier nicht, ein Lehrbuch für Biologie zu schreiben. Er gebraucht die verschiedenen Bilder, um etwas Wichtiges über Gott auszusagen: Gott selbst steht hinter jedem neuen Leben, und zwar in einer Weise, die wir nur ansatzweise erahnen können. Gott ist bei jeder Schwangerschaft der unsichtbare Dritte. Wo wir sagen, der Vater bringt seinen Samen in den Leib der Mutter, da gießt Gott – im Bild gesprochen – ein wenig Milch aus. Wo wir sagen, in der Gebärmutter nistet sich die befruchtete Eizelle ein, da lässt Gott diese Milch gerinnen. Doch trotz aller klugen und treffenden Bilder bleiben auch in der Bibel die Einzelheiten der Geburt geheimnisvoll verborgen. Ja, im Buch des Predigers wird das Geheimnis der Geburt als Hinweis auf das noch viel größere Geheimnis von Gottes Wirken in seiner gesamten Schöpfung gedeutet.

Die moderne Wissenschaft hat den Prozess von Empfängnis und Geburt weitgehend erklären können. Wir wissen heute, dass sowohl das Ei der Frau wie der Same des Mannes bei der Empfängnis eine aktive Rolle spielen. Die Wissenschaftler haben »Fenster« in den Bauch der Frau geöffnet, die es möglich machen, ein Baby schon im frühesten Stadium zu überwachen. Eine Ultraschalluntersuchung zum Beispiel vermittelt uns einen, wenn auch manchmal verschwommenen, schwarz-weißen Blick auf Gestalt und Bewegungen unseres Kindes. Und nicht nur das. Wir können eine Empfängnis inzwischen auch außerhalb des Mutterleibes beobachten. Ei und Samen können sich in einer Petrischale vereinigen und dann im Bauch der Frau weiterwachsen.

Aber wird durch all unser Wissen das schöpferische Wirken Gottes geschmälert? Ich glaube nicht. Je mehr ich über die vielfältigen Zusammenhänge beim Zustandekommen eines neuen Lebewesens erfahre, desto mehr staune ich über die wunderbare Macht, die da am Werk ist. Je mehr menschliche Erkenntnis und Findigkeit zu neuem Verständnis und neuen Heilungsmöglichkeiten führen, desto mehr staune ich über das Gehirn, das Gott uns geschenkt hat.

Es bleiben noch immer genug Geheimnisse. Wir wissen nicht, warum künstliche Befruchtungen manchmal funktionieren und manchmal nicht. (Nur bei der Hälfte der Paare, die sich einer künstlichen Befruchtung unterziehen, kommt es auch zur Empfängnis.) Andersherum wissen wir auch nicht, wieso so viele scheinbar unfruchtbare Paare plötzlich doch noch schwanger werden. (Ein Drittel davon ohne jegliche medizinische Hilfe.) Ein Geheimnis bleibt es auch, was letztlich die Geburt selbst auslöst. Ist es die Mutter, die den Prozess in Gang bringt? Das Kind? Oder was sonst? Sie können es mir glauben, das werden Sie sich häufig fragen. Mich jedenfalls hat diese Frage intensiv beschäftigt, besonders in der zweiten Woche nach dem Termin!

Beides, unser Wissen wie seine Grenzen, bieten uns Gelegenheit, uns mit den geistlichen Aspekten zu befassen. Was wir wissen, kann uns zum Danken bringen. Eines meiner Lieblingslieder beginnt mit den Worten: »Auf, alle Dinge, die Gott gemacht; erhebet euch und lobt den Herrn!« Die zehn Strophen des Liedes führen durch die gesamte Schöpfung, sie staunen über den Grashalm genauso wie über den Sternenhimmel. Der Dichter stellt sich sogar vor, wie er den Fischen im Ozean ins Maul schaut! Das ganze Lied ist ein Lobpreis auf die Schöpfung. Je detaillierter die Aufzählung, desto besser können wir den Schöpfer loben.

Gleichzeitig fordern uns die zunehmenden Erkenntnisse der Wissenschaft aber auch heraus, die uns von Gott gegebenen Gaben zu gebrauchen. Ständig eröffnen sich neue technische Möglichkeiten, und sie alle haben ihre guten und schlechten Seiten. Selbst aus einer so normalen Sache wie einer Schwangerschaft ist ein hoch technologisiertes Geschäft geworden. Wägen sie sorgfältig ab, was Sie in Anspruch nehmen wollen. Erkundigen Sie sich nach der Einrichtung und den Verfahren, die Ihnen ein Krankenhaus bieten kann. Entscheiden Sie im Voraus, wie weit Sie die Technik angewandt wissen wollen, und versuchen Sie sich innerlich wie äußerlich entsprechend darauf vorzubereiten.

Und schließlich vergessen Sie nicht, dass die Grenzen unseres Wissens geistlich gesehen auch eine Chance sind. In manchen Kulturen werden die Frauen über die Vorgänge bei der Geburt im Unklaren gelassen – das Reden darüber ist ein Tabu. In solchen Gesellschaften fürchten sich die Frauen vor der Geburt. Andererseits haben sie das Gefühl, an einem kosmischen Geschehen teilzunehmen. Wir wiederum wissen eine Menge über das Gebären und brauchen darum keine solche Angst zu haben. Aber wir wissen trotzdem nicht alles und können auch nicht alles kontrollieren. Auch wir tauchen bei der Geburt in das große Geheimnis von Leben und Tod hinein. Wir gelangen an unsere Grenzen. Das kann uns helfen, unseren Körper neu schätzen und ihm vertrauen zu lernen. Und es kann uns näher zu dem ideenreichen, starken und liebenden Gott führen, der uns geschaffen hat.

Lieber Herr, ich danke dir, dass du mir einen Körper geschenkt hast, der Kinder gebären kann. Ich danke dir für den Verstand, mit dem ich vieles begreifen kann. Ich danke dir für ein Herz, das lieben und weise Entscheidungen treffen kann. Danke für alle Wunder des Lebens und für das Geheimnis und die Größe, vor denen wir nur staunen können. Hilf mir, dir ganz zu vertrauen, gerade angesichts all des Unbekannten, das auf mich zukommt. Hilf mir, dich mit allem, was ich kann und weiß, zu loben. Amen.

★ ★ ★

»Denn du hast meine Nieren bereitet und hast mich gebildet im Mutterleibe. Ich danke dir dafür, dass ich wunderbar gemacht bin.« Psalm 139,13-14

Haben Sie schon angefangen, kleine Strampelanzüge, Lätzchen und Decken zu horten? Vielleicht bringen die Freundinnen bereits Geschenke oder leihen Ihnen Sachen, aus denen die eigenen Kinder herausgewachsen sind. Die Schwangerschaft gibt Ihnen die Möglichkeit, sich auch ganz praktisch auf die Ankunft des Babys vorzubereiten. Sie haben genug Zeit, um Babykleidung, Möbel und andere Dinge zu besorgen. Manche Frauen beginnen schon früh, das »Nest« zu bauen. Andere schieben es hinaus, bis sie ganz sicher sind, dass mit dem Baby alles in Ordnung ist.

Als ich das erste Mal schwanger war, versuchte ich für das kleine Wesen, das da in mir wuchs, einen Pullover zu stricken. Am Abend saß ich mit dem Strickzeug in meinem Schaukelstuhl – das Idealbild einer werdenden Mutter. Ich habe diese Stunden genossen – beim leisen Klappern der Nadeln vor mich hinzuträumen, mich mit meinem Mann zu unterhalten und zuzusehen, wie aus den Wollknäueln ganz allmählich ein Paar kleine Ärmel, ein Vorder- und ein Rückenteil wuchsen. Manchmal machte ich einen Fehler und musste ein Stück auftrennen und noch einmal stricken. Trotzdem hatte ich das Gefühl, etwas Sinnvolles und zutiefst Befriedigendes zu tun. Die Arbeit in meinen Händen war eine Parallele zu den schöpferischen Vorgängen in meinem Bauch.

Während Sie stricken, für das Baby einkaufen und sich auf sein Kommen vorbereiten, ist auch Gott »am Stricken«. Aber er lässt keine Maschen fallen; bei ihm ist kein Teil zu teuer und es gibt nichts von der Stange. Gott hat schon Millionen von Babys entstehen lassen. Dennoch ist jedes einzigartig und unvergleichlich; jedes ist in seinen Augen von unschätzbarem Wert. Wie der Psalmist es im Blick auf Gottes Werk sagt: »Ich danke dir dafür, dass ich wunderbar gemacht bin.«

Sie sind mit Gott gemeinsam an der Arbeit. Gott hat Ihnen einen Körper gegeben, der in der Lage ist, ein Baby zu tragen und zu schützen. Er selbst ist in den verborgenen Bereichen Ihres Leibes am Werk, um ein wunderbares Wesen zu schaffen. Und Sie helfen in vieler Weise mit. Sie ernähren sich gut und treiben Gymnastik, um Ihrem Körper bei der Arbeit zu helfen. Sie beten für die Gesundheit Ihres Kindes. Sie besorgen Windeln und Babykleidung. Sie schaffen in Ihrem Herzen und Ihrem Heim Raum für den kleinen Neuankömmling.

Wir wissen nicht genau, wie Gott in Ihrem Leib wirkt. Ultraschalluntersuchungen können Gottes Finger nicht einfangen. Ein Stethoskop kann das Klappern seiner Stricknadeln nicht erkennen. Auch die fortschrittlichsten Techniken greifen zu kurz. Nur das Auge des Glaubens kann einen Blick auf Gottes Wirken erhaschen. Was sieht ein solches Auge? Der Psalmist macht uns deutlich, dass Gottes schöpferisches Tun dem unseren ähnelt. Auch Gott nimmt sich Zeit, um etwas Gutes hervorzubringen. Auch er freut sich, wenn ein gelungenes Stück fertig ist.

Der Psalmist zeigt uns auch, dass Gottes Arbeit in unserem Bauch alle menschlichen Kategorien durcheinander bringt. In einem Vers heißt es, er bilde unsere Nieren im Leib der Mutter, in einem anderen spricht er davon, wie das Baby in der Tiefe der Erde geformt wird.

Doch egal, wie er vorgeht: Das Wunder, das sich in Ihrem Bauch ereignet, ist mehr als eine persönliche oder familiäre Angelegenheit. Es verbindet Sie mit Gott und dem tiefen Geheimnis des Lebens. Auf geheimnisvolle Weise führt es Sie in die Tiefen der Erde – Sie und Ihr Baby stehen in einem ganz engen Zusammenhang mit der gesamten Schöpfung!

Wenn ich daran denke, wie Gott in der Tiefe der Erde letzte Hand anlegt, dann fällt mir immer ein niedliches Lätzchen ein, das meine Großmutter vor vielen Jahren für die Taufe ihres ersten Enkelkindes bestickt und mit feiner Spitze eingefasst hat. Seitdem hat es manches Taufkleid geschützt. Nun habe ich es weggepackt, bis ich es einmal an die nächste Generation weitergeben kann.

Niemand sieht alle Vorbereitungen, die für unser Baby getroffen werden. Niemand kann begreifen, was uns alles mit dem Rest der Schöpfung verbindet. Die unsichtbaren Bemühungen vergangener Generationen geben uns heute das Baumaterial für unser eigenes Nest. Die Erde nährt uns und unser Baby mit ihren Früchten. Gott formt und bildet und gibt seinen Geist.

So geht ein Kind hervor, das Sie lieben und für das Sie sorgen dürfen. Ihre gemeinsame Liebe und die Verantwortung für dieses Geschöpf ist ein weiterer Faden im Gewebe Ihres Lebens – ein Faden, der Sie enger mit Gott, mit Ihrer Familie und mit der gesamten Schöpfung verweben kann.

Lieber Herr, ich danke dir, dass ich dein Partner sein darf. Hilf mir, deine Nähe zu spüren, auch bei all den ganz konkreten Vorbereitungen auf das Kind. Hilf mir, mich an den Dingen zu freuen, die ich jetzt schon zurechtlegen kann. Und bewahre mich davor, mich an Dingen festzubeißen, von denen ich meine, ich müsste sie unbedingt haben. Hilf mir zu erkennen, wie meine Familie und ich ein Teil des großen Lebensmusters sind, an dem du wirkst. Amen.

★ ★ ★

»Hat nicht auch ihn [meinen Knecht] erschaffen, der mich im Mutterleibe schuf, hat nicht der Eine uns im Mutterschoß bereitet? . . . Ich habe sie von Jugend auf gehalten wie ein Vater, und ich habe sie von Mutterleib an geleitet.«   Hiob 31,15+18

Das Elternsein kann uns wirklich die Augen öffnen. So habe ich zum Beispiel nicht allzu sehr auf die Gewaltdarstellungen im Fernsehen geachtet – bis ich kleine Kinder im Haus hatte. Plötzlich fing ich an, die Welt durch ihre Augen zu sehen. Und ich sah eine Menge schrecklicher Dinge. Kein Wunder, dass Eltern sich zusammenschließen, um auf die Fernsehverantwortlichen Druck auszuüben, damit sie bessere Programme liefern!

Vielleicht haben auch Sie bereits begonnen, die Welt mit den Augen Ihres Kindes zu betrachten. Plötzlich werden Ihnen die Gefahren, die selbst den Menschen bedrohen, der ein relativ sicheres Leben führt, erschreckend bewusst. Wenn solche Gedanken Sie quälen, lassen Sie sich davon nicht niederdrücken – viele schwangere Frauen machen ähnliche Ängste durch. Sie verschwinden aber in der Regel, sobald das Baby da ist. Bis dahin bemühen Sie sich darum, diese Gefühle anzunehmen und daraus zu lernen. Ein bisschen Angst kann durchaus nützlich sein. Wir haben guten Grund, den Kindern beizubringen, sich vor Steckdosen und offenen Flammen zu fürchten. Die Ängste, die Sie während der Schwangerschaft bedrücken, können Sie daran erinnern, dass wir verletzliche Wesen sind – trotz aller Sicherheitssysteme und Versicherungspolicen. Wir brauchen einander und wir brauchen Gott.

Das Kind, das in Ihrem Bauch heranwächst, kann Ihnen auch auf andere Art die Augen öffnen. Vielleicht spüren Sie auf einmal eine ganz neue Verbundenheit mit jedem kleinen Kind, das Ihnen begegnet. Selbst andere Neugeborene können uns anrühren: kleine Hunde, Kätzchen oder Küken. Natürlich muss man nicht schwanger sein, um sich zu diesen unschuldigen und verletzlichen Kreaturen hingezogen zu fühlen. Dennoch kann gerade die Schwangerschaft mütterliche Empfindungen in Ihnen wecken, von denen Sie noch gar nichts wussten.

Hiob erinnert uns daran, dass Gott für jeden Menschen mütterliche Gefühle hegt – egal ob arm oder reich, jung oder alt. Schließlich hat er selbst jeden von uns im Mutterleib gebildet. Gott gestaltet Ihr Kind genauso wie das einer Frau in Afrika, die kaum genug zu essen hat. Er gestaltet das Baby des größten Hollywoodstars und das Kind Ihrer bescheidenen Nachbarin. Gott hegt an jedem von uns ein elterliches Interesse. Das bedeutet letztlich auch, dass wir durch Gott alle miteinander verbunden sind. Darum betont Hiob, dass er die Waise des Nachbarn wie sein eigenes Kind behandelt hat. Er hat der Nachbarswitwe genauso zur Seite gestanden wie seiner eigenen Mutter. Gott wirkt durch einen jeden Einzelnen von uns, um für alle seine Kinder zu sorgen.

Im Lauf der Zeit werden Sie noch ausreichend Gelegenheit haben, mit Gott zusammenzuarbeiten, damit diese Welt kinderfreundlicher wird. Vielleicht arbeiten Sie bereits beim Kindergottesdienst mit oder helfen bei der Kinderbetreuung in Ihrer Gemeinde. Vielleicht leisten Sie schon einen Beitrag, um das nachbarschaftliche Zusammenleben oder das an Ihrer Arbeitsstelle zu fördern. Dennoch kann Ihnen gerade das Elternsein einen neuen Anreiz und ein langfristiges Ziel geben. Der zukünftige Weltbürger, den Sie in sich tragen, gibt Ihnen ein besonders Interesse an der Zukunft. Kein Wunder, dass Eltern oft als die »Säulen der Gesellschaft« gelten. Ihre Kinder bewirken, dass sie ihre Gedanken und Kräfte langfristig ausrichten – auf gute Schulen, sichere Gemeinwesen und stabile Beziehungen.

Doch bevor Sie sich zu sehr wie eine starre Säule fühlen, möchte ich darauf hinweisen, dass die Schwangerschaft und das Elternsein Ihr Leben auch herrlich durcheinander wirbeln. Wahrscheinlich haben Sie schon jetzt einige Gewohnheiten ändern müssen, um all den Arztterminen, der Gymnastikgruppe, Ihrem wachsenden Bauch (und dem Druck auf der Blase) gerecht zu werden. Wenn das Baby dann da ist, können Sie den gewohnten Tagesablauf erst einmal ganz vergessen. Ich erinnere mich noch gut, wie die Tage und Nächte nur noch wie ein einziger Rausch an mir vorüberzogen. Eine ganze Weile fragte ich mich, ob wir wohl je wieder eine Mahlzeit hinter uns bringen würden, ohne gestört zu werden.

Irgendwann schafften wir es dann, unsere Mahlzeiten wieder

relativ friedlich zu uns zu nehmen. Und auch Ihr Leben wird einen neuen Rhythmus finden. Die Wochen des hektischen Übergangs dienen jedoch einem guten Zweck. Sie rütteln uns in unserer Routine auf und rufen uns auf, neu zu beginnen.

Jede Schwangerschaft bringt unser Leben durcheinander. Die von Maria stellte jedoch die ganze Welt auf den Kopf! Voller Jubel konnte sie ausrufen: »Meine Seele erhebt den Herrn . . . Er stößt die Gewaltigen vom Thron und erhebt die Niedrigen. Die Hungrigen erfüllt er mit Gütern und lässt die Reichen leer ausgehen.« Durch ihre Schwangerschaft sah sie, wie Gott die Welt aus den Angeln hob, um allen Gerechtigkeit widerfahren zu lassen!

Gott wirkte durch Maria und ihren Sohn. Er wirkt auch durch Sie und mich und unsere Kinder. Er rechnet mit jedem Einzelnen und segnet unsere Bemühungen, aus dieser Welt eine glücklichere und gesündere Heimat für alle zu machen.

Lieber Herr, hilf mir durch die Gefahren und Schwierigkeiten hindurch, die auf mich warten. Schenk mir Vertrauen und Geduld, mit all der Ungewissheit und den Veränderungen zurechtzukommen. Zeig mir, was ich dazu tun kann, dass die Welt ein bisschen gesünder und glücklicher wird – für mein Baby und alle deine geliebten Kinder. Amen.

6. Gott ist mit uns

> »Ehe denn die Berge wurden und die Erde und die Welt geschaffen wurden, bist du, Gott, von Ewigkeit zu Ewigkeit.« Psalm 90,2

Stellen wir uns einmal vor, wie Gott die ganze Welt erschafft. Er macht sich darüber Gedanken, wie die Sterne leuchten und die Planeten in ihren Umlaufbahnen kreisen sollen. Ganz allein ist er damit beschäftigt, unseren wunderbaren Planeten ins Leben zu rufen mit seinen imposanten Bergen und fruchtbaren Tälern, den riesigen Meeren und den weiten Ebenen. Was für ein ideenreicher, mächtiger Gott ist doch nötig, um eine solche Schöpfung hervorzubringen!

Dieser selbe Gott hat auch in jede Faser unseres Seins etwas von seiner Stärke und Kreativität hineingelegt. Denken Sie daran an Tagen, an denen Ihnen zumute ist, als würden Sie einen Berg vor sich hertragen. Es gehört eine Menge Energie dazu, ein wohlproportioniertes Baby in seinem Wasserbett den ganzen Tag mit sich herumzuschleppen. Nehmen Sie sich deshalb Zeit, die Füße hochzulegen, zu ruhen und zu träumen. Nehmen Sie sich Zeit für körperliche Bewegung – vor allem wenn Sie normalerweise viel sitzen oder stehen müssen. Dehnungsübungen, Schwimmen, Radfahren oder andere leichtere Übungen können Ihnen helfen zu entspannen und geben Ihnen neue Kraft und Ausdauer.

Die meisten modernen Frauen müssen die Gymnastik extra einplanen – im Gegensatz zu unseren Vorfahrinnen, deren Leben viel mehr von körperlicher Arbeit geprägt war. Die Stärke und Widerstandskraft, die sie dabei gewannen, kamen ihnen bei der Geburt zugute. Stammesangehörige von Grönland bis zur Wüste Kalahari haben die Forscher mit ihrer Fähigkeit, schnell zu gebären und dann wieder an die Arbeit zu gehen, immer wieder in Erstaunen versetzt. Der dänische Wissenschaftler Peter Freuchen berichtet, wie er einer Eskimofrau eines Morgens ein paar Felle zum Bearbeiten gab. »Am Nachmittag brachte sie sie zurück und entschuldigte sich, dass es so lange gedauert habe. Sie habe in der Zwischenzeit ein Baby bekommen!« Ähnlich lässt auch die Geschichte von der Geburt des Mose vermuten, dass die hebräischen Sklavinnen sehr schnell gebaren. Die Hebammen berichteten dem Pharao, die hebräischen Frauen seien, anders als die Ägypterinnen, »kräftige Frauen. Ehe die Hebamme zu ihnen kommt, haben sie geboren« (2. Mose 1,19).

Wenn Sie noch nicht damit begonnen haben, dann versuchen Sie jetzt, Ihren üppigen Körper durch gezielte Übungen auf die Geburt vorzubereiten. Gott hat Ihnen bereits kräftige Muskeln, Beweglichkeit und Ausdauer gegeben. Trotzdem können Sie wie ein Sportler versuchen, diese Dinge weiter zu trainieren. Ihre Hebamme, Ihr Arzt oder die Leiterin Ihres Geburtsvorbereitungskurses haben Ihnen vielleicht schon ein paar Übungen empfohlen, mit denen Sie Ihren Körper stärken und sich entspannen können. Und wenn Sie noch nicht wissen, welche Art von Bewegung für Sie gut ist, dann sollten Sie sich vielleicht ein Buch mit Anleitungen zur Schwangerschaftsgymnastik besorgen.

Trainieren Sie aber nicht nur Ihren Körper, sondern auch Ihren Geist. Beten Sie während der einzelnen Übungen. Ein einfacher Satz, den Sie beim Turnen wiederholen, kann Ihnen helfen, beim Atmen und Dehnen den richtigen Rhythmus zu finden. Vielleicht möchten Sie es einmal mit dem klassischen »Jesus-Gebet« versuchen.

Vor vielen Jahrhunderten wollte ein Mönch herausfinden, wie er ohne Unterlass beten könne, so wie die Bibel es uns sagt. Er kam schließlich auf ein Gebet, das den Atemrhythmus aufgreift. Während man langsam die Luft einatmet, betet man: »Herr Jesus Christus, Gottes Sohn«, und beim Ausatmen: »Erbarme dich meiner.« Vielleicht möchten Sie das Gebet auch abwandeln, indem Sie sich von Psalm 90 inspirieren lassen: »Barmherziger Gott, der die Welt erschuf« beim Einatmen; »schenk mir ein Herz voller Weisheit« beim Ausatmen.

Auch andere körperliche Anstrengungen können Sie in ein Gebet fließen lassen. Achten Sie selbst auf die kleinsten Fortschritte, was Kraft und Ausdauer angeht, und freuen Sie sich darüber. Erinnern Sie sich an Gelegenheiten, wo Sie Ihre Kraft richtig spüren konnten – vielleicht bei einem Wettrennen, beim Erledigen einer schwierigen Aufgabe oder als Sie einmal allen Mut aufbringen mussten, um zu sagen, was nötig war. Horchen Sie auf die Quellen der Kraft, die Gott Ihnen geschenkt hat. Der Gott, der Berge erschafft, gibt auch Ihnen Mut und Stärke.

Selbst der beste Übungsplan garantiert natürlich noch keine schnelle und leichte Geburt. Trotzdem wird die tägliche Disziplin Ihre Muskeln und Lunge kräftigen und Sie damit sowohl psychisch wie körperlich in die Lage versetzen, besser mit eventuellen Überraschungen fertig zu werden. Während der ersten Schwangerschaft hielt ich mich ziemlich treu an meinen Plan – aber dann bekam ich gar keine Gelegenheit, die gelernten Atemtechniken anzuwenden oder meine körperliche Tüchtigkeit zu beweisen. Die Fruchtblase riss, und das Wasser war voller Kindspech, das für die Lungen meines Babys nicht gut war. Wir warteten Stunden – aber keine Wehen setzten ein. Schließlich wurde ich in den Operationssaal gefahren. Alle Übungen waren umsonst. Oder doch nicht? Als ich noch darauf wartete, dass die Ärzte ihre Arbeit begannen, beugte sich mein Mann über mich und flüsterte: »Ich wusste gar nicht, dass du so stark bist.« Er meinte nicht die körperliche Stärke. Ich war im Moment nicht in der Lage zu zeigen, was meine Muskeln alles konnten. Er sah die innere Kraft – eine Stärke, die sich im Lauf der Jahre entwickelt und durch das Beten beim Beugen und Dehnen noch zugenommen hatte. Diese Kraft, wie die Ihre, kommt von dem Gott, der Berge erschaffen hat und auch alles über das Gebären weiß.

Lieber Herr, ich danke dir für meinen Körper und Geist und die Fähigkeiten, die du mir gegeben hast. Hilf mir, dass ich durch die Schwangerschaft reifen kann und dass mein Vertrauen zu dir wächst. Hilf mir, jeden Tag auf deine Kraft und deine Liebe zu bauen. Amen.

★ ★ ★

»Siehe, eine Jungfrau wird schwanger werden und einen Sohn gebären, und sie werden ihm den Namen Immanuel geben, das heißt übersetzt: Gott mit uns.«
Matthäus 1,23

»O Schreck! Hab ich so ausgesehen?« Ein paar Seiten weiter: »Was ist denn das für eine Schmiere?« So viel zu den wunderbaren Fotos von Lennart Nilsson von menschlichen Föten im Mutterleib und von neugeborenen Babys. In der Sicht eines Kindes wirkt der Kopf des Embryos grotesk und völlig unproportioniert. Die schützende Schicht von Fett und Blut auf der Haut des Neugeborenen sieht grässlich aus. Selbst in der sterilsten Umgebung ist eine Geburt auch heute noch eine ziemlich schmierige und blutige Angelegenheit. Allerdings auch ein erhebender, befriedigender schöpferischer Akt.

Von außen betrachtet können Schwangerschaft, Geburt und selbst der Geschlechtsakt abstoßend und irgendwie animalisch wirken. Vielleicht haben Sie schon einmal die Geschichte von dem Jungen gehört, der seine Mutter fragte, wie denn das Baby, das sie erwartete, überhaupt in ihren Bauch hineingekommen sei. Sie versuchte ihm so einfach und nüchtern wie möglich zu erklären, wie sein Vater in ihren Körper eingedrungen war. »Habt ihr Tony und mich genauso gemacht?«, fragte ihr Sohn.

»Ja«, erwiderte sie. »So entstehen alle Babys.«

»Du meinst, ihr habt das dreimal gemacht?! Da musst du uns aber wirklich ganz doll gewollt haben!«

Heute ist Sex kein solches Tabu mehr wie früher. Nur wenige schwangere Frauen haben das Gefühl, sie müssten sich verstecken, sobald sich ein Ansatz von Bauch zeigt. Ja, wir können es kaum mehr glauben, dass sich die Frauen noch vor hundert Jahren häufig schämten wegen ihres schwangeren Körpers. Damals wurde von einer feinen Dame erwartet, dass sie in ihren vier Wänden blieb, bis das Baby da war. Trotzdem sind auch wir noch immer nicht ganz frei von der Vorstellung, Sex sei irgendwie obszön. Wir wissen alle, dass ein schmutziger Witz nichts mit Dreck und Schlamm zu tun hat, und dass es sich bei dem schmutzigen alten Mann nicht um einen älteren Herrn handelt, der ein Bad bräuchte.

Zur Zeit Jesu wurde der Zusammenhang zwischen dem sexuellen Akt und der Unreinheit noch deutlicher betont. Die hebräische Bibel, und besonders das dritte Buch Mose, enthält umfangreiche Vorschriften über die religiöse Reinheit. Manche dieser Vorschriften setzen voraus, dass die Menstruation, der Samenerguss, Geschlechtsverkehr und die Geburt einen Menschen »unrein« machen. Darauf folgen spezielle Anweisungen für die jeweilige Situation. Diese Unreinheit hat allerdings wenig damit zu tun, dass Blut und Samen aus dem Ganzen eine schmierige Angelegenheit machen. Vielmehr kommt in diesen Regeln ein Stück Ehrfurcht zum Ausdruck. Der Sex bringt den Menschen, genauso wie der Tod, in eine gefährliche Nähe zur Leben spendenden Kraft und dem Geheimnis des Göttlichen. Kein Wunder, dass die Kulturen überall auf der Welt Tabus und Regeln kennen, um ihre Völker vor dieser Kraft zu schützen.

Leider können solche Tabus jedoch den Eindruck hinterlassen, der Sex als solcher sei schmutzig oder etwas, wofür man sich schämen müsse. Wie wunderbar ist es da, dass Gott sich nicht zu gut war, in die Gefahr und den Schmutz hinabzusteigen und selbst als Mensch geboren zu werden. In Christus wurde er klein und wuchs im Leib einer Frau heran. In Christus unternahm Gott die gefährliche Reise durch den Geburtskanal und kam blutverschmiert heraus. Weil Gott in Christus als Mensch geboren wurde, hat jede menschliche Geburt eine neue Würde.

Trotzdem stört es Sie vielleicht manchmal, dass Sie die Folge Ihres Sexlebens so offensichtlich mit sich herumtragen. Auch wenn Sie stolz sind, schwanger zu sein, missfällt es Ihnen womöglich, Ihren Unterleib regelmäßig in der Arztpraxis zu präsentieren. Nur wenige mögen es, wenn ein Fremder in unseren intimsten Bereichen herumstöbert.

Die Schwangerschaft stellt unseren Körper auf vielerlei Weise zur Schau. Was empfinden Sie dabei? Vielleicht stört Sie die Aufmerksamkeit, die Ihren Geschlechtsorganen zuteil wird. Vielleicht finden Sie die Veränderungen an Ihrem Körper aber auch selbst so faszinierend, dass Sie die Untersuchungen kaum erwarten können. Unter Umständen werden Ihnen die häufigen Tests sogar zur Routine, und sie beginnen, Ihren Körper selbst viel nüchterner zu betrachten.

Egal, wie Ihnen zumute ist – stehen Sie zu Ihren Gefühlen und setzen Sie sich damit auseinander. Sie erfahren dabei etwas über Ihre eigenen Schamgefühle. Das ist vielleicht ein etwas altmodischer Begriff. Aber ich glaube, dass sich in den Schamgefühlen etwas von unserer Menschlichkeit widerspiegelt. Wenn wir reine Geistwesen wären wie die Engel, dann hätten wir keinen Körper, den wir zeigen oder keusch verbergen könnten. Wenn wir nur ein Körper wären, dann würden wir so unbefangen unseren Trieben folgen wie die Tiere. Doch wir sind ein Mensch. Das heißt, wir sind Gestalt gewordener Geist und geistgefüllter Körper, dessen Schamgefühl nach passenden Grenzen sucht. Eine der Herausforderungen einer Schwangerschaft ist es, neue Grenzen zu setzen, die mehr von uns zeigen, aber trotzdem unsere persönliche Würde wahren.

Ebenso wichtig ist, dass die Schwangerschaft uns dazu aufruft, unseren Körper zu akzeptieren und zwar seine Schwächen wie seine Stärken, die Eleganz genauso wie alles »Unreine«. Wir lernen ganz neu, über all die feinen Veränderungen, die unser Körper durchmacht, um Leben weiterzugeben, ins Staunen zu kommen. Bei der Geburt können wir selbst in dem schmierigen Belag auf der Haut des Neugeborenen die schützende, pflegende Schönheit erkennen.

Wenn Sie versuchen, Ihre Gefühle zu analysieren und begreifen und sich mit Ihrem Körper anzufreunden, dann vergessen Sie nicht, dass Gott bei Ihnen ist. In der Person Jesu kam er selbst auf diese Erde. Er kam, um unser Menschsein mit uns zu teilen und uns von aller Sünde zu erlösen, die uns verschmutzt. Er kam in Jesus, der auch Immanuel genannt wird. Immanuel bedeutet, wie der Engel sagte: »Gott mit uns.« Deshalb dürfen wir darauf vertrauen, dass Gott alles weiß, was eine Geburt ausmacht, und bei uns ist, selbst in den extremsten Situationen, die Leben oder Tod uns bringen mögen.

O Herr, ich danke dir, dass du in die Welt gekommen bist und uns ein für alle Mal gezeigt hast, dass Gott mit uns ist, selbst in den extremsten Situationen. Hilf mir, ein Gefühl der Würde zu bewahren, selbst wenn ich beim Frauenarzt auf dem Untersuchungsstuhl liege. Amen.

★ ★ ★

»Deinen Fels, der dich gezeugt hat, hast du außer acht gelassen und hast vergessen den Gott, der dich gemacht hat.«   5. Mose 32,18

»Er ist dem Vater wirklich wie aus dem Gesicht geschnitten, nicht wahr?« Bald werden Freunde und Verwandte das Gesicht Ihres

Babys betrachten und herauszufinden versuchen, wem es ähnlich sieht. Kaum dass es geboren ist, wird Ihr Kind auch beginnen, Ihren Gesichtsausdruck nachzuahmen. Wenn Ihr Mann zum Spaß vor dem Kleinen Grimassen schneidet, dann können Sie schon bald beobachten, wie es Papa nachmacht. Und es wird auch andere Familieneigenarten annehmen. Papas Lieblingssätze werden mit Kinderstimmchen in die Unterhaltung fallen. Ihre eigenen Gesten werden von den knubbeligen Armen Ihres Kindes nachgeahmt.

Unsere Kinder haben sehr viel von uns selbst. Schon jetzt haben Sie und Ihr Mann Ihrem Kind zum Beispiel seine ureigene Genkombination mitgegeben. Augen- und Hautfarbe, Nasenform und Fußgröße – die Baupläne für diese Dinge und noch vieles mehr sind in den Zellen des Kindes bereits angelegt. Und es ist spannend zuzusehen, wie das Kind wächst und sich entwickelt und dabei die verschiedenen Familienanlagen zum Vorschein bringt.

Natürlich sind es mehr als ein paar Gene, was ein Baby ausmacht. Während der Schwangerschaft geben Sie Ihrem Kind auch einen Teil Ihres Körpers und Ihrer Kraft. Was Sie essen, dient nicht allein dazu, Ihren eigenen Körper zu kräftigen. Jedes Krümchen teilen Sie mit dem Fötus, der in Ihnen wächst. Ich habe mich darüber gefreut. Zum einen durfte ich mehr gute Sachen essen, ohne dass sie sich gleich in nutzlose Fettpolster verwandelten, andererseits spürte ich auch, wie die Verbindung zwischen dem Baby und mir wuchs, wenn ich für uns beide aß. Selbst das Abendmahl bekam eine neue Bedeutung. Wir können zwar nicht mit Augen sehen, was Brot und Wein in uns bewirken, aber wir wissen, dass wir im Glauben gestärkt vom Abendmahlstisch fortgehen. Genauso können wir nicht sehen, wie unser Körper die Nahrung in Energie umwandelt und sie in der geeigneten Menge an unser Kind weiterleitet. Aber wir erleben, wie unser Bauchumfang zunimmt, und wissen, dass unser Baby wächst. Wer weiß, vielleicht dringt, was uns beim Abendmahl stärkt, durch uns hindurch auch in die keimende Seele unseres Kindes. Mir gefällt dieser Gedanke.

Auf jeden Fall aber geben wir unserem Kind weit mehr als nur unsere Gene und die stoffliche Nahrung. Selbst jetzt hört es unseren Herzschlag und eine vertraute Stimme. Vielleicht singen Sie Ihrem Baby etwas vor – für viele Frauen in den unterschiedlichsten Kulturkreisen ist das sehr wichtig. Schon ab dem vierten oder fünften Monat können die Kinder Geräusche von außen hören. Auch der Vater kann seine musikalische Begabung mit seinem ungeborenen Kind teilen. Das Neugeborene kann Sie beide erfreuen, wenn es Melodien wieder erkennt, die es schon im Bauch gehört hat.

Im Lauf der Zeit teilen Sie auch Ihr Heim, Ihre Liebe, Ihre Interessen und Ihre Wertvorstellungen mit Ihrem Kind. Daran können sich Eltern wie Großeltern gleichermaßen freuen. Welch ein Geschenk, mitzuerleben, wie das Gesicht des Kindes vor Freude strahlt. Selbst geschäftige Berufstätige können die Zeit vergessen, wenn sie ihren Kindern zuschauen und beobachten, wie sie spielen und entdecken, die Familienmitglieder nachmachen und Neues ausprobieren.

Doch so erfreulich dieses Geben sein mag, es erfordert auch manches Opfer. Ihr Körper hat während der Schwangerschaft harte Arbeit zu leisten. Der Stress ist wohl von Frau zu Frau verschieden, aber wir alle büßen dabei einen Teil unserer Kraft und Beweglichkeit ein. Unsere Muskeln werden bis aufs Äußerste gedehnt, Lunge, Herz und Nieren leisten vollen Einsatz. Früher sagte man, für jedes Kind verliere man einen Zahn. Das muss natürlich nicht passieren, wenn man Zähne und Zahnfleisch während der Schwangerschaft sorgfältig pflegt. Dieser alte Spruch macht aber deutlich, dass eine Schwangerschaft, trotz aller Freuden, von unserem Körper ihren Tribut fordert. Darum achten Sie auf sich selbst, damit Sie genug Kraft weiterzugeben haben!

Woher bekommen Sie die körperliche und seelische Kraft, die Sie brauchen, um ein Kind auszutragen und aufzuziehen? Mose weist uns hin auf den Fels, der uns geboren, den Gott, der uns gezeugt hat. Wir sind sozusagen alle aus seinem Holz geschnitzt – unser Leben, unsere Kraft und unsere Fähigkeit zu lieben kommen von dem Gott, der uns das Leben gegeben hat und uns weiterhin trägt und hält. Gott ist so stark und verlässlich wie ein Fels und gleichzeitig so aufopfernd und leidenschaftlich wie eine Mutter. Der Gott, der uns unbegrenzte Kraft schenkt, segnet uns. Derselbe Gott freut sich, wenn wir in Gnade und Weisheit wachsen. Darum stützen Sie sich auf den Felsen. Denken Sie an den Gott, der uns alle gezeugt hat, und zeigen Sie, dass Sie ihm ähnlich sind.

Lieber Herr, ich danke dir, dass du mir in deiner Liebe ein festes Fundament schenkst. Hilf mir, meinem Kind von meiner Liebe weiterzugeben, so wie ich ihm von meinem Körper, meinem Essen und meinem Atem gebe. Hilf mir, mich so bedingungslos auf dich zu verlassen, wie mein ungeborenes Kind sich auf mich verlässt. Amen.

★ ★ ★

»Denn wir sehen ja, wie die gesamte Schöpfung leidet und unter Qualen auf ihre Neugeburt wartet. Aber auch wir selbst, denen Gott bereits jetzt seinen Geist gegeben hat, warten voller Sehnsucht darauf, dass Gott uns als seine Kinder zu sich nimmt und auch unseren Leib von aller Vergänglichkeit befreit... Dabei hilft uns der Heilige Geist in all unseren Schwächen und Nöten. Wissen wir doch nicht einmal, wie wir beten sollen, damit Gott uns erhören kann. Deshalb hilft uns der Heilige Geist und betet für uns auf eine Weise, wie wir es mit unseren Worten nie könnten.«
Römer 8,22-23+26 (Übersetzung: Hoffnung für alle)

»Sind wir schon da? Wie lange geht es noch?« Diese Fragen werden Sie in den nächsten Jahren wohl noch häufig hören. Die Fahrt zu einem bestimmten Ort kann wie eine Ewigkeit erscheinen – für Kinder, aber auch für uns.

Im Moment scheint Ihnen vielleicht auch der Weg bis zum Geburts-Tag entsetzlich lang. Die anfängliche Überraschung und Freude haben etwas von ihrem Reiz eingebüßt. Es besteht schon lange kein Zweifel mehr, dass Sie tatsächlich schwanger sind! Inzwischen haben Sie sich daran so gewöhnt, dass die nichtschwangeren Tage schon sehr weit zurückzuliegen scheinen. Falls Sie Probleme haben, dann warten Sie vermutlich darauf, dass bald alles vorüber ist. Und selbst wenn Sie es genießen, schwanger zu sein, werden Sie vielleicht langsam ungeduldig und möchten das Kind, das Sie nun schon so lange in sich tragen, endlich sehen.

Wie dem auch sei, die Schlussphase kommt tatsächlich immer näher. Arzt oder Hebamme bestellen Sie jede zweite Woche zur Kontrolle und nicht mehr nur einmal im Monat.

Vielleicht haben Sie auch schon damit begonnen, Listen anzulegen und alles zu notieren, was Sie noch erledigen wollen, ehe das Baby kommt.

Wie erleben Sie diese Wartezeit? Schleicht sie zähflüssig dahin wie bei Kindern, die auf den nächsten Geburtstag warten? Verstreicht sie viel zu schnell wie die Tage vor Weihnachten, in denen immer noch so viel zu tun ist?

Vielleicht haben Sie gemischte Gefühle – einerseits wollen Sie jeden Augenblick festhalten, andererseits möchten Sie Ihr Kind bald im Arm halten können. Oder Sie sind des Wartens müde, fühlen sich aber andererseits noch nicht bereit, sich den Wehen und der Geburt zu stellen.

Nur wenige Menschen warten gern. Wir wollen selbst bestimmen und dem eigenen Rhythmus folgen. In der Schlange stehen, im Wartezimmer sitzen, auf den Bus warten – das heißt auch, dass jemand anders den Fahrplan bestimmt. Wenn wir schwanger sind, dann bestimmen Gott und unser Körper den Rhythmus. Wir können nicht viel tun, um den Prozess zu beschleunigen, aber wir können versuchen, die Wartezeit zu nutzen.

Warten gibt uns die Möglichkeit, uns Gedanken darüber zu machen, wo das Baby schlafen und was es anziehen soll. Wir haben Zeit, zu träumen und mit dem Vater Pläne zu schmieden. Wir haben Zeit, die älteren Kinder auf das Geschwisterchen vorzubereiten und im Beruf die nötigen Absprachen zu treffen. Wir haben Zeit, in unserem Herzen und unserem Leben Raum zu schaffen und uns selbst in der neuen Rolle zurechtzufinden. Die Wartezeit kann uns in Einklang mit unserem Körper bringen. Als ich schwanger war, achtete ich mehr als je zuvor auf meinen Körper und seinen Rhythmus. Wir haben Zeit zum Nachdenken und Gelegenheit, unseren Geist wandern zu lassen. Was für einen wunderbaren Einblick in Gottes Schöpfungsplan bekommen wir hier doch!

Ja, die Wartezeit der Schwangerschaft kann uns in Einklang bringen mit der gesamten Kreatur. Wenn Sie jemals meinen, neun Monate seien eine lange Zeit, dann denken Sie an die Schöpfung. Der Apostel Paulus schreibt, die ganze Schöpfung leide Qualen, seit vor langer Zeit die Sünde in die Welt kam. Die gute Nachricht aber ist, dass alles Warten und Seufzen und Leiden einmal ein Ende haben wird, auch für die Kreatur.

Das Warten während der Schwangerschaft kann darum durchaus mit dem Leben des Christen verglichen werden. Wir haben schon das Baby. Wir spüren es strampeln und sich recken, ja, vielleicht spüren wir manchmal sogar seinen Schluckauf! Auch Jesus haben wir schon. Wir können uns an den Früchten des Geistes freuen. Wir sind durch die Taufe versiegelt. Dadurch wissen wir, dass wir Gottes Kinder sind, so sicher wie wir wissen, dass das Kind in unserem Leib lebt und strampelt, dass es Fleisch von unserem Fleisch ist. Und dennoch warten wir auf den Tag, an dem Gott das für alle sichtbar werden lässt. Wir warten darauf, dass er unsere Leiber von Tod und Verfall erlöst. Wir warten darauf, dass er uns zu sich holt und nach Hause bringt.

So wie der Christ darauf wartet, Gottes Angesicht zu sehen, so warten Sie nun auf Ihr Kind. Sie wollen selbst sehen, dass alles in Ordnung ist. Ich weiß noch, wie intensiv ich darum gebetet habe, dass mein Kind gesund ist – nicht weil ich konkrete Befürchtungen hegte, sondern weil das, was wir nicht wissen, immer eine Spur von Angst und Unruhe mit sich bringt. Wir wissen nicht alles. Wir können nicht alles sehen. Wir wissen nicht einmal, wie wir richtig beten sollen. Darum wollen wir Gott für den Geist danken, der uns hilft, das zu tun, was wir allein nicht schaffen! Paulus versichert uns, dass er uns helfen wird, richtig zu beten. Er wird zum Ausdruck bringen, was in unseren Herzen ist – und was wir mit eigenen Worten gar nicht ausdrücken können. Eine gebärende Frau seufzt und schreit. Genauso seufzt der Heilige Geist mit und für uns, aus den Tiefen seiner schöpferischen Liebe.

Egal, wie lange Sie warten müssen, bis Sie Ihr Kind sehen, der Heilige Geist wartet mit Ihnen. Wenn es dann endlich soweit ist, ist er bei Ihnen und hilft Ihnen. Er steht Ihnen auch in den Höhen und Tiefen des Elternseins zur Seite. Egal, wie lang Sie einmal leben werden und wie viele Schwierigkeiten Sie zu meistern haben, er ist bei Ihnen, bis Sie Gott von Angesicht zu Angesicht sehen.

O Herr, ich danke dir, dass du den Heiligen Geist geschickt hast, damit er mir hilft und mir Mut macht. Du weißt, wie schwer das Warten sein kann. Bitte gib mir etwas von deinem Frieden, damit ich mich über diese Wartezeit freuen kann. Schenk mir Geduld und Vertrauen, und hilf mir, dir jeden Tag ein Stückchen näher zu kommen. Amen.

★ ★ ★

»Ich schwieg wohl eine lange Zeit, war still und hielt an mich. Nun aber will ich schreien wie eine Gebärende, ich will laut rufen und schreien.« Jesaja 42,14

Immer wieder einmal hören wir Geschichten von Frauen, die Schwangerschaft und Geburt scheinbar problemlos bewältigt haben. Da ist die Lehrerin, die trotz Wehen die Schulstunde noch zu Ende hält. Da ist die Studentin, die in den Ferien ihr Kind zur Welt bringt – und zum Semesterbeginn wieder pünktlich im Hörsaal sitzt. Und dann ist da noch die Sportliche, die sich auch in der fortgeschrittenen Schwangerschaft nicht daran hindern lässt, mit ihrem Mann noch einmal Campingferien zu machen.

Unsere Vorfahrinnen mögen das Gefühl gehabt haben, sie müssten sich im Haus einschließen, wenn »etwas unterwegs« war. Die heutige Frau meint eher, sie müsse sich und anderen beweisen, dass die Schwangerschaft sie in keiner Weise daran hindert, so weiterzuleben wie bisher und überall zu »funktionieren«.

Was ist Ihr Ideal? Gefällt Ihnen der Gedanke, etwas langsamer zu treten und manche Pflichten zu streichen, damit Sie sich ganz auf diesen besonderen Zustand konzentrieren können? Oder sind Sie stolz darauf, alles so zu tun wie immer? Vielleicht haben Sie gemischte Gefühle – an einem Tag möchten Sie den Job am liebsten an den Nagel hängen, am nächsten sind Sie stolz darauf, wie gut Sie mit allem zurechtkommen. Seien Sie nicht zu streng mit sich selbst, wenn Sie nicht alles so schnell erledigen wie gewohnt. Schließlich leisten Sie eine ganz wichtige Arbeit, ohne auch nur einen Finger zu krümmen. Ein Baby zu produzieren kostet Zeit und Kraft, die sich auf keinem Arbeitsplan erfassen lassen. Doch wenn es nötig ist und Sie wollen, dann können Sie auch weitermachen wie bisher, bis kurz vor der Geburt. Viele Frauen sind stärker, als sie selbst wissen. Doch egal, wie Sie sich fühlen, vergessen Sie nicht, dass Gott bei uns ist. Er ist bei uns, wenn wir versuchen, einen Rhythmus zu finden, der uns entspricht. Er ist mit uns, wenn wir unsere Pläne machen, wenn wir gemischte Gefühle haben und lernen, uns den Bedürfnissen unseres Kindes anzupassen. Er ist mit uns, wenn die ersten Wehen kommen und wenn wir das Baby hinauspressen. Ja, beim Propheten Jesaja heißt es, dass Gott ganz genau weiß, wie es ist, zu gebären. Mir gefällt dieses Bild von Gott als einer Gebärenden. Es ist so stark, so kreativ, so dynamisch. Gott weiß, was es bedeutet, den Ausdruck von Schmerz eine Weile zurückzuhalten. Er weiß auch, wie man mit lauten Schreien loslässt, wenn die letzten, heftigen Wehen einsetzen. Wir Menschen sind als Ebenbild dieses starken, kreativen, liebenden Gottes erschaffen. Daran wollen wir denken und uns von ihm Kraft holen, wenn wir sie brauchen.

Die göttliche Geburtsarbeit, die Jesaja schilderte, dauerte eine lange Zeit. In der Zwischenzeit wuchs eine ganze Generation von Israeliten heran und starb in der Kriegsgefangenschaft in Babel. Oft fragten sie sich, ob sie mit ihrer Heimat auch ihren Gott verloren hatten. Sie fragten sich, wo Gott in all ihrem Leiden war. Doch er war ihnen die ganze Zeit so nahe wie eine Mutter ihrem ungeborenen Kind. Er litt mit seinem Volk und ertrug schweigend die Schmerzen der Geburt. Wenn wir uns manchmal fragen, wo Gott ist, und es uns schwer fällt, seine Stimme zu hören, dann wollen wir an die Geschichte dieser Israeliten denken. Wir wollen daran denken, dass Gott uns, auch wenn er uns ganz weit weg erscheint, umhüllt und ernährt – so wie Sie Ihr heranwachsendes Kind umgeben und nähren.

Als ich das erste Mal bei Jesaja von dem Gott las, der gebiert, da sah ich vor mir einen Gott, der mühelos durch die Geschichte wandert und seiner schöpferischen Arbeit ganz zielgerichtet nachgeht. Seitdem habe ich selbst dreimal geboren. Nun stelle ich mir Gott nicht mehr so abgehoben vor. Ich sehe ihn nicht mehr als eine Art Superfrau, der Schwangerschaft und die Qualen der Geburt nichts ausmachen. Gott leidet mit uns, wenn uns etwas weh tut. Er leidet schweigend, wenn wir die Folgen unserer Sorglosigkeit und Blindheit erleiden. Aber dann, wenn die Zeit reif ist, schreit er wie eine Gebärende. Dieser Gott gibt auch uns die Kraft, die Schmerzen zu ertragen. Er gibt uns Kraft, neues Leben hervorzubringen. Er zeigt uns, wie wir unsere eigene, schöpferische Liebe freisetzen können.

Lieber Herr, ich danke dir für die Kraft und die Kreativität meines Körpers. Ich danke dir, dass du mir einen Geist gegeben hast, der dich suchen kann. Du weißt, wie es ist, ein Kind zur Welt zu bringen. Hilf mir, die Schwangerschaft gut zu bewältigen. Richte mich auf, wenn ich müde oder deprimiert bin. Mach mir Mut, wenn ich mit meiner Kraft und Ausdauer an meine Grenzen komme. Amen.

★ ★ ★

»Herr, mein Herz ist nicht hoffärtig, und meine Augen sind nicht stolz. Ich gehe nicht um mit großen Dingen, die mir zu wunderbar sind. Fürwahr, meine Seele ist still und ruhig geworden wie ein kleines Kind bei seiner Mutter; wie ein kleines Kind, so ist meine Seele in mir.«
Psalm 131,1-2

Babys mögen es, wenn man sie auf den Arm nimmt und mit ihnen schmust. Neuere Forschungen haben herausgefunden, dass selbst Frühgeborene, die die meiste Zeit im Inkubator verbringen, besser gedeihen, wenn sie Hautkontakt mit ihren Eltern haben können. Im Moment übernimmt Ihr Bauch das Schmusen noch ganz automatisch. Doch bald schon werden Sie Gelegenheit haben, Ihr Kind an die Brust zu nehmen. Sie werden seine zarte Haut und den suchenden kleinen Mund spüren, seinen Herzschlag und seinen Atem hören, die ungeübten Hilferufe und sein zufriedenes Nuckeln.

Beide Elternteile können und sollen mit ihrem Baby schmusen. Dennoch rührt das Bild der Mutter, die ihr Kind ans Herz drückt, uns auf eine ganz besondere Weise an. Über die Jahrhunderte hinweg haben die Künstler Maria mit dem Jesuskind dargestellt. Generationen haben diese Bilder bewundert. Sie strahlen solchen Frieden und solche Freude aus. In den letzten Jahren habe ich immer öfter davon gehört, dass die Post plant, ihre Weihnachtsmarken mit allgemeineren Themen zu gestalten – Nikoläuse und Schneemänner anstatt Krippe mit Kind. Bislang ist das noch nicht passiert. Offensichtlich ist es vielen wichtig, dass die wunderschönen Bilder von der Jungfrau mit dem Kind auch weiterhin einen Platz in unseren Herzen und auf unserer Festtagspost haben.

Ich bin nicht so vertraut mit der Kunst anderer Kulturen, aber ich vermute, dass auch sie Darstellungen von einer Mutter mit Kind kennen. Die Verbindung zwischen Mutter und Kind ist ein grundlegendes Element des menschlichen Lebens, das alle Kulturen umspannt. Vielleicht haben Sie schon davon gehört, wie wichtig es ist, die Verbindung mit dem Neugeborenen zu pflegen. Viele Schwangerschaftsberater betonen, dass es ganz wesentlich ist, dem Baby unmittelbar nach der Geburt in die Augen zu sehen, seinen Körper zu betasten und seine Haut auf der eigenen zu spüren. Sprechen Sie mit Ihrem Arzt und der Hebamme, damit Sie direkt nach der Geburt genug Zeit und Ruhe haben, um sich mit dem Neugeborenen vertraut zu machen. Machen Sie sich keine Sorgen, wie das gehen soll. Wenn die äußeren Bedingungen stimmen, wird Ihr Instinkt schon für den Rest sorgen.

Gott hat uns so geschaffen, dass wir Beziehungen suchen. Sie haben Instinkte, die Sie dazu bringen, Ihr Kind zu berühren und mit ihm zu reden. Sein Weinen wird Ihren Körper anregen, die Milch freizugeben. Auch Ihr Baby ist bereits bei der Geburt darauf angelegt, Ihre Nähe zu suchen. Sein kleiner Mund tastet nach Ihrer Brust, obwohl er noch nie Nahrung aufgenommen hat. Wenn Ihr

Baby sie gefunden hat, kann es Ihr Gesicht sehen. Neugeborene sehen am besten auf eine Entfernung von zwanzig bis fünfundzwanzig Zentimetern – das ist etwa so viel wie der Abstand zwischen Ihrem und dem Gesicht des Babys während des Stillens. Was näher oder weiter entfernt ist, verschwimmt. Gott hat uns mit dem lebenslangen Bedürfnis geschaffen, die Beziehung zu anderen Menschen zu suchen. Auch Erwachsene brauchen jemanden, der sie nährt, sie tröstet und mit ihnen spielt. Während der Schwangerschaft haben Sie vielleicht selbst mehr als sonst das Bedürfnis, bemuttert, gestreichelt und umsorgt zu werden. Es mag Tage geben, an denen alles wie ein Berg vor Ihnen steht. Selbst die unabhängigsten Erwachsenen brauchen hin und wieder eine starke Schulter, an die sie sich anlehnen können, oder ein Ohr, das sich ihnen zuneigt. Scheuen Sie sich nicht, um die Zuwendung zu bitten, die Sie brauchen.

Vielleicht fällt es Ihnen schwer zuzugeben, dass Sie selbst so bedürftig sind wie ein Kind. Selbst Kinder sind ja nicht gern abhängig. Ehe Sie sich versehen, wird Ihr Kleines bereits sagen: »Kann alleine!« Und Sie als Erwachsene haben Probleme, die Hilfe, die andere Ihnen anbieten, dankbar anzunehmen. Vielleicht haben Sie Schuldgefühle, weil Sie es ja eigentlich allein schaffen könnten. Oder Ihr Stolz steht Ihnen im Weg. Aber freuen Sie sich doch über die freundliche Fürsorge von Familie, Freunden und vielleicht sogar Fremden, auch wo sie nicht erbeten wurde. Natürlich können Sie die Tür allein öffnen, aber die Menschen Ihrer Umgebung möchten Ihnen vielleicht zeigen, dass sie Sie gern haben und ein bisschen verwöhnen wollen.

Gott hat den Wunsch nach Beziehungen in uns hineingelegt. Er hat uns auch das Verlangen geschenkt, die Verbindung mit dem Schöpfer zu suchen. König David wusste darum, als er schrieb: »Meine Seele ist still und ruhig geworden wie ein kleines Kind bei seiner Mutter.« Ruhm und Macht konnten seine Seele nicht zur Ruhe bringen. Nur die enge Beziehung zu Gott brachte das fertig.

Er sieht seine Seele als ein hilfloses Kind, das sich an Gott kuschelt. Dieses geliebte Kind muss sich nicht weit umsehen. Stattdessen richtet es seine Blicke auf das nahe Antlitz Gottes, der es an sich drückt und nährt und schützt.

Gott ist auch mit Ihnen. Er wird Ihnen helfen und Sie stützen. Er hört Ihr Weinen und tröstet Sie. Er gibt Ihnen die Nahrung, die Sie brauchen, um in der Gnade zu wachsen. Er schenkt Ihnen Frieden und Zuversicht, damit Sie das Leben in seiner ganzen Fülle auskosten können.

Lieber Herr, ich danke dir, dass du uns so geschaffen hast, dass wir einander lieben können. Beschütze das Kind, das ich in meinem Leib trage, und beschütze auch mich. Schenk mir Kraft und Mut, den Anforderungen des Lebens zu begegnen. Hilf mir, meinen Blick ganz auf dich und deine Gegenwart zu richten. Lass mich von deiner geistlichen Nahrung kosten, damit ich sie an die Menschen meiner Umgebung weitergeben kann. Amen.

7. Schattenseiten

> »Und die Kinder stießen sich miteinander in ihrem Leib. Da sprach sie: Wenn mir's so gehen soll, warum bin ich schwanger geworden? Und sie ging hin, den Herrn zu befragen.«
>
> 1. Mose 25,22

Herzlichen Glückwunsch – nun sind Sie schon fast auf der Zielgeraden! Nur noch wenige Wochen, und Sie werden Ihr Baby in den Armen halten. Bis jetzt konnte sich Ihr Kind relativ frei in Ihrem Bauch bewegen. Es konnte sogar Purzelbäume schlagen. Im siebten Monat allerdings ist dann der meiste Platz besetzt. Nun ist Schluss mit dem Herumkugeln! Ihr Kind muss sich in den nächsten Wochen mit Dehnübungen, Strampeln und Stoßen zufrieden geben.

Mit einem so großen Baby im Bauch wird es wahrscheinlich auch Ihnen allmählich ein wenig unbequem. Je größer Ihr Kind wird, desto mehr werden Ihre Lungen und die Blase eingeengt. Es fällt Ihnen vielleicht schwer, einmal richtig tief Luft zu holen. Wahrscheinlich müssen Sie auch viel öfter zur Toilette als sonst. Sie bekommen Rückenschmerzen, weil Sie vorn so viel zusätzliches Gewicht mit sich herumtragen. Aber lassen Sie sich davon nicht entmutigen. Fast alle Frauen kennen diese Beschwerden. Und auch weniger häufige Symptome wie zum Beispiel Venenschmerzen oder Schwangerschaftsdiabetes halten nicht für immer an. Das Ende ist bereits in Sicht.

Vielleicht sind Ihre Beschwerden auch so gering, dass Sie bis jetzt kaum einen Gedanken daran verschwendet haben. Sie nehmen sie einfach hin – ein kleiner Preis für das Wunder, das in Ihnen heranwächst. Oder Sie sehen in ihnen einen Fingerzeig der Natur, dass Sie ein wenig kürzer treten sollten. Geschwollene Gelenke oder Krampfadern sagen Ihnen, Sie sollten die Füße hochlegen und sich öfter einmal ausruhen.

Wenn Sie dagegen ernstere Probleme haben, dann machen Sie sich vielleicht Sorgen und zwar nicht nur um die eigene, sondern auch um die Gesundheit Ihres Babys. Wenn Sie immer noch von Übelkeit geplagt werden, wie manche Frauen, dann haben Sie Angst, dass Ihr Kind darunter leidet. Oder Sie fragen sich, wie lange man mit Zwieback überleben kann. Und wenn Sie schon vor der Schwangerschaft unter gesundheitlichen Problemen gelitten haben, dann sorgen Sie sich vielleicht, wie Ihr Körper jetzt mit der zusätzlichen Belastung zurechtkommt.

Und selbst wenn Sie keine besonderen Beschwerden haben – wird all das Stoßen und Strampeln nicht Ihren inneren Organen schaden? Viele Frauen fragen sich gegen Ende der Schwangerschaft auch, ob sie womöglich doch Zwillinge bekommen. Kann ein einziges Baby denn so viel Platz brauchen? Kann das Stoßen und Strampeln von einem einzigen Kind herrühren? In den meisten Fällen ja. Wenn Sie allerdings tatsächlich mehr als ein Kind in sich tragen, dann wird es Ihnen jetzt vermutlich ziemlich unbequem. Kein Wunder bei so viel Baby!

Das erste Mosebuch lässt uns etwas davon ahnen, wie elend einem während einer solchen Zwillingsschwangerschaft werden kann. Rebekka war überglücklich, als sie von ihrer Schwangerschaft erfuhr. Sie war so lange unfruchtbar gewesen, dass auch ihr Mann die Sache im Gebet vor Gott brachte. Doch mit der Schwangerschaft hörten Rebekkas Probleme nicht auf. Auch wenn sie es nicht wusste – sie erwartete Zwillinge. Den lebhaften Jungen schien ihr Bauch nicht groß genug zu sein. Sie stießen und drängelten sich so heftig, dass Rebekka am liebsten gestorben wäre. »Wenn es mir so gehen soll, warum bin ich schwanger geworden?«

Können Sie das nachempfinden? Rebekka hatte alles, was eine Frau in ihren Tagen sich wünschen konnte – eine intakte Familie mit guten Zukunftsaussichten, einen Mann, der sie liebte, und die Schwangerschaft, nach der sie sich so lange gesehnt hatte. Trotzdem gewann ihr Leid für eine Weile die Oberhand. Wie leicht können sich die Sorgen, ob es sich um körperliche Schmerzen oder psychische Beschwerden handelt, in den Vordergrund drängen. Gott weiß das, und er hat nichts dagegen, wenn wir unsere Not herausschreien. Er befahl Rebekka nicht, den Mund zu halten und Haltung zu bewahren. Als sie mit ihren Sorgen zu ihm kam und ihn fragte, warum sie noch leben sollte, half er ihr, die Bedeutung ihres Leidens zu erkennen. Sie würde zwei Völker zur Welt bringen. Zwei Söhne stritten sich bereits jetzt in ihrem Bauch. Aus ihnen sollten zwei Völker werden. Eine außergewöhnliche Erklärung.

Die meisten Menschen können eine Menge Leid ertragen, wenn sie einen Sinn darin erkennen und wissen, dass es auch wieder ein Ende haben wird. Selbst wenn Sie während der Schwangerschaft unter heftigen Schmerzen leiden – bald ist alles vorbei. Und was könnte einen tieferen Sinn haben, als ein Kind zur Welt zu bringen!

Die Schwangerschaft lässt Ihren Bauch sich ausdehnen. Sie weitet im übertragenen Sinn auch Ihre Seele. Sie merken auf einmal, dass Sie auch mit unbehaglichen Situationen fertig werden können. Sie erfahren, dass Sie um eines anderen willen ein Stück von sich selbst geben können. Sie sehen, dass Sie alles im Gebet zu Gott bringen dürfen und dass er Ihnen hilft, den Sinn und den Segen darin zu erkennen.

Lieber Herr, ich danke dir, dass du mich wunderbar gemacht hast. Hilf mir, auch von den Schmerzen und Beschwerden der Schwangerschaft zu lernen und daran zu wachsen. Lass mein Kind gesund und stark werden. Gib, dass ich mich an jedem seiner Tritte freuen kann! Amen.

★ ★ ★

»Und der Drache trat vor die Frau, die gebären sollte, damit er, wenn sie geboren hätte, ihr Kind fräße. Und sie gebar einen Sohn, einen Knaben, der alle Völker weiden sollte mit eisernem Stabe. Und ihr Kind wurde entrückt zu Gott und seinem Thron. Und die Frau entfloh in die Wüste, wo sie einen Ort hatte, bereitet von Gott.« Offenbarung 12,4-6

Wahrscheinlich werden sie bald mit dem Geburtsvorbereitungskurs beginnen, falls Sie es nicht schon getan haben. Informieren Sie sich, welche Kurse es gibt. Oft werden sie in Krankenhäusern angeboten. Es gibt aber auch genug freie Einrichtungen, die Kurse und Informationsveranstaltungen durchführen. Schauen Sie im Telefonbuch nach oder erkundigen Sie sich bei Ihrer Gemeinde nach den entsprechenden Möglichkeiten.

Suchen Sie sich einen Kurs, der umfassende Informationen über Ihre körperlichen Funktionen und das, was Sie zu erwarten haben, vermittelt. Wichtig sind auch Tipps zum Verhalten während der Wehen und eine offene, hilfreiche Atmosphäre. Fragen Sie die Kursleiterin, wie viele Kursstunden der eigentlichen Geburtsvorbereitung gewidmet sind. Wenn Sie Ihr erstes Kind erwarten, dann brauchen Sie sicher fünf bis sechs Stunden zu diesem Thema. Fragen Sie junge Mütter, ob sie in den Kursen etwas gelernt haben, das sie während der Wehen auch wirklich gebrauchen konnten. Erkundigen Sie sich auch, ob sie genug Zeit hatten für Entspannungs- und Atemübungen, zum Gespräch und für Fragen.

Wenn Sie sich schließlich für einen Kurs entschieden haben, dann gehen Sie die Sache möglichst positiv an. Sie müssen hier keine Prüfung ablegen und kein Diplom erringen. Sie befassen sich mit Dingen, die Ihnen helfen sollen, die Geburt möglichst problemlos zu bewältigen. Sie werden dabei vieles lernen: Schönes über Ihre Körperfunktionen und praktische Dinge wie Atemtechniken und wie Sie die Kissen zurechtschütteln. Sie sollten auch lernen, einen Rhythmus zu finden, der zu Ihrem Körper passt, damit Ihre ganze Person bei der Geburtsarbeit mithelfen kann.

Sie werden in einem solchen Kurs auch neue Menschen kennen lernen und viele Geschichten hören. Es wird Ihnen Spaß machen, die wilden Träume und phantastischen Vorstellungen anderer Frauen anzuhören. Gemeinsam können Sie über die ganz praktischen Nachteile eines dicken Bauches lachen, dass sie die Schuhbänder kaum noch binden können, dass sie manche Körperhaltungen nicht mehr einnehmen und aus anderen nicht mehr herauskommen können. Auch eine Nabelschau können Sie nicht mehr vornehmen, weil der Nabel verschwunden ist!

Allerdings werden Sie auch von manchem hören, was Ihnen Angst macht, von stundenlangen Wehen und Dammschnitten zum Beispiel. Vielleicht sehen Sie bei Ihrem Besuch im Krankenhaus Videos von einem Kaiserschnitt und einer vaginalen Entbindung. Zweck der Auseinandersetzung auch mit unangenehmen Möglichkeiten ist es, Sie vorzubereiten, damit Sie nicht in Panik geraten, wenn bei der Geburt nicht alles glatt geht. Versuchen Sie diese Informationen ganz nüchtern aufzunehmen und sich nicht in eine negative Stimmung bringen zu lassen. Das wird Ihnen langfristig helfen. Je mehr Sie über den Ablauf der Geburt und die Geburtshilfemaßnahmen wissen, umso besser können Sie entscheiden, was für eine Geburt sie wollen. Um eine wohl überlegte Entscheidung treffen zu können, muss man sich auch mit Dingen auseinander setzen, die Angst machen. Ich hätte mir zwar manchmal gewünscht, meine Hebammen hätten mir nicht so ausführlich erklärt, mit welchen Komplikationen man rechnen kann, aber trotzdem – Wissen ist manchmal tatsächlich Macht. Und Sie wollen bei der Entbindung doch ein Wörtchen mitreden können.

Aber bis es soweit ist, sollten Sie sich nicht zu häufig mit all den schrecklichen Möglichkeiten beschäftigen. Es kann durchaus sein, dass Sie mit keiner in Berührung kommen. Und wenn Sie doch daran denken müssen, dann stellen Sie sich vor, dass Sie alles überleben. Überlegen Sie, wie Sie reagieren wollen oder wie Sie mit den verschiedenen Situationen fertig werden könnten. Wenn Sie merken, dass Sie sich immer das Schlimmste vorstellen, dann versuchen Sie wieder den richtigen Blickwinkel zu gewinnen. Lesen Sie zum Beispiel den schaurigen Bericht des Johannes in Offenbarung 12. Er sieht eine schön gekleidete Frau im Himmel ein Kind gebären. Sie schreit und quält sich bei der Geburt, und gerade, als es soweit ist, erscheint ein Drache. Stellen Sie sich das ruhig einmal bildlich vor. In dem Moment, wo Sie gebären wollen, hockt sich ein Drache zu Ihren Füßen, um Ihr Kind gleich nach der Geburt zu verschlingen! Daneben wirkt doch jede Katastrophe, die Sie und ich uns ausmalen können, wie ein Kinderspiel.

Das Wichtigste an diesem ganzen Bericht ist aber, dass auch ein hungriger Drache es nicht mit Gott aufnehmen kann. Gott rettet sowohl die Frau wie das neugeborene Kind aus aller Gefahr. Das Kind wird sofort nach der Geburt in Sicherheit gebracht, die Frau flieht in die Wüste in ein Versteck, das Gott für sie vorbereitet hat. Johannes' Vision von einer Geburt im Himmel bezieht sich auf eine ganz besondere Geburt unter ganz besonderer Gefahr. Sie beschreibt symbolisch die Geburt des Messias und die gefährlichen Mächte, die sie verhindern wollen.

Die meisten Babys rufen keine Drachen auf den Plan. Trotzdem ist jede Geburt eine ungewisse Sache. Wir können nicht jede Einzelheit im Voraus planen. Wir können nicht vorhersagen, was genau auf uns zukommen und wie die Geburt ablaufen wird. Dennoch sind wir nicht machtlos: Wir können uns informieren. Wir können uns angewöhnen, mit unserem Arzt oder der Hebamme ganz offen über alles zu reden. Wir können abmachen, dass unser Mann oder eine andere Person unseres Vertrauens uns während der Geburt zur Seite steht. Wir können alle Vorbereitungen im Vertrauen darauf treffen, dass Gott uns helfen wird, alles zu überstehen. In der Hand des Gottes, der selbst den furchterregendsten Drachen überlegen ist, sind Sie und Ihr Kind geborgen.

Lieber Herr, ich danke dir für meinen Körper und die wunderbaren Dinge, die er tun kann. Danke für meinen Verstand und alles, was ich über meinen Körper lernen kann. Gib mir den Mut, Fragen zu stellen und über meine Wünsche und Bedenken zu reden. Lass mich offen sein, und gib mir die Kraft, mich den Problemen zu stellen. Hilf mir, auf Menschen zu treffen, denen ich vertrauen kann, und lass mich darauf vertrauen, dass du mich durch alle Gefahren hindurchtragen wirst. Amen.

★ ★ ★

»Und sie nahmen Jona und warfen ihn ins Meer . . . Aber der Herr ließ einen großen Fisch kommen, Jona zu verschlingen. Und Jona war im Leibe des Fisches drei Tage und drei Nächte.« Jona 1,15 und 2,1

Wie ist Ihnen zumute mit einem Bauch, der immer dicker wird? Vielleicht sehen sie staunend und voller Freude zu, wie Ihre Taille immer umfangreicher wird und schließlich ganz verschwindet. Vielleicht macht es Ihnen Spaß, sich mit gutem Essen und viel Bewegung zu verwöhnen, und Sie freuen sich über die Aufmerksamkeit, die man Ihnen entgegenbringt. Vielleicht geht Ihnen die Unförmigkeit aber langsam auch auf die Nerven. Sie fragen sich, ob Ihr Bauch wohl überhaupt noch aufhören wird zu wachsen. Manchmal sind Sie das Ganze einfach leid. Sie möchten sich so leicht bewegen wie früher, sich im Bett einfach zusammenrollen oder etwas vom Boden aufheben. Sie hassen Ihren Bauch, vor allem, wenn Sie gar nicht vorhatten, schwanger zu werden. Und selbst wenn Sie sich die Schwangerschaft gewünscht haben, wird Ihnen der eigene Körper jetzt manchmal schlichtweg zu viel.

Dieses Gefühle sind völlig normal. Nehmen Sie sich Zeit, sich damit auseinander zu setzen und darüber zu beten. Manchmal geht es Ihnen vielleicht wie Jona, und Sie fragen sich, ob Sie für immer in diesem beengenden Zustand verharren sollen! Ich kenne solche Tage, vor allem von der ersten Schwangerschaft. Nicht nur dass mein Bauch anscheinend immer dicker wurde und meine Kräfte immer weniger wurden, es schien mir auch, als würden alle Leute nur noch auf meine Taille starren. Das hatte natürlich auch seine Vorteile. Ich konnte meist damit rechnen, im Bus einen Sitzplatz zu bekommen, und wenn er noch so überfüllt war. Fremde fingen eine Unterhaltung an und strichen mir freundlich über den Bauch. Meist genoss ich diese Risse in der schützenden Schale, die die Städter gemeinhin um sich aufbauen. Manchmal aber war ich die Rolle der »schwangeren Frau« auch leid. Es schien mir, als sei mein altes Ich mit all seinen Macken, Gaben und Interessen von dem Riesenbauch, der ich geworden war, regelrecht verschlungen worden.

Nutzen Sie die Erfahrungen mit Ihrem Bauch zum Nachdenken, wie Jona es tat. Drei lange Tage und Nächte saß er im Leib des Fisches und hatte Zeit zum Grübeln. Er dachte an die Gefahren, die er überstanden hatte. Er dachte daran, wie töricht es gewesen war, vor der Aufgabe zu fliehen, zu der Gott ihn berufen hatte. Aus dem großen Bauch heraus betete er. Er breitete seine Ängste vor Gott aus. Er dankte Gott für die Rettung. Er versprach, ihm zu gehorchen. Und Gott sprach zu dem Fisch, und der spuckte Jona ans Trockene. Genauso wird Gott auch Ihre Gebete hören, wenn die Schwangerschaft Sie belastet und Ihre Figur Ihnen Angst macht. Er wird Wege finden, Sie zu beschützen und zu umsorgen.

Vielleicht fühlen Sie sich aber auch dem Fisch näher als Jona. Sie sehen sich im Spiegel an und denken: »Ich hätte nie gedacht, dass ich so dick werden könnte! Ob ich wohl je wieder eine normale Figur bekomme?« Der Fisch in unserer Geschichte war groß – und wichtig. In seinem Bauch war Jona geborgen, bis es Zeit war, ausgespuckt zu werden. Genauso geben Sie dem kleinen, verletzlichen Wesen in Ihnen Schutz und Geborgenheit. Ihr wachsender Bauch spielt in Gottes Plan eine wichtige Rolle. Darum freuen Sie sich daran! Stellen Sie sich doch nur einmal vor – Ihr Körper kann sich dehnen und wachsen und ein Baby hervorbringen. Danken Sie Gott für diesen wunderbaren Körper und genießen Sie diese buchstäblich große Zeit mit Ihrem Kind!

Der große Fisch behielt Jona nicht in seinem Bauch. Drei Tage und Nächte musste Jona darin verbringen, und er wuchs dabei im Glauben. Als der richtige Zeitpunkt gekommen war, hörte der Fisch Gottes Stimme und spie Jona dort aus, wo er hingehörte. Genauso wird Gott, wenn die Zeit da ist, auch mit Ihnen zusammenwirken, damit Ihr Kind ans Tageslicht gelangt. Bis dahin haben Sie Gelegenheit, sich auf Ihre Berufung einzustellen. Sie haben Zeit, auf das zu hören, was Gott Ihnen sagen will. Sie haben Zeit, auf Ihren Körper und seine vielen Fähigkeiten zu hören. Sie haben Zeit, im Glauben zu wachsen. Bevor Sie es sich versehen, wird Ihr Körper seine wertvolle Last freigeben und wieder eine schlankere Linie annehmen. Darum freuen Sie sich an dieser Zeit, in der in Ihnen ein neuer Mensch heranwächst!

Lieber Herr, ich danke dir, dass du mich so wunderbar gemacht hast. Mein Bauch wächst und wird immer dicker. Hilf mir, mich über die Veränderungen zu freuen, anstatt mich dagegen zu wehren. Du weißt, dass ich mich manchmal nicht mehr sehen mag. Aber ich weiß, dass du mich liebst und durch alle Schwierigkeiten hindurchtragen wirst. Hilf mir, dir zu vertrauen. Hilf mir, auch meinem Körper zu vertrauen. Und lass mich von meinem Körper lernen, wie ich auch die Grenzen meiner Seele ausdehnen kann. Amen.

★ ★ ★

> »Wehen kommen, dass er geboren werden soll, aber er ist ein unverständiges Kind: Wenn die Zeit gekommen ist, so will er den Mutterschoß nicht durchbrechen.«
>
> Hosea 13,13

Wissen Sie, wo sich der Kopf Ihres Babys befindet? Vielleicht hat es schon die richtige Position eingenommen. Wenn ja, dann wird es vermutlich so bleiben. Zum einen, weil es kaum mehr Platz hat, um sich noch einmal zu drehen. Zum andern aber auch, weil der Kopf im Moment der schwerste Körperteil des Babys ist und es äußerst anstrengend wäre, ihn gegen die Schwerkraft zu bewegen. Uns würde es schwer fallen, wochenlang auf dem Kopf zu stehen, einem Baby jedoch scheint das nichts auszumachen. Und wichtiger noch: Dieser Kopfstand ist die ideale Ausgangslage für den Start ins Licht.

Die meisten Babys bewegen sich im Lauf der Zeit von selbst in die Hinterhauptlage. Dann kann auch die Mutter wieder besser entspannen. Sollte Ihr Baby in den nächsten Wochen den Kopf jedoch nicht nach unten bewegen, dann wird Ihnen Ihr Arzt oder die Hebamme vielleicht bestimmte Übungen vorschlagen, um es zum Drehen zu bewegen. Wenn das nicht klappt, schlagen sie unter Umständen vor, von außen etwas nachzuhelfen. Manche Kinder drehen sich allerdings nie. Sie liegen auf der Seite oder sitzen aufrecht. Diese Positionen erschweren die Geburt.

Wenn eine normale Geburt wegen der Lage des Kindes nicht möglich ist, kann man heute mit Hilfe eines Kaiserschnitts immer noch ein gesundes Kind zur Welt bringen. Früher dagegen konnte es geschehen, dass das Baby im Geburtskanal stecken blieb. Der Prophet Hosea spricht von einer solchen Situation. Im Namen Gottes muss er verkünden, dass Israel sich verhält wie ein ungehorsamer Sohn, der nicht zur rechten Zeit aus dem Mutterleib kommen will. Das ist etwas anderes, als einfach zu spät zu einer Verabredung zu kommen. Wenn die Wehen zu lange dauern und nichts mehr helfen will, dann ist das Leben der Mutter wie des Kindes in Gefahr.

Gegen Ende meiner ersten Schwangerschaft bekam ich eine Ahnung davon, wie Gott zumute gewesen sein muss. Die Freude wurde verdrängt, als ich erfuhr, dass mein Baby mit aufrechtem Kopf in mir festsaß. Treu ergeben probierte ich es mit allen Übungen, die mir die Hebamme empfahl. Mehrmals am Tag stützte ich mich auf Unterarme und Knie, reckte das Hinterteil in die Luft und betete, dass das Baby sich doch drehen möge. Ich versuchte ihm gut zuzureden. Ich schimpfte. Ich bettelte und flehte es an. Ich wollte, dass es sich drehte. Aber es war nichts zu machen. Kein Kopfstand für mein Baby.

Ich betete viel in dieser unbequemen Haltung. Bis zur Geburt hatte ich regelrechte Schwielen an den Ellbogen! Und ich machte mir eine Menge Sorgen. Ein Schreckensbild nach dem anderen schob sich vor meine Augen. Im Rückblick muss ich sagen, dass ich mich nicht nur aufführte wie eine besorgte und frustrierte Mutter, sondern auch wie ein törichtes Kind. Ich konnte nicht entspannen und darauf warten, dass Gott mir half. Stattdessen erstickte ich fast an meinen nutzlosen Anstrengungen und sinnlosen Sorgen.

In den letzten Wochen der Schwangerschaft werden auch Sie auf Hindernisse treffen – echte oder eingebildete. Manchmal können sogar die gut gemeinten Hinweise der Hebamme oder Kursleiterin auf all die Dinge, die bei der Geburt vielleicht passieren könnten, Wasser auf unsere Sorgenmühle sein. Reden Sie mit Ihrem Mann oder einer Freundin über das, was Sie quält. Er oder sie kann Ihnen helfen, die echten Sorgen von den übertriebenen Ängsten zu trennen. Wir haben nicht immer den völligen Überblick. Deshalb ist es gut, wenn man Freunde hat, die die Dinge mit anderen Augen sehen. Sie können uns moralische Unterstützung geben, selbst wenn sie unsere Gefühle nicht völlig nachempfinden können. Sie können uns und unsere Sorgen im Gebet vor Gott bringen. Wir können uns nicht immer selbst gut zureden. Manchmal brauchen wir Glaubensgeschwister, die uns halten. Doch tragen auch Sie selbst Ihre Sorgen im Gebet zu Gott. Bitten Sie ihn um Stärke, damit Sie mit allen echten Gefahren, die auf Sie zukommen mögen, fertig werden. Bitten Sie ihn um Kraft, damit Sie sich auch den unmöglichsten Ängsten stellen können. Und dann lassen Sie sie los, im Vertrauen darauf, dass Gott für Sie und Ihr Baby sorgt. Er wird Sie beide auch durch die schwierigsten Zeiten hindurchtragen. Lassen Sie sich von ihm helfen. Beten Sie voller Hoffnung und Vertrauen, jetzt und in den nächsten Wochen.

Ich habe es damals nicht geschafft, mein Baby zum Drehen zu bewegen. Trotzdem kam die Kleine wohlbehalten ans Licht – ein gesundes Baby, das inzwischen zu einer reizenden und begabten jungen Frau herangewachsen ist. Und ich selbst habe den Kaiserschnitt, vor dem ich solche Angst hatte, überlebt und später ohne chirurgischen Eingriff noch zwei weitere gesunde Kinder zur Welt gebracht. Gott wird auch Ihnen helfen. Darauf können Sie sich verlassen.

Lieber Herr, hilf mir, darauf zu vertrauen, dass du mein Kind und mich in deiner Hand hältst. Hilf mir, auch meinem Körper zuzutrauen, dass er seine Aufgabe meistern wird. Stärke mich, damit ich vor den Schwierigkeiten, die eventuell auftreten werden, keine Angst habe. Hilf mir, törichte Ängste loszulassen, und segne die Menschen, die mir mit Rat und Tat zur Seite stehen. Amen.

★ ★ ★

»Ich will sie anfallen wie eine Bärin, der ihre Jungen genommen sind, und will ihr verstocktes Herz zerreißen.« Hosea 13,8

»Wie ein Adler ausführt seine Jungen und über ihnen schwebt, so breitete er seine Fittiche aus und nahm ihn und trug ihn auf seinen Flügeln. Der Herr allein leitete ihn.« 5. Mose 32,11-12

»Würdest du für sie nicht auch töten?«

Ungläubig starrte ich die Sprecherin an. Das klang so gar nicht nach der lustigen, freundlichen Laura.

»Du weißt gar nicht, wie wild du werden kannst, solange du nicht Mutter bist«, fuhr sie fort und streichelte die weiche Wange meines Babys.

Vielleicht reagieren Sie noch nicht so heftig, aber seien Sie nicht allzu schockiert, wenn es eines Tages passiert. Mütter sind bekannt für ihre starken, beschützenden Instinkte. Niemand würde sich mit einer Bärenmutter anlegen. Oder denken Sie an den Mut einer Vogelmutter, wenn Sie ihrem Nest zu nahe kommen. Ich sah tatsächlich einmal, wie eine Amsel ein Mädchen angriff. Menschen sind keine Vögel oder Bären, aber wenn sie Eltern werden, können sie erfahrungsgemäß sehr ähnlich empfinden.

Vielleicht haben Sie in Ihren Träumen schon einmal solche Gefühle entdeckt. Sie träumen, dass man Ihrem Kind weh tut oder dass es verloren geht. Oder Sie träumen, dass Sie Fremde oder wilde Tiere verscheuchen müssen. Suchen Sie sich jemanden, mit dem Sie über Ihre Alpträume reden können. Das mag eine andere schwangere Freundin sein, ihre Seelsorgerin, die Hebamme oder Ihr Mann. Schwangere Freundinnen werden vermutlich verständnisvoll nicken und Ihnen versichern, dass Sie nicht die einzige sind, die so wilde Träume hat. Ihr Mann wird nicht so gut nachempfinden können, was Sie durchmachen, aber er kann Sie trösten und halten, wenn ein böser Traum Sie aufschreckt. Er kann Ihnen auch helfen, Ihre Träume zu deuten.

Träume können Ihnen helfen, die starken Gefühle zu erkennen, die Sie tagsüber verdrängen. Im Traum kommen sie an die Oberfläche und geben Ihnen so Gelegenheit, sich mit ihnen auseinander zu setzen. Niemand hat immer nur nette, freundliche Empfindungen. Eine Frau träumte, ihr Baby schreie so viel, dass sie es schließlich zum Fenster hinauswarf. Der Traum half ihr, die Grenzen ihrer Geduld zu erkennen. Er half ihr, sich einzugestehen, dass sie nicht immer in der Lage sein würde, den Anforderungen des Kindes gerecht zu werden. Trotzdem war sie auch weiterhin eine gute, liebevolle Mutter. Ihre Schwäche zuzugeben, war der erste Schritt zu neuer Kraft und einer neuen Einstellung.

Vielleicht empfinden Sie nicht so sehr Angst und Sorge, sondern eine ganz starke, leidenschaftliche Liebe. Sie sind fasziniert von Ihrem Baby wie auch von dem Wunder, überhaupt schwanger zu sein. Sie staunen, wie sich plötzlich alles nur noch um Ihre Schwangerschaft dreht. Vielleicht kennen sie gar kein anderes Thema mehr und wundern sich, wieso Ihr Mann nicht mehr Interesse zeigt. Sie fühlen sich plötzlich mit allen schwangeren Frauen, die Ihnen begegnen, verbunden, Sie lächeln einander zu und vergleichen schweigend Ihren Umfang. Ja, sie empfinden eine fast mystische Verwandtschaft mit allen anderen Müttern – aller Rassen. Egal, welche Probleme die Schwangerschaft mit sich bringt, hinter dieser Urerfahrung des Frauseins – fruchtbar und voller Leben zu sein, Anteil zu haben an einem der tiefsten Geheimnisse dieser Welt – treten sie weit zurück.

Das heißt nicht, dass dieses Empfinden bei allen Frauen gleich stark ist. Und selbst jene, die ähnlich empfinden, haben vielleicht Mühe, das in einer Gesellschaft, die die geschlechtlichen Unterschiede herunterzuspielen sucht, zuzugeben. Keine Frau gleicht der anderen, und auch Ihre eigenen Gefühle können sich von Tag zu Tag verändern. Gehen Sie ihnen nach. Bringen Sie sie zu Gott – die Angst machenden genauso wie die schönen. Gott wird Ihnen helfen, sie zu verstehen und Wege zu finden, wie Sie damit leben können.

Unsere Ängste zuzugeben und Mängel einzugestehen ist keine leichte Aufgabe. Wie der Prophet Hosea vor Augen führt, hat auch Gott starke mütterliche Instinkte. Er will sein Volk beschützen und das Beste in ihm hervorbringen. Deshalb reißt er alles weg, was selbstzerstörerisch und schlecht ist. Er zerreißt die harte, gefühllose Schicht um unsere Herzen. Wenn uns das Angst macht und erschreckt, dann sollten wir nicht vergessen, dass Gottes Ungestüm – wie die Kräfte der Geburt – dem Leben dient. Die Ballettänzerin Isadora Duncan durchlebte während ihrer Schwangerschaft viele Höhen und Tiefen. Sie schreibt von der »Heiligkeit einer schwangeren Mutter«, aber auch davon, wie seltsam es ihr vorkam, mit anzusehen, wie ihr eigener »wunderbar marmorner Körper weicher wurde, zerbrach, sich dehnte und verformte«.

Aber eine Schwangerschaft bereitet auch den Weg für neue Horizonte und ein neues Leben. Wenn wir uns mit unseren wildesten Ängsten und Gefühlen auseinander setzen, mag unsere bisherige Vorstellung von uns selbst zwar zerbrechen, sie macht aber auch einem stärkeren und realistischeren Selbstbild Platz. Der Gott, der unsere Sündhaftigkeit wegreißt, ist derselbe, der seine Jungen auf Flügeln trägt wie eine Adlermutter. Mit Gottes Hilfe können auch wir lernen zu fliegen.

Lieber Herr, ich danke dir für die Gefühle, die du mir gegeben hast, und den Verstand, mit dem ich versuche, Dinge zu begreifen. Danke für die vielen Fähigkeiten, die du mir geschenkt hast. Hilf mir, den Ängsten und Schwächen nicht auszuweichen. Hilf mir und leite mich, damit ich jeden Tag ein wenig stärker und liebevoller und mutiger werden kann. Amen.

★ ★ ★

»Das ist mein Gebot, dass ihr euch untereinander liebt, wie ich euch liebe. Niemand hat größere Liebe als die, dass er sein Leben lässt für seine Freunde.«
Johannes 15,12-13

Wenn ich bei Frauenfreizeiten über die geistlichen Aspekte der Schwangerschaft spreche, dann fordere ich die Teilnehmerinnen meist auf, einmal an ihre eigene Geburt zu denken. Ich bitte sie zu überlegen, wo sie in der ganzen Geschichte Gottes Hand sehen können und ob die Geschichte ihrer Geburt auf ihr späteres Leben einen Einfluss gehabt hat. Die Frauen tauschen sich in kleinen Gruppen aus. Anschließend nehmen wir uns Zeit, ein paar dieser Berichte in der ganzen Runde anzuhören. Die Geschichten, die da erzählt werden, sind oft hochdramatisch: Der Kopf des Babys kam gerade in dem Moment heraus, als der Arzt nach der Zange griff; die Wehen dauerten gerade so lange, bis der Vater kam, und so weiter.

Eine Großmutter erzählte von ihrer eigenen, lange zurückliegenden Geburt. Die Wehen waren anhaltend und heftig gewesen. Es sah so schlecht aus, dass der Arzt empfahl, das Baby aufzugeben, um das Leben der Mutter zu retten. Die Mutter hörte das durch Schmerzen und Betäubungsmittel hindurch und schrie: »Nein! O Gott, rette das Baby!« So nahmen alle wieder die Arbeit auf, verstärkten die Gebete, und Baby wie Mutter überlebten. Diese Frau fühlte sich ihrer Mutter immer besonders nahe. Sie wusste, dass ihr Glaube und Mut ihr das Leben gerettet hatten. Auch die Bekannten, die ihre Geschichte hörten, wurden angerührt. Die Frau, mit der sie zusammengearbeitet und die sie all die Jahre geliebt hatten, bekam plötzlich eine ganz neue Bedeutung. Was hätte der Welt gefehlt, wenn sie bei der Geburt gestorben wäre?

Wenn ein Mensch, den wir gut kennen, nur knapp dem Tod entgeht, dann rüttelt uns das auf, und wir nehmen ihn nicht mehr wie selbstverständlich hin. Auf einmal wird uns bewusst, was er für uns bedeutet. Andererseits bringt der Kontakt mit dem Tod einen Menschen auch dazu, mehr über seine Beziehungen und das, was ihm wichtig ist, nachzudenken. Ein prominenter Politiker hat einen Herzinfarkt und beschließt daraufhin, das Prestige und den Einfluss, den er im öffentlichen Leben hat, aufzugeben und sich mehr der Familie zu widmen. Ein Autofahrer überlebt einen schweren Unfall und beginnt, nach Gott zu fragen.

In früheren Zeiten bestand bei einer Geburt, genauso wie im Krieg, eine ganz reale Todesgefahr. So mahnte Anfang des achtzehnten Jahrhunderts ein bekannter amerikanischer Prediger die schwangeren Frauen eindrücklich, dies sei unter Umständen ihre letzte Chance, ihr Leben vor Gott in Ordnung zu bringen. Gerade in der Schwangerschaft sah er für sie eine entscheidende Gelegenheit, ihr »geistliches Haus zu bestellen«.

Die Auseinandersetzung mit dem Tod kann uns eine neue Haltung zum Leben geben. Wenn Sie wüssten, dass heute Ihr letzter Tag wäre, was würden Sie tun? Würden Sie sich Zeit nehmen zum Beten, mit Familie und Freunden reden?

Vielleicht würden Sie Ihrem Mann ein Abschiedsgedicht schreiben wie die Dichterin Anne Bradstreet im sechzehnten Jahrhundert:

> *Wie bald, Geliebter,*
> *kann der Tod meine Schritte begleiten.*
> *Wie bald kann es sein,*
> *dass du deine Freundin verlierst.*
> *Wir beide wissen es nicht,*
> *und doch treibt die Liebe mich,*
> *dir diese Abschiedsworte zu schreiben . . .*

Anne Bradstreet überstand die Geburt. Sie wurde sechzig Jahre alt.

Die Gefahr, bei der Geburt zu sterben, ist heute äußerst gering. Dennoch denken Sie jetzt vielleicht öfter an den Tod als sonst. Das geht vielen Frauen so. Solche Gedanken sind eine ganz natürliche Reaktion auf das Gefühl, so intensiv an der Entstehung von Leben beteiligt zu sein. Die Psychologen Arthur und Libby Colman haben vielen schwangeren Frauen zugehört. Sie berichten, es sei, als wären »die Frauen durch die Nähe zur Geburt, zu dem Beginn des Lebens, auch automatisch dem Tod näher«.

Ja das Gebären kann uns tatsächlich auch eine Menge über das Sterben lehren – wenn wir es wagen, uns darauf einzulassen.

In beiden Fällen wird der Mensch durch die Mächte der Natur gedemütigt. Es mag uns zwar gelingen, den natürlichen Prozess von Geburt oder Tod etwas abzuändern, aber wir haben ihn nicht gänzlich im Griff. In beiden Fällen liegt unser Schicksal letztlich in Gottes Hand. Wie Paulus in Römer 14,8 schreibt: »Leben wir, so leben wir dem Herrn; sterben wir, so sterben wir dem Herrn. Darum: wir leben oder sterben, so sind wir des Herrn.«

Ja, mehr noch, Geburt wie Tod markieren den Übergang von einer Sphäre in eine andere. So fühlte sich eine schwangere Pastorin ganz besonders mit einer Frau verbunden, die an Krebs litt. »Wir standen beide an der Schwelle zu etwas radikal Neuem. Wir sprachen darüber. Als mein Baby da war, schickte ich ihr ein Foto, und sie stellte es sich auf den Nachttisch. Ein paar Tage später starb sie. Es war, als hätte sie noch die Geburt des Babys abgewartet.«

Jeder Augenblick unseres Lebens liegt in Gottes Hand, ob wir uns das bewusst machen oder nicht. Mögen Schwangerschaft und Geburt uns aufrütteln, damit wir seine Hand in unserem Leben neu schätzen lernen. Mögen die Gefahren der Geburt die Gleichgültigkeit vertreiben, die uns manchmal daran hindert zu erkennen, wie kostbar das Leben und die Liebe sind. Jesus hat uns gezeigt, wie wichtig beides ist. Er war sich nicht zu schade, sein Leben für uns zu opfern, damit wir das Leben in Fülle haben können. Weil er uns das Leben schenkt, dürfen auch wir unser Leben hingeben. Er möge uns dazu den Mut und den Glauben geben – und die Gnade, wieder aufzustehen und das Leben in seiner ganzen Fülle auszukosten.

Lieber Herr, du weißt, dass ich manchmal Angst spüre. Hilf mir, mich meinen Ängsten zu stellen und sie zu überwinden. Danke, dass du dich für uns dem Tod gestellt hast. Lehre mich, jeden Tag als ein kostbares Geschenk von dir zu betrachten. Hilf mir, meine Familie und meine Freunde zu schätzen. Schenke mir Glauben und Stärke, damit ich andere mit deiner Liebe lieben kann. Amen

8. Vorbereitung auf den Geburts-Tag

»Und es begab sich am achten Tag, da kamen sie, das Kindlein zu beschneiden, und wollten es nach seinem Vater Zacharias nennen. Aber seine Mutter antwortete und sprach: Nein, sondern er soll Johannes heißen.«
Lukas 1,59-61

Auch wenn Sie noch keinen Namen für Ihr Kind gewählt haben, so haben Sie sich sicher schon mit der Namenswahl beschäftigt. Ich habe furchtbar gern entsprechende Bücher durchgeblättert, mir angeschaut, was die einzelnen Namen bedeuten, und sie mir laut vorgesagt, um zu hören, wie sie mit unserem Familiennamen zusammenklingen. Einen Namen aussuchen kann richtig Spaß machen. Es gibt so viele Möglichkeiten. Soll die Tochter eine Katharina oder eine Mirjam werden, eine Lena oder Marie? Wird der Sohn ein Niklas oder Christof, ein David oder Jan?

Einen Namen auswählen ist auch eine große Verantwortung. Von Johnny Cash gibt es ein Lied mit dem Titel »Junge namens Sue«. Der Vater hatte seinem Sohn einen Mädchennamen gegeben, damit er möglichst früh lernte, sich selbst zu verteidigen. Der Plan ging auf. Der arme Junge wurde so sehr gehänselt, dass er es lernte, hart zu werden. Dennoch rät er am Ende des Liedes allen Eltern: »Nennt einen Jungen niemals Sue!«

Nur wenige Menschen werden es so extrem treiben. Doch der Name, den wir für unser Kind auswählen, wird ein wichtiger Teil seiner Identität. Denken Sie nur an Ihren eigenen Namen. Mussten Sie sich dafür rechtfertigen, als Sie klein waren? Wenn es ein ungewöhnlicher Name ist, dann mussten Sie wahrscheinlich oft wiederholen, wie er ausgesprochen oder geschrieben wird. Meine Mutter hätte mich beinah Solveig genannt – ein Name, der sie an eine gute Freundin erinnerte. Doch sie entschied sich dagegen, weil die norwegische Schreibweise für ein kleines Mädchen in Amerika wohl zu einer großen Last geworden wäre. Ich frage mich manchmal, ob ich irgendwie anders geworden wäre, wenn ich Solveig geheißen hätte.

Ihr Name schafft vielleicht eine Verbindung zu anderen Familienmitgliedern oder erinnert an die Umstände Ihrer Geburt. Mein Mann zum Beispiel wurde nach dem Onkel genannt, an dessen Geburtstag er zur Welt kam. Eine meiner Bekannten wurde Faith (Glaube) genannt, weil sie eine schwere Geburt überlebte. Ihr Name kann auch Ihren nationalen oder religiösen Hintergrund widerspiegeln oder das, was zur Zeit Ihrer Geburt gerade modern war. Kürzlich hörte ich, wie eine Frau sich über die Namenswahl ihrer Eltern für ihre Kinder lustig machte. »Sie hatten wirklich nicht viel Phantasie. Wir hatten alle dieselben Namen wie die Hälfte der anderen Kinder in unserer Klasse.« Ein paar Minuten später musste ich beinah lachen, als ich hörte, wie dieselbe Frau ihren kleinen Sohn rief: »Komm her, Ryan, wir wollen gehen!« Ryan ist ein schöner Name, aber bei Jungen seines Alters in Amerika bestimmt nicht ungewöhnlich!

Wenn Sie einen Namen für Ihr Kind auswählen, dann machen Sie ihm damit ein Geschenk fürs Leben. Sie möchten einen Namen, der etwas Besonderes bedeutet, aber er soll auch gut klingen. Vielleicht hat die Bedeutung etwas mit der Tradition Ihrer Familie zu tun, oder sie hat biblische oder andere Wurzeln. Vielleicht gefällt Ihnen die Bedeutung, die Sie im Wörterbuch gefunden haben. Ein Bekannter schenkte jedem unserer Kinder zur Geburt eine Tafel, auf der ihr Name und dessen Bedeutung eingraviert waren. So weiß Sophia, dass ihr Name Weisheit bedeutet, Niels, dass sein Name eine nordische Form von Nikolaus ist und Anna, dass ihr Name vom hebräischen Wort für Gnade kommt.

Sich auf einen passenden Namen zu einigen, kann einige Zeit dauern und erfordert von beiden Partnern Geduld und Anpassungsbereitschaft. Der Vater hat genauso Vorlieben und durch die Familie geprägte Vorstellungen wie die Mutter. Heute, wo viele Frauen ihren Mädchennamen behalten, kann es zudem schon Probleme bereiten, sich über den Nachnamen zu einigen! Man möchte einen Namen, der beiden gefällt und der gleichzeitig dem Kind ein Leben lang dient. Manchmal können Eltern sich auch erst entscheiden, wenn sie ihr Kind sehen. Sie wollen wissen, ob der Name wirklich zu dem Menschen passt.

Egal, wie lange Sie brauchen, freuen Sie sich über die Möglichkeit, einen schönen, bedeutungsvollen Namen auszusuchen. Sehen Sie diese Zeit als eine Gelegenheit, sich mit dem Vater des Babys über Ihre eigenen Namen sowie über Ihre Hoffnungen und Vorstellungen für das Kind zu unterhalten. Beten Sie zusammen um Führung, wenn es Ihnen schwer fällt, sich zu einigen. Auch die Eltern von Johannes dem Täufer beteten. Jahrelang hatten sie zu Gott gefleht, um ein Kind zu bekommen. Als sie dann schließlich Eltern wurden, mussten sie sich um den Namen nicht sorgen. Der Engel, der Zacharias ankündigte, dass seine Frau einen Sohn gebären würde, nannte ihm auch den Namen des Kindes. Sie bekamen damit einen kleinen Eindruck von dem Wesen ihres Sohnes, noch bevor er sich in Elisabeths Bauch bewegte. Als er dann geboren war, gab es gar keinen Zweifel, dass dieser neue Mensch ein Johannes war – und kein Zacharias junior oder Eli oder Josua.

Kaum jemand wird heute von einem Engel den Namen seines Kindes erfahren. Der Befehl eines Engels könnte zwar Konfliktpotential aus dem Weg räumen, aber er würde uns auch die Möglichkeit vorenthalten, gemeinsam eine wichtige und freudige Entscheidung zu treffen. Nehmen Sie sich darum genug Zeit. Hören Sie aufeinander. Beten Sie um Weisheit und Phantasie, und vertrauen Sie darauf, dass der Heilige Geist Ihnen zur rechten Entscheidung verhelfen wird.

Lieber Herr, ich danke dir für das Kind, das in meinem Leib heranwächst. Hilf uns, uns vorzustellen, wie es einmal sein kann, damit wir einen passenden Namen finden. Hilf uns, aufeinander zu hören und gern miteinander zu überlegen. Segne uns bei der Wahl des Namens, und hilf uns, diesen kleinen Menschen in unserem Leben willkommen zu heißen. Amen.

★ ★ ★

»Und seid begierig nach der vernünftigen lauteren Milch wie die neugeborenen Kindlein, damit ihr durch sie zunehmt zu eurem Heil, da ihr ja geschmeckt habt, dass der Herr freundlich ist.«   1. Petrus 2,2-3

Haben Sie schon überlegt, ob Sie Ihr Kind stillen wollen oder nicht? Durch die Jahrhunderte hindurch haben Frauen Ihre Kinder gestillt oder, wenn es die soziale Situation erlaubte, durch eine Amme stillen lassen. Gott hat Ihnen Brüste geschenkt, die mühelos die erste Nahrung für Ihr Kind produzieren. Trotzdem debattieren Frauen darüber, ob sie stillen sollen oder nicht. Manche fragen sich, ob sie genug Milch haben. Andere fürchten, das Stillen könnte ihrer Figur schaden. Wieder andere wissen nicht, wie sie es in ihren Berufsalltag integrieren sollen. Und schließlich kann man auch überlegen, ob das Stillen den Ehemann womöglich eifersüchtig macht und er sich ausgeschlossen fühlt.

Seit etwa zwanzig Jahren ist das Stillen aber wieder beliebter geworden. Vielleicht haben Sie Freundinnen oder Verwandte, die behaupten, für eine richtige Mutter käme gar nichts anderes in Frage. Andere meinen, das Fläschchen sei mindestens genauso gut und viel praktischer. Was wollen Sie tun? Wenn Sie verwirrt sind, stehen Sie zumindest nicht allein. Die Gesellschaft, in der wir leben, gibt uns die widersprüchlichsten Informationen. Einerseits hören wir, Stillen sei das Beste – eine Quelle gesunder, natürlicher Nahrung ohne künstliche Zusatzstoffe oder überflüssige Verpackung. Andererseits gilt die weibliche Brust als erotisch. Man muss nur einmal ein Teenagermagazin durchblättern. Wir finden es anrührend, wenn wir das Bild einer stillenden Mutter sehen – solange das Bild aus alter Zeit stammt und ein gebührender Abstand vom Objekt gehalten wurde. Wenn jedoch eine moderne Mutter beim Stillen zu viel Haut zeigt, dann wird uns ungemütlich.

All diese verschiedenen Botschaften zu sortieren und dann zu entscheiden, was das Richtige ist, braucht seine Zeit. Ob Sie beim Stillen Erfolg haben, hängt vor allem davon ab, wie Ihnen selbst dabei zumute ist. Körperlich gesehen sind die meisten Frauen in der Lage, ihr Kind ausreichend zu ernähren. Wenn Sie es wollen, dann werden Sie es vermutlich auch können, besonders wenn Sie von Ihrem Partner und anderen unterstützt werden. Wenn Sie oder Ihr Mann Fragen haben, lesen Sie ein Buch zum Thema. Allerdings sollten Sie auch keine Schuldgefühle haben, wenn Sie nicht stillen können oder wollen. Die Entscheidung liegt allein bei Ihnen – es sind Ihr Körper, Ihr Terminplan, Ihre Ehe, Ihre Gefühle und Wertvorstellungen.

Aber lassen Sie sich von niemandem einreden, das Stillen sei eine lästige Pflicht, die man zu erleiden habe, wie es eine Frau tatsächlich von ihrer Mutter zu hören bekam. Ich fand es immer äußerst angenehm und auch sehr praktisch. Keine Unordnung, kein Theater, kein Rühren und Warmmachen. Stattdessen ein warmer kleiner Körper auf der Haut und ein kleiner Mund, der genüsslich an meiner Brust saugt und die Milch hervorholt, die sich dort angesammelt hat. Gegen nichts in der Welt möchte ich diese Erfahrung eintauschen. Sie müssen Geduld haben – mit sich und Ihrem Kind. Stillen ist keine Prüfung, bei der Sie durchfallen können. Es braucht vielleicht ein wenig Zeit, aber Sie werden schon bald herausfinden, wie es geht.

Humor kann Ihnen helfen. Ich weiß noch, wie ich an manchem Morgen beim Aufwachen das Gefühl hatte, es hingen zwei Felsbrocken an meiner Brust, denn mein Baby hatte durchgeschlafen und ich hatte den Proviant für eine ganze Nacht noch bei mir! Ich rannte nach unten, holte zwei große Tassen aus dem Schrank, und es ging los. Es muss ein köstlicher Anblick gewesen sein, wie ich da halb nackt in der Küche stand und die Milch aus beiden Brüsten in zwei Tassen spritzte, die ich nebeneinander auf der Arbeitsfläche platziert hatte. Ich versuchte so viel Milch wie möglich loszuwerden, schüttete sie in ein Fläschchen und stellte sie in den Kühlschrank. So war immer genug Muttermilch da, auch wenn ich selbst einmal nicht in der Nähe war.

Der Entschluss, zu stillen oder nicht, ist mehr als eine Frage der Gesundheit oder des Trends. Er hat auch einen geistlichen Aspekt. Wenn Sie ans Stillen denken, dann geht es auch um Ihre Gefühle gegenüber Ihrem Ihnen von Gott gegebenen Körper. Sie überlegen, ob Sie ihn annehmen und sich an ihm freuen können – mit der Möglichkeit, so Ihr Kind zu ernähren, mit allem, was dazu gehört. Sie überlegen, ob Sie seine Grenzen akzeptieren wollen – die Schwierigkeiten, die Ihnen begegnen, und die ganz konkreten Ungeschicklichkeiten. Sie denken an die Beziehungen, in die Gott Sie hineingestellt hat; Sie denken an Ihre Ehe. Das Stillen kann zu einer Belastung werden, aber auch zu einer Stärkung, wenn Ihr Mann es lernt, Sie zu unterstützen und Ihren Körper ganz neu zu schätzen. Sie denken an die Gesundheit Ihres Kindes und wie Sie auf den kleinen Mund an Ihrer Brust wohl reagieren werden. Vielleicht müssen Sie sich auch mit Gefühlen gegenüber Ihrer Mutter und ihren Erfahrungen auseinandersetzen. Und Sie müssen überlegen, wie Sie später die Situation am Arbeitsplatz ganz konkret gestalten wollen.

Wenn Sie all diese Dinge bedenken und Ihre Entscheidung treffen, vergessen Sie nicht den Rat und die Ermutigung des Apostel Petrus. Wie neugeborene Kinder sollen wir uns nach der reinen Milch Christi sehnen, sagt er. Der auferstandene Christus, der keine Grenzen kennt, spürt Ihr Sehnen und antwortet auf Ihre Hilferufe. Die Milch einer Mutter beginnt zu strömen, wenn sie ihr Kind weinen hört, manchmal sogar schon, wenn sie nur an ihr Kind denkt.

Vielleicht können wir uns Gottes Zuwendung so ähnlich vorstellen: Güte und Weisheit strömen, wenn Gott unsere Stimme hört, die nach ihm ruft. Nehmen Sie in vollen Zügen auf, was er Ihnen schenkt!

Lieber Herr, ich danke dir für meine wunderbaren Brüste. Hilf mir, mich an der Milch zu freuen, die ich hervorbringen kann. Hilf mir, mich am Kontakt und der Nähe zu meinem Kind zu freuen, ob ich es nun stille oder ihm das Fläschchen gebe. Hilf mir auch, die Gefühle, die meinen Partner bewegen, wenn er mich stillen sieht, zu verstehen und zu respektieren. Hilf uns, durch die gemeinsamen Entscheidungen und Aufgaben noch mehr zusammenzuwachsen. Amen.

★ ★ ★

»Denn ihr selbst wisst genau, dass der Tag des Herrn kommen wird wie ein Dieb in der Nacht. Wenn sie sagen werden: Es ist Friede, es hat keine Gefahr –, dann wird sie das Verderben schnell überfallen wie die Wehe eine schwangere Frau, und sie werden nicht entfliehen. Ihr aber, liebe Brüder, seid nicht in der Finsternis, dass der Tag wie ein Dieb über euch komme. Denn ihr alle seid Kinder des Lichtes und Kinder des Tages. Wir sind nicht von der Nacht noch von der Finsternis.«

1. Thessalonicher 5,2-5

»Allzeit bereit.« Das Motto der Pfadfinder kann auch für die letzten Wochen der Schwangerschaft gelten. Vor Monaten haben Arzt oder Hebamme Ihnen geholfen, den Geburtstermin zu errechnen. Damals lag die Schwangerschaft wie ein langer, langer Weg vor Ihnen. Nun rückt der Termin immer näher, und Sie fragen sich, ob Sie vorher alles schaffen werden. Vielleicht haben Sie schon eine Liste angelegt: Babykleidung, Bettchen und Windeln; vorgekochte Mahlzeiten für die Kühltruhe; Arbeitsplatz ordentlich hinterlassen; Atemtechniken üben; Besichtigung des Krankenhauses; Betreuung für die älteren Kinder . . . Die Liste ist endlos. Vielleicht müssen Sie auch noch verschiedene Feiern oder einen Kurs absolvieren, ganz zu schweigen von den immer häufigeren Arztbesuchen. Manchmal kann Ihnen der Geburtstermin wirklich wie eine Bedrohung erscheinen.

Und selbst wenn Sie die meisten praktischen Vorbereitungen getroffen haben, fragen Sie sich vielleicht, ob Sie auch innerlich auf das Kommende vorbereitet sind. Sie fragen sich, was die Atem- und Entspannungstechniken wirklich nützen werden, wenn es ernst wird. Wenn es Ihr erstes Kind ist, dann überlegen Sie vielleicht auch, wie schmerzhaft die Wehen wohl sind und wie Sie damit fertig werden. Vielleicht sind Sie gespannt; vielleicht haben Sie aber auch Angst vor dem Unbekannten. Wenn Sie schon einmal geboren haben, dann haben Sie wohl eher gemischte Gefühle, je nachdem, wie die früheren Geburten verlaufen sind.

Doch egal, was Sie empfinden, akzeptieren Sie Ihre Gefühle und verdrängen Sie sie nicht. Stellen Sie sich Ihren Ängsten und bitten Sie Gott um seine Hilfe. Das wird Sie stärken und Ihnen Mut machen. Versuchen Sie sich auch die Kraftquellen vor Augen zu halten, die Ihnen während der Geburt zur Verfügung stehen; die Menschen, die in Ihrer Nähe sein werden; die Kraft und die Fähigkeiten, die Gott in Ihren Körper hineingelegt hat; die Gebete von Freunden, Familie und Gemeindegliedern; die seelische Stärke, die Sie durch andere Schwierigkeiten bereits gewonnen haben.

Bereiten Sie sich jetzt schon vor – auch wenn der Termin noch Wochen entfernt ist. Sie sind wie ein Marathonläufer, der für ein großes Rennen trainiert. Sie wollen, dass Ihr Körper wie Ihre Psyche optimal auf den Stress und die Freude vorbereitet sind, die vor Ihnen liegen. Darum halten Sie Ihren Körper in Form: Essen Sie gut, bewegen Sie sich und sorgen Sie für genug Ruhe. Nähren und trainieren Sie auch Ihren Geist: Versuchen Sie so viel wie möglich zu lernen; reden Sie mit einem Menschen, dem Sie vertrauen, über Ihre Sorgen; überlegen Sie, wie Sie in Schwierigkeiten reagieren wollen; bitten Sie Gott um Kraft und Frieden, Ausdauer und Flexibilität.

Ein Marathonlauf unterscheidet sich jedoch in einem ganz wesentlichen Punkt von einer Schwangeren – der Läufer kennt den genauen Termin des Rennens meist Wochen oder sogar Monate voraus. Sie dagegen haben nur ein ungefähres Datum und niemand weiß ganz genau, wann das Baby den großen Schritt tun wird. Es kann Wochen vorher kommen oder Sie über den errechneten Termin hinaus warten lassen. Mein Mann und ich zum Beispiel versuchten, uns die Termine um die Geburt unseres ersten Kindes herum möglichst frei zu halten. Wenn Jörgen etwa zwei Wochen nach dem errechneten Termin wieder seine Predigttätigkeit aufnehmen würde, dann könnte nichts schief gehen – dachten wir. Aber unser Kind zog es vor, das Ende der predigtfreien Zeit abzuwarten, um erst zu kommen, als der normale Betrieb wieder lief.

Wir tun unser Bestes, machen Pläne und versuchen möglichst normal weiterzuleben und wissen doch die ganze Zeit, dass wir womöglich gleich alles stehen und liegen lassen und zur Entbindungsstation rasen müssen. Eine Frau erzählte mir, ihre Fruchtblase sei mehrere Wochen vor der Zeit geplatzt, gerade als sie das Essen aus dem Ofen holen wollte. Da saßen die Gäste, und die Gastgeberin war verschwunden!

Auch als Christen können wir das Motto »Allzeit bereit« über unser Leben stellen. Wir wissen nicht, wann genau Christus in Herrlichkeit wiederkommen wird. Wir wissen aber, dass wir auf sein Kommen vorbereitet sein wollen, genauso wie wir vorbereitet sein wollen, wenn die Wehen einsetzen und beginnen, unsere geordnete Welt auf den Kopf zu stellen. Wehen sind nicht zu vermeiden. Das Baby muss irgendwie herauskommen, und eine Operation wäre nicht einfacher. Ähnlich dramatisch, sagt Paulus, wird der Übergang von dieser in eine andere Welt sein, zumindest für all jene, die sich in falscher Sicherheit wiegen. Doch wer Jesus kennt und liebt, der ist wie eine vorbereitete schwangere Frau. Er sieht den Geburtswehen des kommenden Reiches vertrauensvoll entgegen, weil er weiß, welche Freude ihn erwartet, und dass Gott ihm hilft, jede Anfechtung und jede Versuchung zu bestehen.

Lieber Herr, ich danke dir für das Leben in seiner ganzen Fülle und mit all seinen Überraschungen. Schenk mir deinen Frieden, wenn ich auf die ersten Anzeichen der Wehen warte. Gib mir Mut und Kraft angesichts all des Unbekannten. Schenk mir ein dankbares Herz, und hilf mir, die Liebe, die du mir in Jesus zeigst, an andere weiterzugeben. Hilf mir, an Gnade und Weisheit zu wachsen, damit ich auf das Kommen deines Reiches vorbereitet bin. Amen.

★ ★ ★

> »Darum: wenn du deine Gabe auf dem Altar opferst und dort kommt dir in den Sinn, dass dein Bruder etwas gegen dich hat, so lass dort vor dem Altar deine Gabe und geh zuerst hin und versöhne dich mit deinem Bruder und dann komm und opfere deine Gabe.«
>
> Matthäus 5,23-24

»Tief einatmen, das reinigt«, sagte die Lehrerin in der Schwangerschaftsgymnastik zu der Gruppe, die sich vor ihr auf dem Boden versammelt hatte. Fünfzehn dicke Bäuche hoben sich, als wir versuchten, so viel Luft wie möglich einzuziehen, und senkten sich wieder, wenn wir die verbrauchte Luft langsam ausströmen ließen. Die Übung reinigte aber nicht nur unsere Lungen. Mit ihr bliesen wir auch den Stress und die Anstrengungen des Tages hinaus. Wir begannen uns zu entspannen und auf den Rhythmus unseres Körpers einzustellen. Einatmen . . . ausatmen . . . Langsam und ganz bewusst ließen wir allen Müll los, den wir mit uns herumgeschleppt hatten. Die Gedanken an Schmerzen und Beschwerden, die uns blockiert hatten, fielen von uns ab. Die Muskeln wurden locker und ein Gefühl des Friedens nahm von uns Besitz. Plötzlich schien alles so einfach. Von all den Atemtechniken, die ich in den Kursen lernte, ist mir diese eine im Gedächtnis geblieben – und ich wende sie noch immer an. Sie hilft mir, zu entspannen und meinen Rhythmus zu finden. Sie hilft mir, meine Lungen zu dehnen und frische Luft einzuatmen. Sie mahnt mich, Verletzungen und negative Gefühle loszulassen, anstatt mir mein Leben damit zu blockieren.

Diese reinigende Tiefenatmung hilft auch während der Wehen. Atmen Sie aus, wenn die Wehe abebbt, und versuchen Sie damit auch alle Spannung, die sich in Ihnen aufgebaut hat, auszustoßen. Lassen Sie selbst den Gedanken an den Schmerz, den Sie gerade noch empfunden haben, los. Und dann konzentrieren Sie sich darauf, langsam und ganz tief wieder einzuatmen. Öffnen Sie sich, und lassen Sie frische Luft in sich hinein. Sie wird Sie beleben und stärken, damit Sie der neuen Wehe entgegensehen können. Beginnen Sie schon jetzt zu üben, damit diese Art zu atmen Ihnen bis zur Geburt in Fleisch und Blut übergegangen ist. Sie wird Ihnen auch jetzt schon helfen, sich zu entspannen.

Vielleicht wollen Sie beim Atmen das klassische Jesus-Gebet sprechen: »Herr Jesus Christus, Gottes Sohn«, wenn Sie langsam einatmen, »erbarme dich meiner« beim Ausatmen. Wenn Sie das tun, dann bekommt Ihr Atmen neben der körperlichen und seelischen noch eine geistliche Dimension. Je älter ich werde, desto mehr wird mir bewusst, dass wir alle täglich Vergebung brauchen – für große und kleine Fehler; für die netten, mutigen Dinge, die wir hätten tun sollen und unterlassen haben; für die verletzenden Dinge, die wir am liebsten ungeschehen machen würden. Wir müssen uns selbst unsere Schwächen vergeben und anderen die Fehler, die sie an uns begangen haben. Wir brauchen den regelmäßigen, reinigenden Atem, um all den Unrat loszuwerden, der sich im Lauf eines jeden Tages ansammelt.

Jesus kannte die heilende Kraft der Vergebung und Versöhnung. Er riet seinen Jüngern, ihre Beziehungen untereinander in Ordnung zu bringen, bevor sie ihre Gaben zu Gott brachten. Ungute Gefühle, Verletzungen und Unrecht reißen einen Menschen auseinander, und ein zerrissener Mensch kann Gott nicht von ganzem Herzen loben und danken. Genauso kann ein zerrissener Mensch auch kein ganzes, volles Leben führen. Untersuchungen zeigen, dass Menschen, die in ihrem Leben viel Stress haben, anfälliger sind für Krankheiten. Vielleicht wissen Sie das aus eigener Erfahrung. Ich weiß von mir, dass ich Probleme habe, wenn ich nicht gut schlafe. Ich knirsche die ganze Nacht mit den Zähnen und gifte am nächsten Tag meine Familie an. Nicht unbedingt das, was man unter einem Leben in Fülle versteht!

Das Gebären verlangt von Ihnen alle Kräfte. Sie wollen, dass Körper und Seele zusammenwirken, ungestört von unguten Gefühlen oder stressigen Situationen, die auf Sie zukommen könnten. Darum nehmen Sie sich Zeit, Ihre Beziehungen zu durchdenken. Müssen einige in Ordnung gebracht werden? Bitten Sie um Verzeihung, wo Sie jemanden verletzt haben. Beten Sie um Kraft und Bereitschaft, jenen zu vergeben, die Ihnen weh getan haben. Wenn Sie Hilfe brauchen, dann bitten Sie Ihren Pastor oder eine vertrauenswürdige Freundin. Beziehungen lassen sich selten über Nacht reparieren, aber Sie können zumindest einen Anfang machen und von Ihrer Seite aus das Nötige tun, um Situationen zu klären.

Und denken Sie auch an sich selbst. Wenn Sie aus irgendeinem Grund Schuldgefühle haben oder Sie etwas quält, dann bitten Sie Gott um Vergebung. Lassen Sie den Heiligen Geist seinen reinigenden Atem durch Sie wehen. Lassen Sie alle Gefühle von Unzulänglichkeit oder Scham, von Groll oder Feigheit, Selbstsucht oder Gedankenlosigkeit von Jesus wegwaschen, und bitten Sie ihn um seine Hilfe, damit Sie sich auch selbst vergeben können. Und dann genießen Sie das Leben in seiner Fülle. Atmen Sie die frische Luft der Gnade Gottes tief in sich hinein und lassen Sie Gott die glückliche, gesunde, starke Frau zum Vorschein bringen, als die er Sie gedacht hat.

O Herr, ich danke dir für die Gabe der Vergebung, die du uns schenkst. Danke, dass du mich hörst, wenn ich mit meinen Sorgen und Nöten und den unguten Gefühlen zu dir komme. Danke, dass du mir den Mut und den Willen schenkst, Beziehungen in Ordnung zu bringen, wo es nötig ist. Danke, dass du mich annimmst, mich ermutigst und mir hilfst, an jedem Tag zu wachsen und stärker zu werden. Amen.

★ ★ ★

»Als sie ihn aber nicht länger verbergen konnte, machte sie ein Kästlein von Rohr und verklebte es mit Edelharz und Pech und legte das Kind hinein und setzte das Kästlein in das Schilf am Ufer des Nils ... Und die Tochter des Pharao ging hinab und wollte baden im Nil, und ihre Gespielinnen gingen am Ufer hin und her. Und als sie das Kästlein im Schilf sah, sandte sie ihre Magd und ließ es holen. Und als sie es auftat, sah sie das Kind, und siehe, das Knäblein weinte. Da jammerte es sie, und sie sprach: Es ist eins von den hebräischen Kindlein. Da sprach seine Schwester zu der Tochter des Pharao: Soll ich hingehen und eine der hebräischen Frauen rufen, die da stillt, dass sie dir das Kindlein stille?«

2. Mose 2,3+5-7

Haben Sie schon mit Ihrem Arzt oder der Hebamme über einen Geburtsplan geredet? Auch wenn Sie es nicht Geburtsplan nennen, es ist gut, alle Fragen, die Sie bewegen, einmal zu sammeln, aufzuschreiben und zu besprechen. Wenn Ihre Betreuer Ihre Gefühle kennen und wissen, was Ihnen wichtig ist, dann können sie Sie besser beraten und bei der Geburt unterstützen. Wenn Sie auf der anderen Seite Bescheid wissen über Möglichkeiten und Alternativen, so gibt Ihnen das ein größeres Gefühl der Sicherheit.

Bei mir war es die Hebamme, die die Initiative ergriff. Sie schlug mir vor, einen Geburtsplan zu erstellen, alles aufzuschreiben und abzuheften als Vorbereitung für den großen Tag. Sie hatte eine ganze Liste von Dingen, über die ich mir Gedanken machen sollte: Was halten Sie von einer Peridural-Anästhesie? Elektronischer Überwachung des Fötus? Wer soll im Kreißsaal bei Ihnen sein? Welche Stellung wollen Sie bei der Geburt einnehmen? Wer soll die Nabelschnur durchschneiden? Wollen Sie das Baby bei sich im Zimmer behalten oder soll es auf die Kinderstation?

Wenn Ihr Arzt Sie noch nicht nach all diesen Dingen gefragt hat, dann ergreifen Sie selbst die Initiative. Überlegen Sie sich, was Sie möchten und was Ihnen Sorgen macht, notieren Sie alle Fragen und sprechen Sie ihn beim nächsten Untersuchungstermin darauf an. Seien Sie nicht schüchtern! Es ist schließlich die Geburt Ihres Kindes. Wenn Sie sich nicht trauen, einen viel beschäftigten Menschen zu belästigen, dann nehmen Sie zur moralischen Unterstützung Ihren Mann oder eine Freundin mit. Über manche Punkte müssen Sie sich vielleicht mit Ihrem Arzt erst einigen, anderes fehlt noch auf Ihrer Liste. Eventuell ist es sinnvoll, Ihrem Mann oder der Person, die während der Geburt bei Ihnen sein wird, Ihre Liste zu geben. Sprechen Sie mit dieser Person über Ihre Gefühle. So kann er oder sie Ihnen helfen, bei unerwarteten Schwierigkeiten die richtige Entscheidung zu treffen.

Schriftlich festzuhalten, wie man sich die Geburt wünscht, ist eine hilfreiche Leitlinie, aber keine strikt einzuhaltende Anweisung. Meine Hebamme war damit einverstanden, dass ich nach Möglichkeit keinen Dammschnitt haben wollte, und war bereit, meinen Damm mit Öl zu massieren, um den Kopf meines Babys hervorzuholen. Allerdings klappte es dann nicht so, wie ich es mir vorgestellt hatte. Die Nabelschnur hatte sich um den Kopf des Kindes gelegt, so dass es nicht schnell genug hervorkommen konnte. Nach einer kurzen Rücksprache nahm sie dann doch einen Dammschnitt vor (von dem ich nicht einmal etwas merkte), damit das Baby etwas mehr Platz bekam. Und da kam es auch schon – ein schöner, gesunder Junge.

Es kann auch sein, dass es im Krankenhaus bestimmte Vorschriften gibt – die man unter Umständen aber doch übertreten kann. In einem galt die Regel, dass man den Frauen nach dem Platzen der Fruchtblase eine vierundzwanzigstündige »Versuchsphase« zugestand. Kam das Baby nicht innerhalb dieser Zeit, wurde ein Kaiserschnitt vorgenommen. Von meinen Kinder kam keines in so kurzer Zeit; doch dank der Unterstützung und dem Verständnis einer weisen Ärztin konnte ich trotz der Bestimmungen normal gebären. Sie kannte die medizinische Literatur und meinte, bei meiner gesundheitlichen Konstitution könne man es durchaus riskieren, weitere vierundzwanzig Stunden zu warten.

Ein Geburtsplan hilft Ihnen, Ihre eigenen Vorstellungen herauszufinden und zu formulieren. Er macht Ihnen Mut, Pläne aufzustellen und dann flexibel darauf zu reagieren. Er fordert Sie heraus, zwischen Ihren Wünschen, einem eventuellen Risiko und den Gewohnheiten des Krankenhauses abzuwägen. Zum Glück stimmen die drei Elemente oft überein. Sie mögen einige der medizinischen Eingriffe in Frage stellen. Sie fragen sich vielleicht, ob einige der Maschinen nicht mehr hindern als helfen. Die meisten Frauen sind aber trotzdem froh über eine technisch moderne medizinische Betreuung. Wir brauchen uns kaum zu sorgen, ob unser Baby überlebt, wie die Frauen es in manchen Teilen der Welt noch immer tun müssen.

Die Geschichte von Mose erinnert uns daran, dass Gott selbst in der größten Gefahr am Werk ist, um Menschen zu stärken, damit sie den Schwierigkeiten begegnen können. Moses Mutter und die Tochter des Pharao widersetzten sich den grausamen, todbringenden

Befehlen eines mächtigen Herrschers. Moses Mutter setzte ihr Leben aufs Spiel, um ihr Kind so lange zu verstecken, wie es nur möglich war, und dann hatte sie einen verwegenen Plan, der zumindest eine geringe Überlebenschance versprach. Pharaos Tochter riskierte den Zorn ihres Vaters, indem sie das Kind, das in seinen Augen ein Feind war, aufnahm. Wir kennen nicht einmal die Namen dieser Frauen. Ihre Geschichte aber macht uns Mut, einen klaren Kopf zu behalten und uns gegen Ungerechtigkeit zu wehren, wo immer wir ihr begegnen. Die Geschichte macht uns Mut, unseren Verstand zu gebrauchen, auf unser Herz zu hören und um des Lebens willen auch etwas zu riskieren.

Lieber Herr, ich danke dir, dass du mir einen Verstand gegeben hast, der vernünftige Entscheidungen treffen, und ein Herz, das Mitleid haben kann. Danke für die gute medizinische Versorgung und ein stabiles Gesellschaftssystem. Hilf mir, die Geburt meines Kindes mit Umsicht zu planen. Schenk mir den Mut, meine Gedanken und Wünsche zu äußern. Lass mich flexibel und vernünftig genug sein, umzudenken, wo es nötig ist. Schenk mir den Glauben an deine unsichtbare Nähe und Hilfe. In Jesu Namen. Amen.

★ ★ ★

»Seid allezeit fröhlich, betet ohne Unterlass, seid dankbar in allen Dingen; denn das ist der Wille Gottes in Christus Jesus an euch.«   1. Thessalonicher 5,16-18

»Ich kann es nicht glauben!« Unser Gast schüttelte fassungslos den Kopf, als er am Frühstückstisch Platz nahm. »Als ich heute Morgen die Vorhänge aufzog, habe ich gar nicht nach den Bergen geschaut. Bis jetzt haben Sie mich jeden Morgen fasziniert. Ich glaube, ich bin schon zu lange hier.«

Wie leicht übersehen auch wir das Schöne im Leben. Selbst schneebedeckte Berge am Horizont können unbeachtet bleiben. Halten Sie die Augen auf, dann kann auch ein ganz gewöhnlicher Marienkäfer auf einem Grashalm Ihnen Freude bereiten. Ich wandere täglich mit unserem Hund über ein Stück Brachland unter ein paar Stromleitungen. Wenn ich alle Sinne offen halte, dann kann ich in einem kühlen, frischen Sprühregen genauso viel Schönheit entdecken wie im Schimmer der Abendsonne. Ich kann mich an den blauen, gelben und weißen Wildblumen freuen und an den kräftig grünen Tönen der langen Gräser. An einem Tag kann ein warmer Wind den Duft von Heckenrosen herübertragen. An einem anderen zaubert die frische Luft vielleicht Rosen auf meine Wangen. Insekten schwirren herum und die Vögel singen. Ich kann mich öffnen und an der Schönheit und Fülle freuen, die mich umgibt – oder ich kann achtlos vorbeilaufen, weil Sorgen und Termindruck mich blind machen.

Ich hoffe, Sie vergessen nicht, sich inmitten aller Pläne und Vorbereitungen zu freuen. Eine Schwangerschaft ist eine so besondere Zeit – eine Zeit, in der Sie sich am Wunder des Lebens freuen können, eine Zeit, in der Sie sich einfach freuen dürfen, dass Sie am Leben sind. Genießen Sie diese Wochen. Genießen Sie die Vertrautheit mit Ihrem Kind – Sie werden sich nie wieder so nahe sein. Nur noch wenige Wochen werden Sie denselben Körper, dasselbe Essen, dieselbe Luft miteinander teilen. Genießen Sie die einfachen Freuden dieser Tage. Bald werden Sie genug Trubel und Aufregung haben. Freuen Sie sich daran, noch ohne Wickeltasche ausgehen zu können; freuen Sie sich, dass Sie noch in Ruhe Ihre Mahlzeiten einnehmen; freuen Sie sich, dass Sie noch in Ruhe alles für das Baby vorbereiten können. Freuen Sie sich an dem Wunder, das in Ihnen entsteht. Danken Sie Gott, der Ihnen einen Körper geschenkt hat, der ein Baby zur Welt bringen, und eine Seele, die es lieben kann.

Vielleicht fällt es Ihnen schwer, sich zu freuen. Wir alle haben auch schlechte Tage. Manchmal sind Sie das Ganze vielleicht einfach leid – Sie haben es satt, so rund und ungeschickt zu sein; Sie sind das Warten müde und auch die ewige Müdigkeit ärgert Sie. Vielleicht sind Ihre Sorgen auch ernsterer Natur – die Freude über die Schwangerschaft ist durch persönliche oder gesundheitliche Probleme getrübt. Sie haben finanzielle Schwierigkeiten; die Beziehung zum Vater Ihres Kindes ist nicht in Ordnung; Ultraschalluntersuchungen haben gezeigt, dass Ihr Kind vielleicht nicht ganz gesund ist; Sorgen oder Krankheit trüben Ihren Blick. Dennoch mahnt der Apostel Paulus uns, uns immer zu freuen, immer zu beten und in allen Situationen zu danken.

Wenn wir seine Worte als Vorschrift betrachten, als Aufgabe, die wir zu erfüllen, als Anweisung, die wir auszuführen haben, dann kann sie uns erschrecken. Wie können wir uns freuen, wenn die Welt um uns herum so düster aussieht? Wie kann irgendein Mensch ständig beten? Niemand kann aus sich selbst diesen hohen Anforderungen genügen. Paulus erinnert uns aber auch daran, dass wir nicht auf uns allein gestellt sind. Gott möchte, dass wir uns ein Leben lang freuen, dankbar sind und beten. Das ist sein Plan und Wille für unser Leben. Und in Christus will er uns dabei helfen. Er will uns helfen, aus unserem Leben ein Gebet zu machen. Er will uns helfen, in den finsteren Stunden genauso Dinge zu sehen, für die wir danken können, wie in den glücklichen Augenblicken.

Paulus' Rat dreht sich vor allem um das Gebet. Wenn wir beten, öffnen wir unser Herz und unseren Willen für Gott – und unseren Verstand und unsere Sinne für die Welt um uns herum. Ein solch offenes Herz findet Grund, sich an den kleinen Dingen des Alltags genauso zu freuen wie an den außergewöhnlichen Ereignissen. Ein solch offenes Herz dankt für Großes und Kleines, in guten wie in schlechten Zeiten. Unser ganzes Leben kann ein Gebet des Danks und der Freude werden, wenn wir es im Gedanken an Gott leben.

Ein Wachstum im Glauben und im Gebet ebnet die Höhen und Tiefen des Lebens nicht ein. Aber es hilft uns, das gesamte Leben anzunehmen. Eine Freundin erzählte mir einmal, wie sie versuchte, ihr Gebetsleben besser in den Griff zu bekommen, indem sie sich vornahm, beim Spaziergang durch ein Wäldchen in der Nähe ihres Hauses regelmäßig zu beten. Es funktionierte gut, bis sie eines Tages entdeckte, dass ein Hund schon vor ihr unterwegs gewesen war. Sie war direkt in den schmierigen, stinkenden Haufen getreten, den er hinterlassen hatte! Ich glaube, sie ist auf ihrem Gebetsweg über ihre vollkommene Vorstellung vom Gebet gestolpert. Beten ist kein romantisches, überirdisches Kunststück. Jesus hat uns nicht aus einer kaputten Welt herausgerufen. Er selbst hat vielmehr das Leben mit all seinen Schwierigkeiten, mit allen Höhen und Tiefen angenommen. Er hat uns gezeigt, wie wir es mit ganzem Herzen auskosten können – indem wir lachen mit den Lachenden und weinen mit den Trauernden.

Darum nehmen Sie sich die Worte des Paulus zu Herzen. Freuen Sie sich und danken Sie – jetzt während der Schwangerschaft und bei allen Vorbereitungen. Nehmen Sie sich jetzt schon vor, auch mitten in den Wehen zu danken, und später, in den ersten chaotischen Wochen mit dem Neugeborenen. Gott wird Ihnen helfen, sich über alles zu freuen und alles dankbar anzunehmen – die volle Windel genauso wie das zufriedene Saugen an Ihrer Brust!

Lieber Herr, danke für das Leben; danke, dass du mir hilfst, jeden Tag etwas zu finden, wofür ich dir danken kann. Hilf mir, mein Gebetsleben zu pflegen. Hilf mir, alles vor dich zu bringen. Hilf mir, mich an diesen letzten Wochen der Schwangerschaft zu freuen, auch dann noch, wenn die Mühen der Geburt mich auf eine harte Probe stellen. Hilf mir, mich an meinem Kind zu freuen und dir dafür zu danken wie auch für alle Menschen, die ich gern habe. Amen.

9. Gebären ist Arbeit

> »Und zum Weibe sprach er: Ich will dir viel Mühe schaffen, wenn du schwanger wirst; unter Mühen sollst du Kinder gebären.« 1. Mose 3,16

Schwangerschaft und Geburt sind auch heute nicht frei von Gefahr. Die Bibel sieht die Fähigkeit, Kinder zu bekommen, zwar ganz eindeutig als Segen; sie verschweigt oder verniedlicht aber auch nicht das Leiden, das dazu gehört. 1. Mose 3,16 zeigt auf, welche Anfechtungen und Gefahren wir auf dem Weg zu den Segnungen der Mutterschaft durchmachen.

Diese Ehrlichkeit und Nüchternheit sind gesund. Je realistischer unsere Vorstellungen von den zu erwartenden Schmerzen sind, desto besser werden wir im Ernstfall auch damit fertig. Forscher in Kanada haben festgestellt, dass orthodoxe Frauen aus der Ukraine und Frauen die zu den Hutterern gehören, beim Gebären weniger Schmerzen empfinden als andere. Diese traditionsbewussten Frauen rechnen mit dem Schmerz und betrachten ihn als natürliche Begleiterscheinung, vielleicht sogar als Strafe für die Sünde der Menschheit. Diese Auffassung hilft ihnen offensichtlich beim Gebären. Nur selten sind sie überrascht über die Heftigkeit der Wehen oder fragen nach Schmerzmitteln. Wir »modernen« Frauen dagegen haben Geburtsvorbereitungskurse besucht und hoffen auf eine Geburt, die möglichst beides sein soll – natürlich und schmerzarm.

Wir leben in einer Gesellschaft, in der kaum mehr erwartet wird, dass man Leiden aushält. Dennoch möchte ich Sie ermuntern, sich schon jetzt darauf vorzubereiten, dass Sie vielleicht mehr Schmerzen ertragen müssen, als Sie sich vorstellen können. Wenn Sie schon jetzt üben, zu entspannen und zu beten, kann Ihnen das eine große Hilfe sein. Wenn wir uns ängstlich verkrampfen, machen wir die Schmerzen nur schlimmer. Je besser Sie es lernen, unter Stress gelöst zu bleiben und auf Gottes Hilfe zu vertrauen, desto besser wird es auch bei den Wehen gehen. Und bitten Sie andere um ihre Gebete, damit Sie wissen, Sie sind nicht allein. Ruhen Sie genug und machen Sie Gymnastik, um Ihren Körper in Form zu halten. Denken Sie an die Schwierigkeiten, die Sie in der Vergangenheit bewältigt haben – den Marathonlauf, die Zahnbehandlung, Nöte und Verluste.

Leiden gehört zum Leben. Wenn Sie den Schmerz völlig ausschalten, dann entgeht Ihnen ein Stück von der Vielfalt dieses Lebens und Sie erleben auch nicht im selben Maße die Euphorie, die sich nach getaner Arbeit einstellt und alle Mühen fortwischt.

Ich kenne eine Frau, die bei der ersten Geburt meinte, sie könne die Schmerzen nicht mehr aushalten. Sie bat um eine Rückenmarksspritze, und eine halbe Stunde später brachte sie ihr Baby zur Welt. Aber sie kam sich irgendwie betrogen vor, als habe das alles nichts mit ihr zu tun gehabt. Sie erzählte mir später, sie bedauere, dass sie nicht noch etwas länger ausgehalten habe. Sie wünschte, der Arzt hätte ihr gesagt, dass die Eröffnungsphase schon begonnen habe und die Geburt bald beginnen würde.

Natürlich dürfen Sie Medikamente nehmen, wenn es nötig ist. Manche Geburten sind sehr schwer. Manche Babys liegen falsch, manche sind sehr groß für das Becken ihrer Mutter. Hier müssen Sie sich auf Ihre Betreuer verlassen können. Besprechen Sie früh genug mit Ihrem Arzt oder der Hebamme, was Sie von Schmerzmitteln halten, damit sie Ihnen, wenn es darauf ankommt, bei der Entscheidung helfen können. Reden Sie auch mit Ihrem Mann und machen Sie ihm Mut, sich mit den Anzeichen der Austreibungswehen bekanntzumachen. Die Austreibung ist für viele Frauen der schwerste Teil der Geburt – und ein Zeichen dafür, dass die Arbeit bald geschafft ist.

Gebären ist eine Herausforderung und von Blut, Schweiß und Tränen gekennzeichnet. Trotzdem meinte eine Frau schüchtern, ihre Wehen seien nicht schmerzhafter gewesen als ein ungewöhnlich großer Stuhlgang. Die meisten Bibelübersetzungen tun uns keinen Dienst, wenn sie in den Vers aus 1. Mose 3 »Schmerzen« hineinlesen. Das Wort »Mühen« kommt dem hebräischen Original viel näher – und auch der Erfahrung einer weitgehend komplikationslosen Geburt. Unser Körper muss bei einer Geburt schwer arbeiten. Einige Muskeln ziehen sich zusammen und drücken mit großer Gewalt auf andere. Winzige Öffnungen dehnen sich soweit aus, dass ein ganzes Baby hindurchpasst. Das tut manchen Frauen natürlich weh. Es wäre dumm, das zu leugnen. Die Gebärmutter ist der stärkste Muskel unseres ganzen Körpers. Wenn er sich zusammenzieht und seine Kraft zeigt, dann spüren wir es!

Doch egal, wie schwer Ihre Wehen sind, nehmen Sie die Schmerzen als ein Zeichen für die Kraft, die in Ihrem Körper steckt, und als Gelegenheit, Ihr Durchhaltevermögen zu testen. Nehmen Sie sie als Gelegenheit, das Leben zu erleben – den Todesschmerz wie die Ekstase. Nehmen Sie sie als Hinweis auf die wichtige Arbeit, die Sie leisten. Wie viele wirklich wichtige Dinge erreichen wir kampflos? Betrachten Sie sie als Herausforderung und als Abenteuer auf dem Weg zum Muttersein.

Lieber Herr, ich danke dir für meinen Körper. Hilf mir, mich an seiner Kraft zu freuen, auch wenn die Schmerzen bis an die Grenze des Erträglichen gehen. Mach mich gewiss, dass du mich nicht mehr leiden lässt, als ich aushalten kann, und dass du immer bei mir bist. Amen.

★ ★ ★

»Und zum Weibe sprach er: Ich will dir viel Mühsal bereiten, wenn du schwanger wirst; unter Mühen sollst du Kinder gebären ... Und zum Manne sprach er: ... verflucht sei der Acker um deinetwillen. Mit Mühsal sollst du dich von ihm nähren dein Leben lang.«
1. Mose 3,16-17

Mühsal, Mühe, Mühsal – was heißt das? Mühsal ist harte körperliche Arbeit, die durch Sorgen und Angst noch schlimmer wird. Mühsal, das ist mehr als nur schmerzende Muskeln; es bedeutet, dass auch die Seele schmerzt. Durch eigenes Verschulden haben Adam und Eva Kummer und Not auf sich geladen. Sie haben von der verbotenen Frucht gekostet und müssen nun auch die negativen Nebenwirkungen schmecken. Als sie den verlockenden Bissen nahmen, wurden ihnen die Augen geöffnet, wie die Schlange es angekündigt hatte. Auf einmal waren sie nicht mehr unschuldig wie die Kinder. Sie sahen sich so, wie andere sie sahen. Sie erkannten, dass sie nackt waren, und griffen nach den Feigenblättern. Sie begannen zu ahnen, was die Zukunft bringen könnte. Auf einmal konnten sie sich auch vorstellen, dass nicht immer alles glatt läuft. Die Mühsal des Gebärens ist mehr als Schmerz und Stress und die Anspannung hart arbeitender Muskeln. Sie wird verstärkt durch Angst und Druck und Sorgen.

Wir können die Geschichte nicht zurückdrehen und zu einem Zustand ahnungsloser Unschuld zurückkehren. Wir können aber lernen, Mühsal auszuhalten – und unser Text gibt uns mehrere Hinweise darauf, wie das zu schaffen ist.

Zunächst erinnert er uns daran, dass wir alle betroffen sind. Die Strafen von Adam und Eva stehen in einem engen Zusammenhang. Das wird schon an der Wortwahl im Hebräischen deutlich. Das Wort Mühsal erscheint dreimal, wie wir im obigen Vers nachlesen können. Außerdem sind Mann und Frau von der Strafe des anderen jeweils mitbetroffen. Durch die Jahrhunderte hindurch haben die Frauen die Mühsal der Männer geteilt und dafür gesorgt, dass Brot und Butter auf den Tisch kamen. Und, wie der Reformator Martin Luther vor fast fünfhundert Jahren sagte, ein Teil der Strafe, die der Frau auferlegt wurde, wird auch von ihrem Mann getragen, »denn er kann nicht ohne Kummer« zusehen, wie seine Frau im Kindbett leidet. Es macht ihm zu schaffen, hilflos daneben zu stehen, wenn die Geliebte in den Wehen liegt. Gleichzeitig aber wird sie durch seine Nähe ermutigt und gestärkt.

Zweitens zeigt uns die Geschichte, dass Gott trotz ihres Ungehorsams zu Adam und Eva hält. Er geht nicht einfach davon und lässt sie mit den Folgen der verbotenen Frucht allein. Wie ein guter Vater spricht er mit ihnen und hilft ihnen zu erkennen, wo sie falsch gehandelt haben. Dann bestraft er sie. Kaum jemand lässt sich gern bestrafen. Trotzdem ist eine Strafe auch ein Zeichen des Respekts. Wir strafen unsere Kinder, wenn sie falsch gehandelt haben, weil wir sie lieben und sie es lernen sollen, sich gut und richtig zu verhalten. Wir tun es, weil wir sie ernst nehmen und glauben, dass sie fähig sind, Gut und Böse auseinander zu halten. Genauso ist es mit Gott. Adam und Eva sind ihm wichtig genug, um sie zu strafen.

Das ist besonders für die Frauen wichtig. Wie oft wurden sie als rechtlich und moralisch unbefugt betrachtet. Das erste Buch Mose hingegen zeigt uns, dass Gott sie genauso achtet wie die Männer. Er zieht jeden einzelnen Menschen für seine Taten zur Verantwortung. Gerade beim Gebären haben wir Frauen oft das Gefühl, wir würden nur von unserem Körper bestimmt. Aber gerade hier erinnert uns die Bibel an unsere geistliche Existenz und die Beziehung zu Gott. Die Mühen der Geburt werden zu einem Hinweis darauf, dass Gott uns achtet, dass er uns etwas zutraut und uns auch Verantwortung überträgt.

Schließlich fordert die Geschichte uns auf, einmal unser eigenes Leben zu betrachten. Wir finden es vielleicht unfair, dass alle Frauen unter Evas Ungehorsam zu leiden haben. Aber wer lebt schon im völligen Vertrauen auf unseren Schöpfer? Natürlich kann auch ein größeres Vertrauen zu Gott und seinem Werk die Schmerzen der Geburt nicht ganz zum Verschwinden bringen. Aber dennoch gilt: Je mehr Sie darauf vertrauen, dass Gott Ihnen hilft, desto eher ist auch Ihr Körper bereit, sein Bestes zu geben. Eva war nach ihrer ersten Geburt voller Staunen und Glück. Ich hoffe, es geht Ihnen nicht anders!

Lieber Herr, hilf mir, die Schmerzen der Geburt in einem neuen Licht zu sehen und darin deine Liebe und Achtung vor der gesamten Schöpfung zu erkennen. Danke, dass du bei uns bist, auch da, wo wir dich enttäuschen. Danke, dass du uns einander geschenkt hast, damit wir Lasten und Freuden gemeinsam tragen. Danke, dass du auch mich ernst nimmst und für mich sorgst. Hilf mir, dir jeden Tag etwas mehr zu vertrauen. Amen.

★ ★ ★

»Sie wird aber selig werden dadurch, dass sie Kinder zur Welt bringt, wenn sie bleiben mit Besonnenheit im Glauben und in der Liebe und in der Heiligung.«
1. Timotheus 2,15

»Eine gläubige Frau muss bei der Geburt nicht leiden. Die Schmerzen bei der Geburt waren die Strafe für Evas Sünde. Aber Jesus hat für alle unsere Sünden bezahlt«, sagte Melanie. Sie richtete sich langsam aus dem Blumenbeet auf und klopfte die Erde von den Fingern. Dann stemmte sie die Hände in die Gegend, in der einmal ihre Taille war, und reckte den Rücken. Bald würde sie ihr drittes Kind zur Welt bringen.

Melanies Theologie war sicher zum Teil von einem Wunschdenken geprägt. Ihre ersten beiden Kinder hatte sie geboren, bevor sie gläubig wurde. Trotzdem hat sie nicht ganz Unrecht. Jesus hat mehr getan, als nur zu lehren und zu predigen. Er hat Sünden vergeben und Kranke geheilt. Der christliche Glaube ist mehr als nur eine billige Vertröstung auf bessere Zeiten.

Im Neuen Testament, im ersten Brief des Timotheus, findet sich die Verheißung, dass die Frau durch die Gefahren des Kindergebärens hindurch bewahrt wird. Der Satz ist etwas ungelenk formuliert. Vielleicht wurde er deshalb oft so gedeutet, als würde die Frau durch das Kinderkriegen gerettet. Eine solche Interpretation steht aber nicht in Einklang mit dem Rest der Bibel. Wie Melanie sagte, hat Jesus bereits für unsere Sünden bezahlt. Wir müssen nicht Kinder gebären oder irgendwelche anderen guten Taten tun, um gerettet zu werden. Jesus hat die Arbeit für uns bereits getan und bietet uns Leben und Erlösung als ein freies Geschenk.

Dennoch haben auch Christinnen oft eine schwere Geburt. Gott hat uns kein Leben ohne Leid versprochen, aber Jesus will uns durch alles Leiden, das uns begegnen mag, hindurchhelfen – und weit darüber hinaus. Der Apostel Paulus sagt, dass uns nichts von der Liebe Gottes in Jesus Christus trennen kann, weder Tod noch Leben, weder Gegenwärtiges noch Zukünftiges, noch irgendetwas sonst. An dieses Versprechen dürfen wir uns halten! Es wird auch Ihnen helfen, den Schwierigkeiten getrost und voll innerem Frieden entgegenzusehen.

Überlegen Sie darum bei den Vorbereitungen für die Geburt auch, was Ihr Glaube Ihnen bedeutet und welche Symbole Sie dafür haben. Wenn Sie in einem Krankenhaus gebären werden, dann haben Sie vielleicht schon die Tasche mit ein paar persönlichen Dingen gepackt. Wenn Sie eine Hausgeburt planen, dann haben Sie die Bettwäsche und andere Sachen vorbereitet. Nehmen Sie sich die Zeit, auch ein paar Gegenstände einzupacken, die Sie an Ihren Glauben erinnern. Vielleicht wollen Sie Ihre Blicke auf ein Kreuz richten können oder auf einen Bibelvers oder einen anderen Spruch, der Ihnen wichtig geworden ist. Solche Symbole können uns helfen, durch die Schmerzen hindurch den größeren Plan im Auge zu behalten, den Gott mit dieser Welt hat. Vielleicht möchten Sie eine Kerze anzünden, die Sie daran erinnert, dass Christus das Licht ist – das Licht, das von der Finsternis nicht ausgelöscht werden kann. Oder Sie nehmen ein paar Kassetten mit christlichen Liedern mit. Suchen Sie für die erste Phase ein paar ruhige, besänftigende Stücke aus, aber auch ein paar lebhafte, fröhliche, die nach getaner Arbeit Ihre Freude widerspiegeln können.

Solche Dinge, die uns an unseren Glauben erinnern, helfen uns, die Geburt und die damit verbundenen Schmerzen in einem Licht zu sehen, das von Gott kommt, und sie können auch für die Menschen, die bei der Geburt dabei sind, zu einem Zeugnis werden. Eine Ärztin berichtete mir einmal von ihren Eindrücken. Während der Wehen ließ ein Paar im Hintergrund leise Spirituals und Gospels laufen. Der Mann hielt die Hand seiner Frau, sprach hin und wieder laut ein Gebet, massierte ihr den Rücken oder sang mit. Die Wehen verliefen erstaunlich gut. Das Fruchtwasser umhüllte das Baby bis zum Schluss. »Alles war von einem ungeheuren Frieden durchdrungen«, sagte die Ärztin später.

Ein Kind zur Welt zu bringen kann eine beglückende und geheiligte Angelegenheit sein, selbst dann, wenn die Geburt nicht ganz so glatt verläuft. Auch wenn Sie es nicht schaffen, irgendetwas einzupacken, was Ihnen als moralische Unterstützung dienen kann, Gott hat Ihnen geistliche Gaben gegeben. Der erste Timotheusbrief nennt mehrere solcher Gaben: Glaube, Liebe, Heiligung und Besonnenheit. Was es mit dem Glauben und der Liebe auf sich hat, ist Ihnen sicher ohne weiteres klar: Der Glaube gibt Ihnen Vertrauen und Mut. Die Liebe gibt den Schmerzen einen Sinn.

Aber was hat es in diesem Zusammenhang mit der Heiligung auf sich? Vielleicht halten Sie sich nicht für besonders heilig. Dennoch, auch die Heiligung ist eine Gabe Gottes. In der Taufe hat Gott einen Bund mit Ihnen geschlossen; seitdem stehen Sie für immer unter dem Zeichen des Kreuzes. Und mit Gottes Hilfe werden Sie Ihr ganzes Leben in der Gnade und Heiligung wachsen. Dabei werden Sie immer mehr zu einem ganzen, heilen Menschen. In der Heiligung werden alle Höhen und Tiefen des Lebens zu einem gesunden Ganzen zusammengeführt. Die Schrecken und die Freuden der Geburt können Ihnen eine Ahnung davon geben. Sie stellen Ihr gesamtes Wesen in den Dienst von Gottes Schöpferwerk. Und Sie erleben die tiefe Befriedigung, etwas zutiefst Heiliges, Leben spendendes zu tun.

Schließlich spricht der 1. Timotheusbrief noch von der Besonnenheit. In manchen Bibelübersetzungen ist hier von Zucht oder Sittsamkeit die Rede. Aber keine Angst, das heißt nicht, dass Sie nur noch in hochgeschlossenen Kleidern herumlaufen dürfen! Das griechische Wort bedeutet mehr, als den Körper oder die eigenen Fähigkeiten nicht zur Schau zu stellen. Es kann, wie es in neueren Übersetzungen der Fall ist, genauso gut mit Selbstdisziplin wiedergegeben werden. Gerade während der Geburt stehen Sie sicher nicht in der Versuchung, mit Ihrem Körper zu prahlen. Da haben Sie Wichtigeres zu tun. Und genau an diesem Punkt kommt die geistliche Gabe der Besonnenheit oder Selbstdisziplin ins Spiel. Sie bedeutet, dass wir all unsere Fähigkeiten auf vernünftige und disziplinierte Weise einsetzen, damit wir das Richtige tun. Besonnenheit hat mit praktischem Handeln zu tun. Selbstdisziplin bedeutet, auch geistlich das Gleichgewicht zu bewahren, so dass wir selbst in den heftigsten Wehen nicht untergehen.

Die gläubige Frau wird Schmerzen bei der Geburt nicht vermeiden können, aber sie hat geistliche Gaben empfangen, die ihr helfen, auch schwierige Situationen durchzustehen. Glaube, Liebe, Heiligung und Besonnenheit können selbst aus der schlimmsten Geburt eine Teilhabe an Gottes Schöpfungswerk machen.

Lieber Herr, ich danke dir, dass du mir immer beistehst, auch wenn ich dich nicht sehe. Danke, dass du uns Leben anbietest, ganzheitliches Leben. Hilf mir, jeden Tag deinen Verheißungen zu vertrau-

en. Hilf mir, deine Nähe nicht nur jetzt zu spüren, sondern auch dann, wenn die Geburt beginnt. Amen.

★ ★ ★

»Und er ging ein wenig weiter, warf sich auf die Erde und betete, dass, wenn es möglich wäre, die Stunde an ihm vorüberginge, und sprach: Abba, mein Vater, alles ist dir möglich; nimm diesen Kelch von mir; doch nicht, was ich will, sondern was du willst!« Markus 14,35-36

»Ich habe meine Kinder zur Welt gebracht, ehe die natürlichen Methoden Mode wurden«, sagte Irene. »Deshalb kann ich mich an die Geburt selbst kaum erinnern. Aber eines weiß ich noch gut: Ich wollte nicht ins Krankenhaus!«

Wie wird Ihnen zumute sein, wenn der große Tag kommt? Vielleicht eilen Sie voller Freude in die Klinik. Vielleicht gehen Sie auch nur widerwillig und würden, wie Irene, am liebsten zu Hause bleiben. Vielleicht sind Ihnen aber auch beide Gefühle nicht fremd. Einerseits möchten Sie endlich bald Ihr Kind sehen und fühlen. Wenn es das Erste ist, dann sind Sie vielleicht ganz besonders gespannt auf die Geburt. Sie haben inzwischen so viel darüber gehört und gelesen, dass Sie endlich wissen wollen, wozu Ihr Körper in der Lage ist. Gleichzeitig wünschen Sie aber auch, Sie könnten Ihr Kind ohne all die Schmerzen und Ungewissheiten haben. Plötzlich packt Sie die Angst und Sie fürchten, Sie hätten alles vergessen, was Sie an Atem- und Entspannungstechniken gelernt haben.

All diese Gefühle sind völlig normal. Schließlich werden Sie körperlich wie geistig auf eine ungeheure Probe gestellt. Und in unserer westlichen Welt werden nur wenige Frauen wirklich »alte Hasen«, was das Kinderkriegen anbelangt. Wenn Sie schon einmal geboren haben, dann wissen Sie zwar, wie anstrengend das sein kann, aber jede Geburt läuft wieder anders ab, stellt uns vor neue Herausforderungen und birgt neue Freuden. Ihr ganzes Wesen ist aufgerufen, sich zu öffnen und die verletzliche kleine Person aus der einen Welt hinaus- und in eine andere hineinzuschieben. Die meisten Frauen fragen sich, wie das funktioniert und wie sie unter der Anspannung reagieren werden.

Akzeptieren Sie Ihre Gefühle und legen Sie sie in Gottes Hand. Auch wenn Sie alles vergessen, was Sie je über Atemtechniken gelernt haben, Gott hat Ihnen einen Körper geschenkt, der weiß, was er tun muss. Die meisten Frauen könnten Ihre Kinder auch völlig allein zur Welt bringen, wenn es nötig wäre.

Das tun jedoch nur wenige. Die meisten entscheiden sich dafür, in einem Krankenhaus zu gebären, wo Ihnen alle technischen Hilfsmittel zur Verfügung stehen, und umgeben von hilfsbereiten Fachleuten. Warum also wollen manche Frauen die Fahrt zum Krankenhaus am liebsten absagen? Ich denke, es steckt etwas anderes dahinter als die Angst vor den möglichen Schmerzen. Irene brachte ihre Kinder unter starker Betäubung zur Welt, und trotzdem hasste sie die Klinik.

Vielleicht fürchtete sie vor allem die unpersönliche Atmosphäre und die ihr fremde Routine. Diese Angst lässt sich etwas vermindern, wenn Sie sich die Entbindungsstation vorher zeigen lassen, aber sie wird nicht gänzlich verschwinden. Wenn Sie mit Wehen ins Krankenhaus kommen, dann sind Sie für das Personal eine Patientin. Sie melden sich an, ziehen Ihre eigenen Kleider aus und bekommen ein Krankenhausnachthemd. All das vermittelt Ihnen das Gefühl, Sie hätten die Dinge nicht mehr selbst in der Hand. Fremde übernehmen das Kommando und bestimmen, wann und ob Sie etwas zu Essen bekommen. Man hängt Sie an Maschinen, deren Funktion Sie nicht kennen. Alle möglichen Leute kommen in Ihren Raum, wann und wie es ihnen gerade passt.

Zum Gebären gehört, dass wir einen Teil des Einflusses, den wir sonst als selbstverständlich betrachten, aus der Hand geben. Selbst die entspannteste Krankenhausatmosphäre und das hilfsbereiteste und einfühlsamste Personal kann daran nichts ändern. Ihr Körper erledigt seine Aufgabe, ob Sie es wollen oder nicht. Wenn die Wehen eingesetzt haben, dann gibt es kein Zurück. Sie können mit Ihrem Körper zusammenarbeiten oder sich gegen ihn wehren, aber Sie können das, was er in Gang gesetzt hat, nicht mehr aufhalten. Mächtige Naturgewalten tragen Sie mit sich fort.

Das kann alles Furcht erregend klingen. Vielleicht möchten Sie am liebsten noch in der letzten Minute einen Rückzieher machen, und auf einmal sprechen Sie das Gebet, das Jesus im Garten Gethsemane sprach: »Vater, alles ist dir möglich; nimm diesen Kelch von mir.« Jesus wusste, welches Leiden auf ihn wartete. Er war nicht mehr darauf aus, es zu erdulden, als Sie. Aber er lief auch nicht davon. Stattdessen legte er sein Schicksal ganz in Gottes Hand: »Nimm diesen Kelch von mir; doch nicht, was ich will, sondern was du willst!«

Gott half Jesus, seine Aufgabe zu erfüllen. Und genauso wird er Ihnen helfen, alles zu ertragen. Wie Jesus können Sie Befreiung erleben und Kraft empfangen, wenn Sie sich ganz in Gottes Hand geben. Vertrauen Sie ihm; vertrauen Sie dem Körper, den er Ihnen gegeben hat; vertrauen Sie den Helfern, die er Ihnen zur Seite stellt. Und dann lassen Sie sich los, im Vertrauen, dass Gott Sie durch das unbekannte Gebiet führen und Ihnen die nötige Kraft geben wird.

Lieber Herr, du weißt, dass ich manchmal Angst habe. Hilf mir, dir und auch meinem Körper zu vertrauen. Hilf mir, vertrauenswürdige Helfer zu finden, und hilf mir, ihnen auch wirklich zu vertrauen. Hilf mir, die Naturgewalten, die meinen Körper erfassen, um mein Kind ans Licht zu bringen, willkommen zu heißen. Schenk mir Mut, mich dem Unbekannten zu stellen; schenk mir Kraft, die Schwierigkeiten zu bewältigen, die das Leben mir in den Weg legt. Amen.

★ ★ ★

»Leide doch solche Wehen und stöhne, du Tochter Zion, wie eine in Kindsnöten; denn du musst zwar zur Stadt hinaus und auf dem Felde wohnen und nach Babel kommen. Aber von dort wirst du wieder errettet werden, dort wird dich der Herr erlösen von deinen Feinden.« Micha 4,10

Anni war überrascht über die starken Gefühle, die der Geburtsvorgang in ihr freisetzte. Sie erzählte später, sie sei sich vorgekommen, als würde sie an einem Kronleuchter schaukeln.

Elisabeth war schockiert von den hässlichen Bemerkungen, die sie ihrem Mann an den Kopf geschleudert hatte. »Sonst bin ich gar nicht so«, meinte sie später entschuldigend.

Das Gebären hält für viele Frauen einige Überraschungen bereit, selbst wenn wir im Großen und Ganzen wissen, was vorgeht. Doch unsere Reaktionen können wir nicht vorhersagen. Wir haben alle schon von der Frau gehört, die ihrem Mann die heftigsten Vorwürfe macht, weil er ihr das Ganze eingebrockt hat. Manche Frauen möchten am liebsten alles vergessen und vom Kreißsaal direkt nach Hause gehen. Sie selbst werden vielleicht eher still, oder Sie stöhnen und schreien. Sie möchten, dass Ihr Mann Sie allein lässt, und im nächsten Augenblick soll er bei Ihnen bleiben.

Sie brauchen die Freiheit, sich ganz gehen lassen zu können. Diskutieren Sie das schon vorher mit Ihrem Mann oder den Menschen, die während der Geburt bei Ihnen sein werden. Ihre Begleitung muss wissen, dass sie die bösen Bemerkungen, die Ihnen vielleicht entfahren, nicht wörtlich nehmen darf. Und Sie selbst werden sich gelöster fühlen, wenn Sie Ihre Helfer gewarnt haben. Ja, mehr noch, es ist für Sie eine große Hilfe, wenn Ihre Betreuer

Ihnen Mut machen, sich wirklich ganz gehen zu lassen. Manche Hebammen haben beobachtet, dass die Geburt normalerweise recht schnell eintritt, wenn die Gebärende erst einmal alle Hemmungen ablegt.

Wie eng sind doch unser Körper und unsere Seele miteinander verwoben! Ihr Körper presst und drückt, bis das Baby hervorkommt, ob Sie es mögen oder nicht. Doch wenn Sie sich loslassen und dem Rhythmus der Wehen anpassen, dann können Sie mithelfen, dass aus dem Ganzen eine angenehme Erfahrung wird. Körper und Seele arbeiten zusammen, um ein beglückendes Ergebnis hervorzubringen.

Damit Sie sich tatsächlich gehen lassen können, müssen Sie Ihr Denken wahrscheinlich etwas umprogrammieren. Vermutlich haben Sie Ihren Verstand und Ihre Gefühle so trainiert, dass sie darüber bestimmen, wie sich Ihr Körper verhält. Bei einer Geburt wird das alles auf den Kopf gestellt. Selbst die antrainierte Hygiene funktioniert nicht mehr. Sie können den Reaktionen Ihres Körpers nichts mehr entgegensetzen. Er übernimmt jetzt das Kommando, und Sie können nichts weiter tun, als loszulassen. Dazu gehört Mut. Sie müssen Ihrem Körper und Ihren Helfern vertrauen können. Und Sie müssen darauf vertrauen, dass Gott Ihnen helfen wird, sich hinterher wieder in den Griff zu bekommen.

Loslassen erfordert Mut, es schenkt aber auch Freiheit. Sie können sich ganz auf Ihre Aufgabe konzentrieren, anstatt sich gegen die vielleicht beängstigenden Symptome zu wehren. Diese Fähigkeit wird Ihnen auch später von großem Nutzen sein. »Leide und stöhne«, ermunterte der Prophet Micha das Volk Gottes, das nach Babel verschleppt werden sollte. Die Menschen ahnten, dass schwere Zeiten vor ihnen lagen, auch wenn sie nicht wussten, was genau sie erwartete. Sie hatten Angst und sahen der Zukunft mit gemischten Gefühlen entgegen. Micha fordert sie auf, ihre Schwierigkeiten wie Geburtswehen zu betrachten – ein Anfang und nicht das Ende. »Nur Mut«, scheint er zu sagen. »Legt eure ganze Kraft in die Leben spendenden Wehen und bringt das Kind hervor, das ihr in euch tragt. Egal, wie lange ihr im rauen Land der Geburtsschmerzen bleiben müsst, ihr dürft wissen, dass Gott euch hilft. Er wird euch am Ende befreien.«

Leider kommt der Gedanke der Ermutigung in vielen Bibelübersetzungen nicht so richtig zum Ausdruck. Die gewohnte Wiedergabe: »schreie und stöhne« liest vor allem den Schmerz in das Bild hinein. Micha will aber genau das Gegenteil sagen. Für ihn sind die schweren Zeiten nur ein Ausgangspunkt. Indem er die Situation mit dem Bild der Geburt umschreibt, liest er neue Hoffnung hinein. Das Wort, das im Allgemeinen mit »schreien« oder »sich krümmen« wiedergegeben wird, bezieht sich auf die Geburtswehen. Das Wort »stöhnen« auf das Austreiben des Babys.

Es mag während der Wehen Augenblicke geben, in denen auch Sie Angst haben. Es mag Augenblicke geben, in denen sich die Geburt wie eine endlose Wüste vor Ihnen auszudehnen scheint. Es mag Zeiten geben, in denen Sie am liebsten aufgeben wollen. Bei meiner ersten natürlichen Geburt sagte ich irgendwann zu meinem Mann, ich hätte das Gefühl, ohne Hilfe würde ich es nicht mehr viel länger aushalten. Er sah mich an und meinte: »Wie meinst du das? Ich dachte, du hättest es so gewollt!« Ich war damals ein wenig ärgerlich, aber später musste ich ihm danken. Mit seinen Worten hatte er ausgedrückt, was auch Micha meinte: »Halt dich jetzt nicht zurück, und gib nicht auf. Krümme dich und treibe aus.« Eine halbe Stunde später war unser Kind da.

Betrachten Sie die Geburt als Möglichkeit, das Loslassen zu lernen. Sehen Sie darin eine Gelegenheit, ganz in dieses wunderbare Werk der Liebe einzutauchen, im Vertrauen darauf, dass Ihr Körper es mit Gottes Hilfe schaffen wird. »Leide Wehen und stöhne!«

Lieber Herr, ich danke dir, dass du mein Baby und mich beschützt und hältst. Bewahre uns durch alle Schwierigkeiten hindurch, die die Geburt mit sich bringen mag. Hilf mir, dir und auch meinem

Körper zu vertrauen, damit ich mich gehen lassen kann, anstatt mich zu verkrampfen. Schenk den Menschen in meiner Nähe die Bereitschaft zum Vergeben, falls ich Sie mit meinen Worten verletze. Schenk ihnen Weisheit, falls eine unvorhergesehene Entscheidung getroffen werden muss. Amen.

★ ★ ★

>»Den [Jesus] hat Gott auferweckt und hat aufgelöst die Schmerzen des Todes, wie es denn unmöglich war, dass er vom Tode festgehalten werden konnte.«
>
> Apostelgeschichte 2,24

»Was es mit der Kreuzigung wirklich auf sich hat, das habe ich erst nach dem ersten Kind richtig verstanden«, sagte Caroline. Die Teilnehmer des Bibelgesprächskreises rutschten betreten auf ihren Stühlen hin und her. »War die Geburt wirklich so schlimm?«, fragte Marty.

Die Geburt mit der Kreuzigung zu vergleichen, mag auf den ersten Blick grotesk und befremdend erscheinen. Ich weiß noch, wie schockiert ich war, als ich auf mittelalterlichen Bildern sah, wie Jesus am Kreuz als Gebärender dargestellt wurde, von dessen Blut sich die Gläubigen nähren. Die Nonnen und Mönche, die solche Bilder malten, hatten selbst nie geboren; sie wollten also sicher nicht die Qualen der Geburt darstellen. Es ging ihnen vielmehr darum, ein Bild aus dem Alltagsleben zu finden, das veranschaulichen konnte, wie aus Jesu Leiden neues Leben entsteht.

Jahrhunderte später tat Caroline dasselbe. Ihr ging auf, was das Leiden Jesu am Kreuz bedeutete, wenn sie an ihr eigenes Erleben bei der Geburt ihrer Kinder dachte. »Nein, die Geburt war überhaupt nicht schlimm«, sagte sie zu Marty. »Ich weiß, dass das Leiden Jesu am Kreuz viel schlimmer war als alles, was ich durchgemacht habe. Aber ich denke, ich habe eine Ahnung davon bekommen, wie ihm zumute gewesen sein muss. Er musste das, was er angefangen hatte, zu Ende führen. Wenn du ein Kind zur Welt bringst, gibt es kein Entkommen. Ob du willst oder nicht, du musst es aushalten. Aber das Leid hat einen Sinn. Du erträgst es, weil daraus neues Leben erwächst. Und genauso war es bei Jesus.«

Je mehr ich darüber nachdenke, dass das, was Jesus am Kreuz erlitt, mit einer Geburt zu vergleichen ist, desto hilfreicher finde ich das Bild. Stellen wir es uns doch nur einmal vor: Die Wehen, die Jesus erlitt, waren weit schlimmer als alles, was wir durchmachen müssen. Bei ihm trat wirklich der schlimmste Fall ein – nach den Schmerzen stand der Tod. Zu unserem Heil war das jedoch nicht das Ende. Wie Petrus in der Apostelgeschichte erklärt, hat Gott Jesus vom Tod auferweckt. Die Schmerzen des Todes konnten ihn nicht festhalten.

Wenn für Sie die Zeit der Geburt kommt, dann denken Sie daran, dass Christus Ihnen vorangeht. Vielleicht hilft Ihnen die Vorstellung, dass Jesus wie eine Mutter die Schmerzen der Wehen kennt, und Sie wollen das klassische Jesus-Gebet, das Sie beim Atmen unterstützt, etwas abwandeln. Beten Sie beim Einatmen: »Herr Jesus Christus, der am Kreuz selbst Schmerzen litt«, und beim Ausatmen: »Segne mich während der Wehen.« Damit erhalten die Schmerzen der Geburt eine christliche Perspektive. Das Gebet kann Ihnen vor allem in der ersten Phase Frieden und Zuversicht schenken. Machen Sie sich aber keine Sorgen, wenn Sie es nicht während der gesamten Geburt sprechen können. Der Heilige Geist ist bei uns und hilft uns. Er betet für uns mit unaussprechlichem Seufzen.

Die Schmerzen der Geburt kommen heute kaum bei einer Frau an das heran, was Jesus leiden musste. Trotzdem stellen Sie vielleicht fest, dass Sie häufiger als sonst an den Tod denken oder davon träumen. Lassen Sie sich davon nicht bange machen; während der Schwangerschaft ist das kein seltenes Phänomen. Und es gibt dafür auch gute Gründe, selbst wenn heute kaum mehr jemand im Kindbett stirbt. Aber Sie tragen in sich einen kostbaren Schatz. Eine Geburt birgt gewisse Risiken. Die Geburt Ihres Kindes bringt für Sie neue Pflichten mit sich und Ihr Leben erhält eine neue Ausrichtung. Und schließlich erleben Sie so etwas wie Sterben und Auferstehen, auch wenn für Sie wie das Baby alles normal und ohne Komplikationen verläuft. Sie betreten das Krankenhaus als schwangere Frau. Wenn Sie es verlassen, tragen Sie Ihr Kind nicht mehr in Ihrem Bauch, sondern auf dem Arm.

Vielleicht haben Sie schon begonnen, von Ihrem schwangeren Ich Abschied zu nehmen. An manchen Tagen erfasst Sie eine unerklärliche Traurigkeit, und Sie fragen sich, wieso, wo der lang erwartete Tag doch endlich näher rückt. Das bedeutet nicht, dass Sie Ihr Baby auf einmal nicht mehr mögen oder irgendetwas mit Ihrer Psyche nicht in Ordnung ist. Es hat einige Zeit gedauert, bis Sie sich an Ihr voluminöses und fruchtbares Ich und die Aufmerksamkeit, die Sie damit auf sich zogen, gewöhnt hatten. Und genauso braucht es Zeit, dieses Bild der schwangeren Frau wieder loszulassen. Darum gestatten Sie es sich ruhig, darüber zu trauern, dass diese kurze, aber schöne Zeit Ihres Lebens nun bald vorbei ist.

Überlegen Sie, wie Sie dieses besondere Kapitel in Ihrem Leben noch einmal feiern können. Vielleicht möchten Sie aufschreiben, was Ihnen »mit Kind« Spaß gemacht hat – all die Überraschungen und Freuden der Schwangerschaft. Blättern Sie durch Ihr Tagebuch, falls Sie eins geführt haben. Erinnern Sie sich an lustige Episoden und seltsame Stimmungen, an die Höhen und Tiefen und wie Sie sie durchgestanden haben. Danken Sie Gott für die Menschen, die Ihnen geholfen und Sie ermutigt haben – die ältere Dame, die sich immer nach Ihrem Befinden erkundigt; Ihren Mann, der Ihnen die Schuhe gebunden und moralische Unterstützung gegeben hat und noch vieles mehr; den Nachbarjungen, der Ihnen geholfen hat, die schwere Einkaufstasche ins Haus zu tragen.

Fangen Sie an, sich von Ihrem schwangeren Ich zu verabschieden, und bereiten Sie sich darauf vor, das neue Ich, das nach der Geburt auf Sie wartet, willkommen zu heißen. Gott hat Jesus aus dem Tode auferweckt, und er wird auch Ihnen wieder aufhelfen. Er hat Sie bis hierhin gebracht; er wird Sie auch durch die Schmerzen der Geburt hindurch begleiten. Er wird Ihnen helfen, eine gute Mutter zu sein und den Aufgaben, die auf Sie warten, gerecht zu werden.

O Herr, ich danke dir, dass du mir durch alle Höhen und Tiefen hindurchgeholfen hast. Hilf mir, das auch während der Geburt nicht zu vergessen. Gib mir Mut und Kraft zu tun, was nötig ist, so wie du es getan hast. Ich danke dir, dass du in meinen Sorgen und Nöten bei mir bist und uns durch deinen Tod am Kreuz neue Hoffnung und neues Leben schenkst. Amen.

★ ★ ★

»Eine Frau, wenn sie gebiert, so hat sie Schmerzen, denn ihre Stunde ist gekommen. Wenn sie aber das Kind geboren hat, denkt sie nicht mehr an die Angst um der Freude willen, dass ein Mensch zur Welt gekommen ist. Und auch ihr habt nun Traurigkeit; aber ich will euch wieder sehen, und euer Herz soll sich freuen, und eure Freude soll niemand von euch nehmen.«

Johannes 16,21-22

Bei unserem dritten Kind hatte ich mit einer problemlosen Geburt gerechnet. Beim letzten Mal war alles überraschend schnell und glatt verlaufen. Darum war ich diesmal ruhiger und entspannter als bei den ersten beiden Kindern. Doch womöglich war ich ein bisschen zu entspannt: Die Fruchtblase sprang, aber tagelang wollten keine Wehen einsetzen! Am dritten Morgen beschlossen wir, die Geburt einleiten zu lassen. Ich hielt die Entscheidung für gut und richtig, auch wenn ich ziemlich down war, als die Schwester hereinkam, um mich ans Infusionsgerät anzuschließen.

Die Zeit verging, und nun kam es mir vor, als seien auch die Wehen stärker als bei den letzten Malen. Am Abend konnte ich nicht mehr aufstehen und meinen kleinen Rundgang machen, und so nahm ich an, dass es nun nicht mehr lange dauern würde bis zur Entbindung.

Ruth, meine Hebamme, untersuchte, wie weit sich der Muttermund schon geöffnet hätte. Als sie sagte, es würden noch immer ein paar Zentimeter fehlen, war ich schrecklich enttäuscht! Nach diesem Tiefpunkt dauerte es dann allerdings nicht mehr lange. Schon eine Stunde später presste ich mein Kind hervor.

Wie Jesus im oben erwähnten Gleichnis sagt, neigen wir dazu, die Schmerzen, die wir bei der Geburt auszuhalten haben, schnell wieder zu vergessen. Sobald das Kind da ist, verdrängt die Freude bei den meisten Frauen alle anderen Empfindungen. Manche berichten, in dem Moment, in dem das Baby hervorkam, hätten sie ein regelrechtes Hochgefühl erlebt. Manche vergießen Freudentränen. Viele beginnen das Neugeborene ganz instinktiv zu trösten – sie streicheln das kleine Wunder und murmeln besänftigend: »Es ist ja gut.«

Auch Sie brauchen nach den Anstrengungen vielleicht besonderen Trost und Zuwendung, vor allem wenn die Geburt nicht einfach war.

Nachdem der erste Wirbel um unser Baby Nummer drei sich gelegt hatte, fragte meine Hebamme, ob sie mit uns beten dürfe. Das Neugeborene ruhte auf meinem Bauch, während Jörgen, Ruth und Serena um mich herum standen. Serena war uns eigentlich fremd. Sie hatte Ruth besuchen wollen und schließlich den ganzen Tag in der Stationsküche verbracht. Obwohl sie uns nicht kannte, hatte sie das Gefühl, an der Geburt beteiligt gewesen zu sein. So fassten wir uns alle an den Händen, und Ruth begann zu beten. Sie dankte Gott für die gute Geburt und bat ihn, alle Schmerzen und womöglich auch unguten Erinnerungen von uns zu nehmen. Das Gebet umhüllte uns am Ende eines ereignisreichen Tages mit einem tiefen Frieden.

Wie schön wäre es, wenn irgendwann einmal ein solches Gebet zu einer jeden Entbindung dazugehören könnte. Ruth war lange Jahre als Missionsärztin im Einsatz gewesen, deshalb war es für sie etwas ganz Normales. Ihrem Arzt oder Ihrer Hebamme wird der Gedanke vermutlich eher fremd sein. Beten gehört in der Regel nicht zur medizinischen Ausbildung. Trotzdem hat sicher niemand im Kreißsaal etwas dagegen, wenn Sie nach der Geburt Gott danken. Auch das einfachste Gebet kann in einem solchen Moment eine Menge bedeuten.

Die Erinnerung an alle Mühen wurde durch die Geburt meiner Kinder nicht ausgelöscht und auch nicht durch Ruths Gebet. Die Freude und das Gebet halfen jedoch, sie zu verwandeln und zu einem kostbaren Schatz zu machen. Selbst wenn ich es könnte, ich wollte nicht eine Minute davon vergessen. Jeden Moment habe ich in meinem Herzen aufbewahrt – die Höhen und Tiefen, die Augenblicke der Mutlosigkeit, die Zeiten der Gnade, der Freude und des Kampfs und die Erleichterung, die ich empfand, als dann ein neuer Mensch in diese Welt hineingeboren wurde.

Ich hüte diese Erinnerungen in meinem Herzen. Sie geben mir Kraft. Wenn ich ganz verkrampft beim Zahnarzt sitze, dann denke ich: »Ganz ruhig, das ist doch gar nichts im Vergleich zu dem, was du bereits hinter dir hast.« Wenn ich zu einer schwierigen Besprechung muss, dann atme ich im Rhythmus meines Geburtsgebets: »Herr Jesus Christus, der am Kreuz selbst Schmerzen litt, segne mich während der Wehen.«

Auch Jesus hat die gebärende Frau als Beispiel gebraucht, um seine Nachfolger zu trösten und zu stärken. »Seht in euren Anfechtungen und Nöten so etwas wie die Schmerzen bei einer Geburt«, ermuntert er sie. In der Freude über das Kind vergisst die Frau das Leid und die Wehen. Genauso können auch wir allen möglichen Problemen begegnen, weil wir wissen, welche Freude uns erwartet. Mit Gottes Hilfe können wir es schaffen – egal wie trostlos das Leben uns manchmal scheinen mag.

Jesu Verheißung gilt auch uns. Wir dürfen im Vertrauen darauf leben, dass wir nach der Mühsal dieser Erde einmal ihn sehen werden. So wie die Schmerzen der Geburt einer staunenden Freude Platz machen, so werden auch unsere Sorgen vergehen und wir dürfen uns in Ewigkeit freuen.

Lieber Herr, ich danke dir, dass du bei der Geburt über mir wachst. Danke für die Gebete deines Volkes und die Freude, die auf mich wartet. Hilf mir, deine Hand in meinem Leben zu erkennen. Hilf mir, dass ich aus allen Nöten gestärkt hervorgehe und mich an dem Leben freue, das du mir geschenkt hast. Amen.

10. Herzlichen Glückwunsch!

»Und Hanna betete und sprach: Mein Herz ist fröhlich in dem Herrn, mein Haupt ist erhöht in dem Herrn. Mein Mund hat sich weit aufgetan wider meine Feinde, denn ich freue mich deines Heils.« 1. Samuel 2,1

Herzlichen Glückwunsch! Sie haben es geschafft! Die Geburt mag schnell und problemlos verlaufen sein oder sie hatten lang und hart zu kämpfen. Vielleicht sind Sie ohne ärztlichen Eingriff ausgekommen oder Ihr Baby kam durch einen Kaiserschnitt zur Welt. Auf jeden Fall haben Sie Grund zur Freude! Sie haben Ihr Leben eingesetzt und ein Kind zur Welt gebracht! Eine Großmutter sagte im Rückblick auf die Geburt ihres ersten Kindes: »Ich hätte am liebsten ein Freudengeheul angestimmt und es von allen Dächern gerufen!«

Ja, Sie haben Grund zum Jubeln. Was für ein wunderbares Meisterwerk haben Sie zusammen mit Gott hervorgebracht! Inzwischen haben Sie und Ihr Mann das Baby wahrscheinlich von Kopf bis Fuß begutachtet. Sie haben die vollkommen geformten kleinen Fingerchen und die Zehen gezählt und über die winzigen Nägel gestaunt. Sie hatten Gelegenheit, in die weit aufgerissenen Augen zu sehen und die zarten Augenlider mit dem feinen Wimpernkranz zu bewundern. Vielleicht ist Ihr Sprössling so klein, dass er die ersten Tage im Brutkasten verbringen muss. Oder so groß, dass es Ihnen unfassbar erscheint, wie Sie ein solches Kind in sich tragen konnten. Vielleicht ist es rundum vollkommen, vielleicht hat die Reise durch den Geburtskanal seinen Kopf aber auch vorübergehend verformt.

Doch egal, wie Ihr Kind aussieht – es ist auf jeden Fall ein Meisterwerk!

Jedes Baby ist eine Bereicherung für die Menschheit. Deshalb ist es nur richtig, dass man Ihnen dankt. Danke für die harte Arbeit, die Sie geleistet haben! Danke für all die Anstrengungen während der Schwangerschaft – die gesunde Ernährung und die Gymnastik, die Gebete und das Durchhalten auch in unbequemen Situationen, für die Bereitschaft, die eigene Gesundheit aufs Spiel zu setzen, und all die Kraft, die Sie bei der Vorbereitung auf das Baby aufgewendet haben! Danke im Voraus für die Liebe und Fürsorge, die Sie und Ihr Partner Ihrem Kind im Lauf der kommenden Jahre zuteil werden lassen! Danke für die Mitarbeit an einem Wunder!

Denn Ihr Kind ist ein Wunder! Das werden Sie bestimmt von ganzem Herzen unterstreichen. Davon muss man Sie nicht besonders überzeugen. Mit jedem Kind, das geboren wird, hinterlässt Gott eine Spur. Selbst Eltern, die mit Religion nicht allzu viel im Sinn haben, geben unumwunden zu, dass ihr Kind ein Geschenk ist. Egal, wie viel Platz Gott sonst in unserem Alltag einnimmt, hier können wir nur voller Ehrfurcht staunen. Auch der Reformator Martin Luther rief die Menschen dazu auf, dieses Wunder gebührend zu würdigen. Er hielt es für eine gute Idee, »das Neugeborene zu küssen, noch ehe es getauft ist, zum Zeichen, dass wir die Hand Gottes, der hier etwas ganz Neues geschaffen hat, ehren«. Ein hohes Lob, wenn man bedenkt, dass Luther für die Kindertaufe eintrat und ein ungetauftes Kind zu seiner Zeit als unrein galt.

Freuen Sie sich also an dem Wunder, das Gott in und mit Ihnen gewirkt hat! Preisen Sie sein Werk, und freuen Sie sich über das, was Sie selbst geleistet haben. Danken Sie für die Rolle, die Sie spielen durften. Sie sind kein »Statist« im Leben Ihres Kindes, Sie und Ihr Mann spielen die Hauptrollen, und Gott will Ihnen dabei helfen. Wenn das kein Grund zur Freude ist!

Auch Hanna, von der uns die Bibel berichtet, wusste, dass sie Grund zum Feiern hatte. Sie sang ein Siegeslied: »Mein Herz ist fröhlich in dem Herrn, mein Haupt ist erhöht in dem Herrn.« Mit Gottes Hilfe sind auch Sie siegreich aus allen Gefahren hervorgegangen. Darum loben Sie, wie Hanna es tat! Mit Gottes Hilfe können auch Sie den Kopf hoch tragen. Hannas Lied kann uns dazu inspirieren. In einem Atemzug preist sie Gott, der ihr durch alle Schwierigkeiten hindurchgeholfen hat. Im nächsten rühmt sie sich voll Stolz ihrer eigenen gottgegebenen Stärke. Man hat das Gefühl, als würde sich Gott genauso wie sie über den glücklichen Ausgang des gemeinsamen Abenteuers freuen.

Hanna sah in ihrem Sieg ein Geschenk Gottes. Sie gibt unumwunden zu, dass sie es ohne Gott nicht geschafft hätte – aber darum hält sie nicht weniger von ihrer eigenen Kraft und ihren Fähigkeiten. Sie fühlt sich vielmehr gerade deshalb so großartig, weil Gott ihr geholfen hat, dieses Wunder zu vollbringen. Sie weiß, sie hat ihre ganze Kraft gegeben, sie hat gebetet und ist über sich selbst hinausgewachsen.

Ihnen geht es nicht anders, darum lernen Sie von Hanna und freuen Sie sich über Ihre Stärke! Freuen Sie sich über Gottes Wirken in Ihrem Leben! Freuen Sie sich an dem Geschenk Ihres neugeborenen Kindes!

Lieber Herr, ich danke dir für alles! Danke, dass du mit mir zusammengewirkt hast, um dieses Kind zu schaffen. Danke, dass ich so direkt an einem Wunder beteiligt sein durfte. Danke für alle Menschen, die mir bei der Geburt geholfen haben. Danke für Familie und Freunde, die sich jetzt mit mir freuen und mir auch in der Zukunft helfen werden, dieses Kind großzuziehen. Amen.

★ ★ ★

»Stricke des Todes hatten mich umfangen, des Totenreichs Schrecken hatten mich getroffen; ich kam in Jammer und Not. Aber ich rief an den Namen des Herrn: Ach, Herr, errette mich! . . . Der Herr behütet die Unmündigen; wenn ich schwach bin, so hilft er mir. Sei nun wieder zufrieden, meine Seele, denn der Herr tut dir Gutes.« Psalm 116,3-4+6-7

Welche Erleichterung – Sie haben es hinter sich! Vielleicht sind Wehen und Geburt viel unkomplizierter verlaufen, als Sie es sich vorgestellt hatten. Bei meiner zweiten Geburt ging es mir so. Schon eine halbe Stunde später hätte ich das Ganze nochmal machen können – einfach, um die intensiven Gefühle noch einmal zu erleben. Als ich das einmal bei einer Frauenfreizeit erzählte, sah mich eine ältere Teilnehmerin an, als hätte ich den Verstand verloren. Sie hatte ihre eigenen Geburten als lange und schmerzliche Tortur im Gedächtnis. Außerdem hatte ihre Tochter gerade eine sehr schwierige und gefährliche Entbindung hinter sich. Die Erfahrungen können also ganz unterschiedlich sein.

Auch wenn bei Ihnen alles schnell und glatt vonstatten ging, sind Sie vermutlich froh, dass keiner Ihrer Alpträume Wirklichkeit wurde. Vielleicht hat es aber auch ein paar riskante Augenblicke gegeben. Vielleicht mussten Sie eine schwierige Entscheidung treffen. Wenn ja, dann ist Ihnen unter Umständen zumute wie dem oben zitierten Psalmsänger – Sie sind dankbar, dass Sie den Stricken des Todes entronnen sind. Oder Sie empfinden ein wenig von beidem – einerseits sind Sie noch immer ganz euphorisch im Gedanken an die Geburt, aber Sie haben auch das Blut, den Schweiß und die Tränen nicht vergessen.

Egal, wie Ihnen zumute ist, nehmen Sie sich einen Augenblick Zeit, um Gott dafür zu danken, dass er Sie und Ihr Kind durch alle Unsicherheiten und Gefahren hindurchgetragen hat. Er hat Ihnen die Kraft gegeben, Schmerzen und Not zu überstehen. Und er hat

Ihnen nicht mehr aufgelegt, als Sie tragen können. Wenn ich an meine eigenen Geburten zurückdenke, dann kann ich erkennen, wie die Erlösung genau in dem Moment einsetzte, in dem ich meinte, ich könnte es nicht mehr aushalten. Um mit den Worten des Psalmisten zu sprechen: Als ich schwach war, half er mir. Vergessen Sie nicht, Gott auch für einzelne Dinge zu danken, die Ihnen besonders geholfen haben – die Schwester, die sich Zeit nahm, um Sie zu trösten und Ihnen Mut zuzusprechen; Ihren Mann, der Eiswürfel brachte und Ihre Hand hielt; die Geschicklichkeit Ihrer Ärztin; die Weisheit der Hebamme; die Gebete der Gemeinde; das Timing bei den Wehen. Danken Sie Gott für alles, was Sie erlebt haben!

Und nach dem Dank bitten Sie ihn, nun auch die bei der Geburt entstandenen Wunden zu heilen. Bitten Sie ihn, die schlaffen Muskeln wieder zu kräftigen und Risse oder Schnitte wieder zusammenwachsen zu lassen. Wenn Sie Ihr Baby durch einen Kaiserschnitt zur Welt gebracht haben, dann bitten Sie ihn um seine Hilfe, damit Sie sich bald von der Operation erholen und die Schmerzen gut ertragen können.

Bringen Sie ihm auch die Wunden Ihrer Seele. Wenn Sie eine möglichst natürliche Geburt geplant hatten und es nicht klappte, dann fühlen Sie sich jetzt vielleicht betrogen oder minderwertig. Wenn die Angestellten im Krankenhaus unpersönlich waren und sich mehr um ihre Geräte als um Sie gekümmert haben, dann sind Sie vielleicht enttäuscht und fast ein wenig gekränkt. Wenn ein Kaiserschnitt nötig war, empfinden Sie womöglich Zorn und fühlen sich verraten. Und wenn Ihr Kind nicht ganz gesund ist, quälen Sie unter Umständen Schuldgefühle, Sie sind bedrückt und traurig.

Doch ganz egal, was Sie belastet, bringen Sie es im Gebet zu Gott. Bitten Sie ihn um seine Hilfe, damit Sie sich selbst und anderen all das vergeben können, was nicht nach Plan gelaufen ist. Wir leben in einer sündigen Welt. Wir Menschen machen nicht immer alles richtig und oft fehlt uns das Mitgefühl. Wenn wir in unser eigenes Herz schauen, dann wissen wir, dass auch wir nicht immer so klug und stark und treu sind, wie wir es gern wären.

Es kann aber auch sein, dass letztlich niemand daran schuld ist, wenn nicht alles so lief, wie wir es wollten. Egal, wie sorgfältig wir planen und uns vorbereiten, wir haben nicht im Griff, wie es dann kommt. Eine Geburt erinnert uns daran, dass wir ein Teil der Natur sind; und die Natur wird trotz aller menschlicher Anstrengungen immer stark und ungebärdig bleiben. Bitten Sie Gott um seine Hilfe, damit Sie aus Enttäuschungen lernen und daran wachsen, Freuden und Triumphe feiern und daraus Kraft beziehen dürfen.

Die Freude darüber, dass Sie Ihr Kind nun im Arm halten, hat wahrscheinlich schon begonnen, die Wunden, die die Geburt an Ihrem Körper oder Ihrer Seele hinterlassen hat, zu heilen. Die Naturgewalten, die Sie noch vor kurzem verschlingen wollten, haben sich zurückgezogen. Der Gott, der Sie und Ihr Baby bewahrt hat, wird Sie auch in Zukunft beschützen. Er wird in den kommenden Wochen bei Ihnen sein, wenn Sie versuchen zu verstehen, was die Schreie Ihres Kindes bedeuten. Er wird bei Ihnen sein, wenn Sie es zum ersten Mal auf den Schulweg schicken, und auch dann, wenn Sie versuchen, mit den Launen des Teenagers zurechtzukommen. In kranken und gesunden Zeiten wird er Ihnen zur Seite stehen und Ihnen die Gnade und die Zuversicht schenken, mit allem fertig zu werden. Darum, um mit dem Psalmisten zu reden: »Sei nun wieder zufrieden, meine Seele; denn der Herr tut dir Gutes.«

Lieber Herr, ich danke dir, dass du mein Kind und mich sicher durch die Geburt geleitet hast. Heile meinen Körper und meine Seele, und stärke mich, damit ich allem, was das Leben bringen mag, getrost entgegensehen kann. Amen.

★ ★ ★

> »Leben wir, so leben wir dem Herrn; sterben wir, so sterben wir dem Herrn. Darum: wir leben oder sterben, so sind wir des Herrn. Denn dazu ist Christus gestorben und wieder lebendig geworden, dass er über Tote und Lebende Herr sei.«
>
> Römer 14,8-9

Wir alle hoffen, dass es nicht eintrifft. Jede Frau wünscht sich, ein gesundes und strahlendes Kind zur Welt zu bringen. Gespannt lauschen wir auf den ersten, kräftigen Schrei, aber manchmal warten wir vergebens. Manche Babys sind schwach und kämpfen buchstäblich um ihr Überleben. Manche werden nie das Gesicht ihrer Eltern sehen oder die kleinen Zehen in die Luft strecken.

Eine Geburt bringt uns immer in engen Kontakt mit dem Tod – ganz egal, ob unser Leben wirklich in Gefahr war und unser Kind gesund und lebensfähig ist oder nicht. Bei Geburt und Sterben sind es die unpersönlichen Kräfte der Natur, die das Geschehen bestimmen. In beiden Fällen gelangen wir an unsere Grenzen. Wir stellen fest, dass wir letztlich keine Gewalt über unseren Körper haben. Wir erkennen, dass wir einen glücklichen Ausgang nicht garantieren können. Und dennoch, wenn eine Geburt zum Tod führt, so trifft uns das hart und unvermittelt. Es ist so unnatürlich. Vielleicht sind wir verwöhnt, aber wir rechnen heute nicht damit, dass ein Baby bei der Geburt stirbt. Wir erwarten, dass es wächst und gedeiht und irgendwann einmal den Platz der Älteren einnimmt.

Vielleicht hat Ihr Kind die Geburt überstanden, aber es geht ihm nicht gut. Und Sie haben Mühe, diese Belastung anzunehmen. Sie fragen sich, warum das ausgerechnet Ihnen passieren musste. Sie machen sich Gedanken, wie Sie es schaffen sollen, die zusätzlichen Aufgaben, die sich Ihnen mit der Sorge um das Kind stellen, zu bewältigen. Sie bedauern sich und Ihr Kind. Alle diese Gefühle sind völlig normal. Beten Sie darüber und sprechen Sie mit Menschen, denen Sie vertrauen. Gott wird Ihnen helfen, mit allem fertig zu werden. Im Moment sieht zwar alles trostlos aus, aber ich bin sicher, er wird Sie so segnen, wie Sie es sich jetzt noch gar nicht vorstellen können, und Ihnen bei der Pflege für das zarte Wesen, das er Ihnen anvertraut hat, zur Seite stehen. Er wird auch den Beginn Ihres gemeinsamen Lebens segnen.

Vielleicht schwebt Ihr Kind noch immer zwischen Leben und Tod; es liegt im Brutkasten und kämpft zwischen all den Schläuchen und Maschinen um sein Leben. Die moderne medizinische Technik ist heute in der Lage, selbst Frühgeburten, die sehr wenig wiegen, am Leben zu halten. Sie stellt die Eltern allerdings auch vor ganz neue Probleme. Sie müssen unter Umständen Entscheidungen treffen, von denen ihre Großeltern noch gar nichts ahnten. Zusehen zu müssen, wie das kleine, zerbrechliche Wesen um das Überleben ringt, kann unendlich schwer sein. Wenn kaum mehr Hoffnung besteht und nur wiederholte Operationen oder andere schmerzhafte Behandlungen helfen können, dann brauchen Sie viel Gebet, um zu erkennen, welches der beste Weg ist. Gott möge Sie und Ihre Berater segnen, damit Sie wirklich zum Wohl Ihres Kindes entscheiden können.

Vielleicht aber hat Ihr Kind nicht überlebt. Dann gilt Ihnen mein ganzes Mitgefühl. Ihre Trauer über den Verlust ist tief und ganz wichtig. Sie beklagen Ihr Kind, auch wenn Sie es nur durch die Bewegungen in Ihrem Bauch kannten. Sie betrauern Ihre Hoffnungen und Träume. Sie trauern um die Gelegenheit, die kleine Knospe heranwachsen und aufblühen zu sehen. In der nächsten Zeit wird Sie alles um Sie herum an den Verlust erinnern – das leere Bettchen und die kleinen Hemdchen, die Sie so liebevoll ausgewählt hatten, die schlaffen Bauchmuskeln, die Ihr Kind bislang hielten. Wahrscheinlich könnten Sie jedes Mal in Tränen ausbrechen, wenn Sie andere Mütter mit Kind sehen.

Sie werden einige Zeit brauchen, um die Wünsche und Träume, die Sie für Ihr Kind hatten, abzulegen. Aber gönnen Sie sich diese Zeit. Bitten Sie Ihren Pastor, eine Beerdigung oder einen Gedenkgottesdienst für Ihr Kind abzuhalten. Eine solche Feier gibt Familie und Freunden die Gelegenheit, zusammenzukommen und ihre Anteilnahme zum Ausdruck zu bringen. Und Sie gibt Ihnen die Möglichkeit, Ihrem Kind Lebewohl zu sagen und sich von dem kurzen Leben, das Sie nie ganz vergessen werden, zu verabschieden.

Wenn Sie im Gedenken an Ihr Kind zusammenkommen, dann werden Sie Worte der Bibel hören, die Christen durch die Generationen hinweg Trost gespendet haben. Die biblischen Verheißungen können Ihnen helfen, Ihr Kind ganz der liebenden Hand Gottes anzubefehlen. Wie der Apostel Paulus es schreibt: »Wir leben oder sterben, so sind wir des Herrn . . . Christus ist gestorben und wieder lebendig geworden, dass er über Tote und Lebende Herr sei.« Sie sind nicht für immer von Ihrem Kind getrennt. In einer Art, die wir hier nur ansatzweise begreifen können, sind Sie in Christus miteinander verbunden. Und mehr noch: Wenn Sie versuchen, mit Ihrer Trauer fertig zu werden, dürfen Sie wissen, dass Gott genau weiß, wie es ist, ein Kind zu verlieren. Er weiß, was Sie leiden. Er kann Ihre Verzweiflung und Ihren Zorn von Ihnen nehmen. Er will Ihnen helfen, auch die dunkelste Nacht der Seele zu ertragen. Darum fürchten Sie sich nicht, alles, was Sie belastet und bedrückt, im Gebet zu ihm zu bringen.

Eine Geburt führt jede Frau in die Geheimnisse um Tod und Leben hinein – manche mehr als andere. Doch egal, was Sie bedrückt, egal, was Sie im Blick auf die Vergangenheit belastet oder angesichts der Zukunft mit Sorge erfüllt, lassen Sie sich von Christus, der Herr ist über die Lebenden wie die Toten, trösten und mit neuer Hoffnung beschenken. Fassen Sie Mut, weil, wie Paulus in Römer 8 schreibt, »denen, die Gott lieben, alle Dinge zum Besten dienen«.

Lieber Herr, hilf mir in meiner Trauer. Ich weiß nicht, warum alles so kommen musste. Ich bin verletzt und wütend und verwirrt und habe Angst. Hilf mir, dir auch dann zu vertrauen, wenn alles dunkel ist. Ich danke dir, dass du mir auch in diesen schweren Zeiten hilfst.

Danke für all die Menschen, die mich lieben und sich um mich sorgen. Aber vor allem will ich dir danken, weil du selbst deinen Sohn gegeben und uns das ewige Leben versprochen hast. Amen.

★ ★ ★

»Und alle, vor die es kam, wunderten sich über das, was ihnen die Hirten gesagt hatten. Maria aber behielt alle diese Worte und bewegte sie in ihrem Herzen.«
Lukas 2,18-19

Sharon strahlte noch immer, als ich sie auf der Entbindungsstation besuchte. Sie saß im Bett, ein Kissen im Rücken, und wartete, dass ihr die Schwester das Neugeborene zum Stillen brachte. »Wie ist es gegangen?«, fragte ich.

»Hast du Kinder?« Ich schüttelte den Kopf. Ich war Studentin und noch nicht Mutter. »Nun«, meinte Sharon verträumt, »dann kann ich es dir, glaube ich, gar nicht richtig erklären.«

Eine Geburt ist ein so hochdramatischer Vorgang, dass uns einfach die Worte fehlen, sie zu beschreiben. Die Gefühle und das körperliche Erleben sind ungeheuer intensiv. Wir spüren, dass wir dem Geheimnis von Tod und Leben nahe gekommen sind. Wie könnte man das in Worte fassen?

Dennoch versuchen wir es. Wenn wir gefragt werden, dann erzählen wir, wie lange die Wehen dauerten und wie viel das Baby gewogen hat. Wir erzählen vielleicht, was wir gerade taten, als die Wehen anfingen, und wie wir ins Krankenhaus gelangt sind. Wir berichten von der nervlichen Belastung und wie wir dann voller Freude und Staunen unser Kind im Arm hielten.

Von der Geburt erzählen ist eine uralte Praxis. Einige jahrhundertealte Geschichten finden wir in der Bibel. Am erstaunlichsten und auch am detailliertesten ist die von der Geburt Jesu. Wie wir an jedem Weihnachtsfest hören, hatte Maria viel in ihrem Herzen zu bewegen! Doch die Bibel berichtet auch von weit weniger berühmten Geburten. In 1. Mose 25 finden wir die Geschichte von Rebekkas Zwillingen. In 1. Mose 35 lesen wir von Rahels Not. An anderen Stellen können wir am Namen, den eine Mutter ihrem Kind gab, ein wenig davon ahnen, was in ihr vorging. Eva zum Beispiel nannte ihren Erstgeborenen Kain, weil Kain so ähnlich klingt wie das hebräische Wort für schaffen oder hervorbringen. Man hört also förmlich, wie sie sich freute über das, was sie geschafft hatte! Die Geschichte, die wir in 1. Chronik 4,9 zwischen den Zeilen lesen können, klingt eher wie ein Alptraum. Eine Frau hat ihren Sohn Jabez genannt, weil der Name auf Hebräisch klingt wie »Kummer« oder »Qual«.

Nehmen Sie sich Zeit, nun auch über Ihre Geburt nachzudenken. Ich weiß, Sie haben im Moment recht viel zu tun. Sie müssen Ihr Kind kennen lernen und sich darin üben, auf seine Bedürfnisse einzugehen. Aber vielleicht finden Sie ja beim Stillen ein wenig Ruhe. Es kann aber auch sein, dass manche Dinge Ihnen erst dann bewusst werden, wenn Sie Ihrer Familie und Freunden von der Geburt erzählen. Versuchen Sie allein oder in Gegenwart anderer Ihre Gefühle zu sortieren. Lassen Sie die wichtigen Punkte noch einmal Revue passieren und versuchen Sie in allem Gottes Hand zu entdecken.

Überlegen Sie, wann die ersten Wehen einsetzten. Vielleicht wurden Sie mitten in der Nacht davon geweckt. Oder Sie wurden bei der täglichen Arbeit überrascht. Vielleicht begannen sie ganz dramatisch mit dem Platzen der Fruchtblase. Oder so allmählich, dass Sie den genauen Zeitpunkt gar nicht mehr nennen können. Ich kenne eine Frau, die sich wunderte, warum es ihr auf der Kirchenbank so unbequem war und sie keine bequeme Lage finden konnte – bis sie feststellte, dass ihr drittes Kind nicht mehr lange auf sich warten lassen würde! Wo waren Sie? Wussten Sie sofort, was los war? Wie war Ihnen zumute? Sind Sie sofort ins Krankenhaus geeilt, haben Sie die Hebamme angerufen, oder haben Sie versucht, die Sache noch hinauszuschieben? Waren Sie ruhig oder aufgeregt? Besorgt oder erleichtert?

Wie ging es weiter? Wer war in der Nähe, um Ihnen zu helfen? Dauerten die Wehen lange oder ging alles ganz schnell? Wenn Sie an irgendwelche Apparate angeschlossen wurden, dann denken Sie noch einmal daran, was Sie dabei empfunden haben. Funkelnde Maschinen vermitteln manchen Frauen ein Gefühl von Sicherheit. Andere fühlen sich eher ausgeliefert und abhängig. Wieder andere versuchen sich zu arrangieren und das Beste daraus zu machen. Ich dachte an den Wehenschreiber, der meterweise Papier ausspuckte, als wir darauf warteten, dass meine Wehen endlich stärker würden. Als eine Schwester hereinkam, um Papier nachzuladen, fragte mein Mann, ob er ein paar Blätter des Ausdrucks zur Erinnerung behalten dürfte. »Tut mir Leid, das ist gegen die Vorschriften«, erwiderte sie – und gab uns dann doch ein kleines Stück. Denken Sie an die lustigen Zwischenfälle und menschlichen Regungen in der sterilen Umgebung. Auch sie gehören zu der Geschichte, die Ihr Kind sich liebend gern anhören wird, wenn es alt genug ist, um alles zu verstehen.

Überlegen Sie, was Sie am meisten überrascht hat. Was ging Ihnen durch den Kopf, was sagten die Leute zu Ihnen? Welche Hindernisse gab es zu überwinden, was hat Ihnen besonders geholfen? Gab es Momente, in denen Sie der Verzweiflung nahe waren? Augenblicke des puren Glücks? Denken Sie an die Gebete, die Sie gesprochen, und die Entscheidungen, die Sie zu treffen hatten. Was empfanden Sie beim Pressen und Austreiben und was waren die ersten Gedanken und Gefühle beim Anblick Ihres Kindes? Versuchen Sie sich an alles zu erinnern und bitten Sie Ihren Mann oder eine andere Person, die bei Ihnen war, ihre Eindrücke zu ergänzen.

Vielleicht möchten Sie ein paar dieser Gedanken in Ihrem Babybuch festhalten. Was Sie während der Geburt empfunden haben, ist schließlich genauso wichtig wie Größe und Gewicht

Ihres Kindes! Kosten Sie die Geschichte auf jeden Fall aus! Erzählen Sie sie allen, die zuhören wollen. Freuen Sie sich an dem Wunder, dass Sie ein Kind geboren haben!

Lieber Herr, ich danke dir, dass ich an dem Wunder der Geburt teilhaben durfte. Danke, dass du mir Worte schenkst, um meine Gefühle auszudrücken und meine Geschichte zu erzählen. Hilf mir, deine Hand in meinem Leben zu erkennen. Hilf mir, den Menschen meiner Umgebung etwas von deiner Nähe zu sagen. Amen.

★ ★ ★

»Und siehe, eine Frau, die seit zwölf Jahren den Blutfluss hatte, trat von hinten an ihn heran und berührte den Saum seines Gewandes. Denn sie sprach bei sich selbst: Könnte ich nur sein Gewand berühren, so würde ich gesund. Da wandte sich Jesus um und sah sie und sprach: Sei getrost, meine Tochter, dein Glaube hat dir geholfen.« Matthäus 9,20-22

Die ersten euphorischen Stunden und Tage sind vorbei. Die Tage, in denen Sie im Krankenhaus verwöhnt wurden, sind Vergangenheit. Das Klinikessen ist zwar selten ein Hochgenuss, aber wenigstens brauchten Sie es nicht selbst zu kochen. Krankenbetten und Überwachung rund um die Uhr verlieren irgendwann ihren Reiz, aber zumindest konnten Sie das Baby zwischendrin für ein paar Stunden abgeben, wenn Sie schlafen wollten.

Der Eintritt in die fremde Welt der Klinik war vielleicht ein Schock. Aber die Rückkehr nach Hause kann auch einer sein – und das ganz unerwartet. Wenn es Ihr erstes Kind ist, dann kommen Sie sich vielleicht recht allein vor und sind unsicher. »Das Baden sah bei der Schwester so problemlos aus. Warum schreit er jedes

Mal, wenn ich es versuche?« Wenn Sie schon Kinder haben, dann müssen Sie wohl nicht mehr überlegen, wie Sie eine Windel anlegen. Aber all die Arbeit, die nun auf Sie einstürmt, kann Ihnen schnell zu viel werden. Die älteren Kinder haben Sie vermisst und verlangen nun vermehrte Aufmerksamkeit. Womöglich brauchen Sie neben dem aufdringlichen Neuankömmling, der da so unvermittelt in ihre Welt eingebrochen ist, eine Extraportion Liebe.

Und dann ist da Ihr Körper. Der Bauch, der noch vor wenigen Wochen so rund und prall und fest war, sieht auf einmal so schlaff aus, als habe man die Luft herausgelassen. Wenn wir ein Kind gebären, dann gewinnen wir etwas, aber wir verlieren auch. Wir bekommen ein Kind, das wir im Arm halten können, aber wir verlieren einen Teil unseres schwangeren Körpers. Ja, unser schwangeres Ich selbst »stirbt« bei der Geburt. Wahrscheinlich haben Sie eine Weile gebraucht, um sich daran zu gewöhnen, dass Sie schwanger waren. Und genauso brauchen Sie nun Zeit, um Ihrem schwangeren Ich Lebewohl zu sagen. Es dauert eine Weile, bis Ihr Körper sich umgestellt und auch seine alte Form wiedergefunden hat.

Aber lassen Sie den Kopf nicht sinken. Der Prozess in Ihrem Inneren hat bereits begonnen. Schritt für Schritt kehrt Ihre Gebärmutter zu ihrer früheren Größe zurück. Ganz allmählich heilen die inneren Wunden ab, und die Blutungen hören auf. Hören Sie auf Ihren Körper und lassen Sie ihm Zeit zu heilen. Helfen Sie ihm mit sanften Übungen, die Muskeln wieder zu kräftigen, aber übertreiben Sie es nicht.

Die Bibel hat zu diesem Thema ein paar gute Ratschläge, die allerdings nicht ganz leicht zu finden sind. Ja, wir müssen uns erst durch eine ganze Menge Vorschriften über die »Unreinheit«, die mit der Geburt zusammenhing, hindurcharbeiten. (Sie befinden sich in 3. Mose 12.) Der Gedanke der Unreinheit mag dem modernen Ohr seltsam und fast beleidigend vorkommen. Dennoch hatten diese Vorschriften für die hebräischen Frauen durchaus einen tieferen Sinn. Sie gewährten ihnen eine Art Mutterschaftsurlaub. Frauen, die wegen ihrer Menstruation oder nach einer Geburt »unrein« waren, hatten sich vom täglichen Geschehen fern zu halten. Die junge Mutter blieb in den ersten beiden Wochen nach der Geburt mit ihrem Kind in einer abgesonderten Hütte. Erst danach durfte sie in ihren Haushalt zurückkehren, allerdings noch immer nicht in der Öffentlichkeit erscheinen. Erst sechs bis zwölf Wochen nach der Geburt durfte die Mutter wieder am öffentlichen Leben teilnehmen. Die Wochen, in denen sie ans Haus gebunden war, wurden mit einer festlichen Reise zum Tempel abgeschlossen.

Ich war überrascht, wie genau die Bibel über den Körperrhythmus der gebärenden Frau Bescheid weiß. Sechs Wochen nach der Geburt Ihres Kindes sollten Ihre Gebärmutter wieder ihre ursprüngliche Größe angenommen und die Blutungen aufgehört haben. Vielleicht ist das auch der Grund, warum der Mutterschutz in vielen Staaten bis zu sechs Wochen nach der Geburt gilt. Und lassen Sie sich ruhig von der Bibel einen Tipp geben und versuchen Sie den Alltag in den ersten Wochen so einfach wie möglich zu gestalten. Lassen Sie sich helfen, wenn Ihnen Hilfe angeboten wird. Bringen Sie einfache Mahlzeiten auf den Tisch und gestatten Sie sich einen Anruf beim Pizza-Taxi. Sehen Sie über das Chaos hinweg. Bleiben Sie zu Hause und ruhen Sie so oft wie möglich. Wie Sie vielleicht schon festgestellt haben, werden selbst die kürzesten Wege für eine junge Familie schnell zu einem größeren Unternehmen. Nie werde ich vergessen, wie ich nach der Geburt unseres ersten Kindes zum ersten Mal mit meinem Mann wieder den Gottesdienst besuchen wollte. Wir hetzten durch die Wohnung, duschten und zogen uns an, fütterten das Baby und packten die Wickeltasche. Endlich waren wir fertig und stiegen ins Auto. Nur wenige Augenblicke später regte sich etwas im Babykörbchen – und ich verbrachte die Fahrt damit, das Baby, so gut es ging, in frische Windeln zu wickeln.

Anstatt zu viel von sich zu verlangen, nehmen Sie sich lieber Zeit. Gönnen Sie Ihrem Körper die Ruhe und geben Sie Ihrem Geist Gelegenheit, die großen Veränderungen in Ihnen selbst und

Ihrem Leben zu begreifen. Natürlich brauchen Sie auch Zeit, um sich mit Ihrem Kind vertraut zu machen.

Und wenn Sie bereit sind, die Dinge mit neuem Schwung in Angriff zu nehmen, dann feiern Sie!

Aber lassen Sie sich Zeit. Sprechen Sie mit den Menschen, die Sie lieben, über Ihre Pläne und Gefühle, und bitten Sie um Hilfe, wenn Sie allein nicht zurechtkommen.

Gott wird Sie segnen und heilen. Ihre Figur wird sich erholen. Die Blutungen werden schwächer und irgendwann ganz aufhören. Wie Jesus zu der Frau sagte, die sein Gewand berührte, weil sie sich Heilung erhoffte: »Sei getrost, meine Tochter, dein Glaube hat dir geholfen.«

Lieber Herr, ich danke dir, dass du mir bei der Geburt geholfen hast. Danke für mein Kind und meine gesamte Familie. Danke, dass du meinen Körper wiederherstellst und meine Seele stärkst. Schenk mir Weisheit und Gnade, dieses neue Kapitel meines Lebens fröhlich aufzuschlagen. Amen.

★ ★ ★

»Er wird deinen Fuß nicht gleiten lassen, und der dich behütet, schläft nicht. Siehe, der Hüter Israels schläft und schlummert nicht.« Psalm 121,3-4

Die ersten Wochen nach der Geburt erschienen mir immer als das reinste Chaos – Tag und Nacht waren kaum voneinander zu unterscheiden. In der Nacht fütterte und beruhigte ich ein hungriges Kind. Am nächsten Tag versuchte ich so oft wie möglich den Schlaf nachzuholen. Eine ganze Zeit lang erschien das Leben aus nichts anderem zu bestehen als aus Füttern, Windeln wechseln und kurzen Nickerchen.

Neugeborene haben es an sich, in der Nacht munterer zu sein als am Tag. Es dauert eine Weile, bis sie die Gewohnheiten, die sie sich in Ihrem Bauch angewöhnt haben, ablegen. Als Sie das Baby noch mit sich herumtrugen, wurde es tagsüber durch Ihre Bewegungen sanft in den Schlaf gewiegt. Wenn Sie dann am Abend zur Ruhe kamen, konnte die Turnstunde beginnen. Darum wundern Sie sich nicht, wenn Ihr Kind ein paar Wochen braucht, um sich an den neuen Rhythmus zu gewöhnen. Und wie kommen Sie selbst zurecht? Vielleicht entdecken Sie Kraftreserven, von denen Sie gar nichts ahnten. Irgendwie schaffen Sie es auch jetzt, aus dem Bett zu kriechen, wenn Ihr Kind Sie braucht. Vielleicht hilft Ihnen jemand, in all dem Durcheinander zurechtzukommen. Ihr Mann konnte unter Umständen um den Geburtstermin herum ein paar Tage frei nehmen. Ich kann mich noch erinnern, wie meiner mit dem Baby auf dem Arm in unserem Flur auf und ab ging und versuchte, es an seiner Schulter sanft in den Schlaf zu wiegen. Wenn Ihr Mann einige Stunden mit dem Baby übernimmt, kommen Sie zu mehr Ruhe und Schlaf, und er hat die Gelegenheit, sich auf seine Art und Weise mit seinem Kind bekannt zu machen.

Vielleicht sind Ihre Mutter oder Schwiegermutter gekommen, um zu helfen. Manchmal klappt das recht gut, manchmal führt es aber auch zu neuen Spannungen. Nehmen Sie die Hilfe, wenn immer möglich, dankbar an. Die Geburt Ihres Kindes gibt Ihnen vielleicht die Möglichkeit, ganz neu die Verbindung zu pflegen. Auf der anderen Seite sollten Sie aber nicht vergessen, dass Ihr Mann und Sie eine eigene Familie gegründet haben. Die Helfer sind zum Helfen da – und nicht, um das Kommando zu übernehmen. Sprechen Sie es ganz offen aus, wenn Sie mehr Freiraum brauchen, um Ihren eigenen Stil zu entwickeln. Es ist Ihr Kind, und Sie und der Vater des Kindes sind für seine Pflege und Betreuung verantwortlich. Sie können es. Es mag ein Weilchen dauern, bis Sie Ihren Rhythmus gefunden haben, aber Sie werden es schon lernen.

Vielleicht haben auch Freunde, Kollegen oder Gemeindeglieder ihre Hilfe angeboten. Noch nie haben die Suppe oder der Salat einer Freundin besser geschmeckt! Eine gute und reichliche Mahlzeit kann das Chaos zwar nicht gänzlich beseitigen, aber sie hebt auf jeden Fall die Stimmung.

Vielleicht kommen Sie sich aber auch ziemlich allein gelassen vor. Wir alle haben einmal Tage, an denen wir müde, mutlos oder einsam sind. An solchen Tagen denke ich gern an Psalm 121. Die Worte des Psalmsängers sind so tröstlich und Mut machend: Gott wird unseren Fuß nicht gleiten lassen; der Gott, der uns hält, schläft nicht. Wir dösen vielleicht ein, wenn wir mitten in der Nacht das Baby stillen, Gott aber schlummert nie. Er bleibt wach, um uns zu beschützen. Ich selbst bin nicht stark und klug genug, um alles richtig zu machen, Gott aber hilft mir rund um die Uhr mit seiner Weisheit.

Wenn ich eine Komponistin wäre, dann würde ich aus diesem Vers ein Gutenachtlied machen. Wir können unsere Kinder im Vertrauen darauf in den Schlaf singen, dass Gott sie sicher durch die Nacht geleiten wird. Und auch wir selbst dürfen vertrauensvoll einschlafen, weil Gott über uns wacht und uns aufwecken wird, wenn unser Kind uns braucht.

Die schlaflosen Nächte und das Chaos werden nicht ewig andauern. Schon bald werden Sie am Morgen aufwachen und erstaunt feststellen, dass Sie die Nacht durchgeschlafen haben. Es gibt nichts Besseres, als diese erste ungestörte Nacht! Die Wochen nächtlicher Ruhestörung haben allerdings auch ihr Gutes: Sie helfen uns, die einfachen Freuden des Lebens wieder ganz neu zu schätzen. Im Lauf der Zeit wird Ihr Leben sich auf den neuen Rhythmus einspielen und das Chaos, das Sie im Moment noch umgibt, wird sich auflösen.

Bis dahin nutzen Sie die wenigen ruhigen Stunden, um das Leben aus einem neuen Blickwinkel zu betrachten. Genießen Sie die friedlichen Augenblicke, wenn Ihr Baby es sich mitten in der Nacht an Ihrer Brust gemütlich gemacht hat. Nehmen Sie sein hungriges Saugen tief in sich auf, das Bild der Fingerchen, die nach den Ihren greifen, des zufriedenen Gesichts, wenn die Mahlzeit beendet ist. Wenn Sie müde auf und ab laufen, Ihrem Kind sanft den Rücken klopfen und auf sein Bäuerchen warten, dann denken Sie an den Gott, der niemals schläft. Er wird Sie halten und Ihnen Kraft geben in allen Schwierigkeiten, die das Leben noch bringen mag. Wenn Sie auf Zehenspitzen an den Stubenwagen heranschleichen, um nachzusehen, ob Ihr Kind schläft, dann nehmen Sie sich einen Moment Zeit, um über dieses Wunder zu staunen, das Sie in der Nacht aufweckt und am Tage auf Trab hält. Nehmen Sie sich Zeit, um Gott dafür zu danken, dass er über Ihnen und Ihrem Kind wacht, wenn Sie schlafen. Danken Sie ihm, dass er neue Aufgaben und neue Freuden in Ihr Leben gebracht hat.

Lieber Herr, ich danke dir für die einfachen Dinge des Lebens. Danke für unser Kind. Danke für das Essen, die Arbeit und die Pausen. Danke für alle, die mir geholfen haben, mich an das neue Leben mit unserem Kind zu gewöhnen. Danke, dass du so treu über uns allen wachst und uns behütest. Amen.

★ ★ ★

»Halleluja! Lobet im Himmel den Herrn, lobet ihn in der Höhe! Lobet ihn, alle seine Engel, lobet ihn, all sein Heer! . . . Ihr Könige auf Erden und alle Völker, Fürsten und alle Richter auf Erden, Jünglinge und Jungfrauen, Alte mit den Jungen! Die sollen loben den Namen des Herrn!« Psalm 148,1-2+11-13

Lobet den Herrn, ihr schreienden Kinder! Lobet den Herrn, ihr strahlenden Eltern! Lobet den Herrn, Großeltern und Freunde! Lobet den Herrn für das Wunder, das vor vielen Monaten seinen

Anfang nahm! Lobet den Herrn für diese neue Stimme im Chor der Menschen!

In den ersten Wochen und Monaten werden Sie und Ihr Kind viel Grund zum Feiern haben. Die erste Lebenswoche haben sie vermutlich schon festlich begangen. Vielleicht auch schon den ersten Monat. Allmählich beginnen sich die Eigenarten und Wesenszüge des neuen Erdenbürgers zu zeigen. Sie und Ihr Mann, die Familie und Freunde haben womöglich schon Ähnlichkeiten zu anderen Familiengliedern im Gesicht des Kleinen entdeckt. Vielleicht ist es so kahl wie der Vater auf seinen Kinderbildern. Oder es hat den Kopf voller Haare wie Sie. Vielleicht erkennen Sie die Gesichtszüge Ihrer Mutter oder die Kopfform des Schwiegervaters. Sie sind sich einig, dass es mit den langen, eleganten Fingern sicher ein bedeutender Pianist wird. Oder lassen die kräftigen Stimmbänder eher auf eine Operndiva schließen?

Ihr Kind bleibt nun auch während längerer Zeitabschnitte wach und munter. Vielleicht hat es das erste richtige Lächeln gezeigt. Auch ein Grund zum Feiern: Was kann ein Lächeln doch alles bewirken! Es reagiert auf Sie. Es lacht über die Grimassen und seltsamen Geräusche, die Sie von sich geben. Die älteren Geschwister freuen sich über die neuen Tricks. Die kleine Schwester oder der Bruder ist nicht länger ein langweiliges Baby. Plötzlich wird es zum interessierten Zuhörer und fast schon zum Spielkamerad!

Ich muss Ihnen wahrscheinlich nicht extra sagen, dass Sie sich über jede neue Entwicklung freuen sollen. Die meisten Eltern sind ganz begeistert über jeden kleinsten Fortschritt. Gespannt warten Sie auf das erste Brabbeln und sehen zu, wie es beginnt, den großen, wackligen Kopf gezielt zu bewegen. Die Monate verstreichen und Sie beobachten staunend, wie Ihr Kind es lernt, sich umzudrehen und über den Boden zu robben. Ehe Sie sich versehen, fängt es an zu krabbeln und sich aufzurichten. Jeder Schritt ist ein Meilenstein und gibt Ihnen Grund zu feiern und Gott für das große Wunder zu preisen.

Loben Sie Gott für Ihr Kind. Es ist genauso wunderbar und einzigartig wie ein Prinz oder eine Prinzessin im Königshaus. Das Wunder der Geburt geht allen nahe, ob arm oder reich, berühmt oder nicht. Loben Sie Gott, der Ihr Kind wohlbehalten in diese Welt gebracht hat. Loben Sie ihn für die Wesenszüge und Talente, die sich schon jetzt zu zeigen beginnen. Bitten Sie ihn darum, dass Sie gern für dieses Kind sorgen, das er Ihnen geschenkt hat. Sie haben so viel Grund zur Freude und zum Danken. Eine ältere Frau, die mir einmal half, als ich zwischen Hochstuhl und verstreuten Duplosteinen, mit einem Kleinkind am Rockzipfel und einem Baby auf dem Arm versuchte, das Essen auf den Tisch zu bringen, meinte trocken: »Kinder sind eine Gabe Gottes.« Sie hatte Recht. Es gibt zwar Tage, an denen sie uns an den Rand des Wahnsinns bringen, aber um nichts in der Welt würden wir sie hergeben.

Kinder sind eine Gabe Gottes, darum wollen wir Gott für sie loben. Wir bitten ihn um seine Hilfe, damit wir sie so erziehen können, wie es ihm gefällt, und sie zu starken, besonnenen Menschen heranwachsen können. Wir bringen sie zurück zu ihm. Wir feiern ihre Ankunft, und heißen sie in der Familie Gottes willkommen. Wir lehren sie beten. Wir freuen uns mit ihnen, wenn sie beginnen, Gottes wunderbare Welt zu entdecken und über seine Werke zu staunen. Wir bemühen uns, ihre Fragen zu beantworten und unser Wissen und unseren Glauben weiterzugeben. Wir bringen ihnen das Singen und das Tanzen bei und tun alles, um Gottes Lob lebendig reden zu lassen.

Sie haben das Abenteuer der Schwangerschaft bestanden. Nun hat ein neues Kapitel begonnen und Sie fangen an zu lernen, was Elternsein bedeutet. Das Beste kommt noch. Darum rufen Sie es laut hinaus: Lobt Gott, Mädchen und Jungen, Mamas und Papas! Lobt Gott, Alte und Junge, Reiche und Arme! Lobt Gott, Menschen und Tiere, Berge und Seen! Lobt Gott, alle Welt!

Dank

Die Anregungen und das Interesse meiner Familie haben viel zum Gelingen dieses Buches beigetragen. Mein Mann Jörgen macht mir Mut und fördert meine Arbeit. Dank seiner Unterstützung kann ich mir die Zeit zum Nachdenken und Schreiben nehmen. Er hat das Manuskript mit aufmerksamen Augen gelesen und seine konstruktive Kritik ist in das Endprodukt eingeflossen. Unsere Kinder Anna, Niels und Sophia haben mir erlaubt, ihre Geschichten zu erzählen, und mir mit Begeisterung Ratschläge erteilt. Sie haben es auch geschluckt, dass ihre Mutter öfter als es ihnen lieb war an ihrem Computer saß. Meinen Eltern Marian und Roland Hammer verdanke ich ein gesundes Fundament sowie lebenslange Ermutigung und Hilfe.

Letztlich verdanke ich die Anregung zum Schreiben einer Mutter von vier Kindern, die mir gegenüber erwähnte, sie habe ein gutes Andachtsbuch für schwangere Frauen gesucht, aber nichts gefunden. Dieses Buch profitiert auch von den Geschichten und der Weisheit unzähliger Menschen, deren Namen ich hier nicht alle aufzählen kann. Schließlich sind auch viele der Anekdoten und Erkenntnisse, die mir im Laufe der Jahre von anderen anvertraut wurden, in das Buch eingeflossen.

Ihnen allen meinen tiefen Dank.

Margaret L. Hammer

Weiterführende Literatur

Ines Albrecht-Engel (Hg.), *Geburtsvorbereitung. Ein Handbuch für werdende Mütter und Väter.* Empfohlen von der Gesellschaft für Geburtsvorbereitung (GfG), Rowohlt Taschenbuch Verlag, Hamburg 1993

Claudia Filker, *Die Kinderüberraschung. Paare werden Eltern*, R. Brockhaus Verlag, Wuppertal 1998

Ehler, Martha und Schröder, Liane, *Ich stille mein Kind. Das Handbuch für eine glückliche Stillzeit*, R. Brockhaus Verlag, Wuppertal 1998

Lothrop, Hannah, *Das Stillbuch*, Kösel-Verlag, München, 22. Auflage 1997